日本奈良興福寺藏兩種古鈔本研究

附《講周易疏論家義記》《經典釋文》殘卷書影

黄華珍　著

中華書局

圖書在版編目(CIP)數據

日本奈良興福寺藏兩種古鈔本研究:附《講周易疏論家義記》《經典釋文》殘卷書影/黄華珍著.—北京:中華書局,2011.4

ISBN 978-7-101-07883-1

Ⅰ.日… Ⅱ.黄… Ⅲ.①講周易疏論家義記-抄本-研究②經典釋文-抄本-研究③書影-中國-古代 Ⅳ.①B221.5②H131.6③G256.29

中國版本圖書館 CIP 數據核字(2011)第 034929 號

責任編輯:張繼海

日本奈良興福寺藏兩種古抄本研究

附《講周易疏論家義記》《經典釋文》殘卷書影

黄華珍 著

*

中 華 書 局 出 版 發 行

(北京市豐臺區太平橋西里 38 號 100073)

http://www.zhbc.com.cn

E-mail:zhbc@zhbc.com.cn

北京市白帆印務有限公司印刷

*

880×1230 毫米 1/32 · 12⅝印張 · 2 插頁 · 220 千字

2011 年 4 月第 1 版 2011 年 4 月北京第 1 次印刷

印數:1-3000 册 定價:46.00 元

ISBN 978-7-101-07883-1

目次

序 言

自古以來，日本和中國在文獻方面的交流非常活躍。著名的《君倚日本刀歌》寫道：

昆吾道遠不復通，世傳切玉誰能窮。寶刀近出日本國，越賈得之滄海東。
魚皮裝貼香木鞘，黄白間雜鍮與銅。百金傳入好事手，佩服可以攘袄凶。
傳聞其國居大島，土壤沃饒風俗好。其先徐福詐秦民，采藥淹留童丱老。
百工五種得之俱，至今器用皆精巧。前朝貢獻屢往來，士人往往工辭藻。
徐福行時書未焚，逸書百篇今尚存。令嚴不許傳中國，舉世無人識古文。
嗟予乘桴欲往學，滄波浩蕩無通津。令人感激坐流涕，鏽澀短刀何足云。

關於這首詩的作者究竟是誰，此處可不予討論。或出於歐陽修，或出於司馬光，或出於錢公輔，他們都是北宋人，由此似可肯定該詩内容反映了北宋時代一般文人對中日圖書文獻交流的關心和認識。詩中所記倒不一定都是事實，却是一個珍貴的描述①。

在源遠流長的中日文化交流史中，曾有大量的中國文獻典籍被引進日本，這不僅見載於兩國的

① 上述詩句見載於歐陽修或司馬光有關著作。兩者文字稍異。本稿引自《增廣司馬温公全集》卷二十八，内閣文庫所藏南宋影印本，李裕民、佐竹靖彦編，汲古書院，一九九三年八月版。另外，參見譚彼岸《日本刀歌作者考》，《社會科學戰線》，一九八一年第三期。

歷史文獻，還可見證於存世的各類古鈔本以及宋元版等具體實物。正是這些被引進日本的各類典籍，曾給日本民族的思想文化帶來了巨大的影響。明治維新以後，在大量引進西方文化的歷史背景下，日本的社會思想文化儘管發生了巨大的變化，但是歷史上早就紮根於日本傳統文化之中的許多中國文化因素，却一直保持着旺盛的生命力。至於在各個不同歷史時期被引進日本的中國文獻典籍，不少已被日本政府列爲「國寶」或「重要文化財」，並得到了各藏存單位的妥善保存。

本書收録和論述的、現藏存於奈良興福寺的古鈔本《講周易疏論家義記》和《經典釋文》兩種殘卷，也是日本政府認定的「重要文化財」。前者雖不見載於隋唐書目，從殘存的内容可知，它是講述諸家注釋《周易》的一部逸書殘卷，成書大約在六朝偏晚時期；後者是陸德明撰《經典釋文》多種鈔本中唯一署有「陸氏」二字的早期鈔本。從總體來看，兩者都具有各自不可替代的歷史價值和資料價值，彌足珍貴。

至於兩種殘卷的早期歷史，比如是否是直接由大陸傳來的唐鈔本等問題，過去有過一些爭論，由於年代久遠，資料缺乏，目前難於下結論。有關資料顯示，寬弘七年（一〇一〇）寺僧把原爲卷子本的《講周易疏論家義記》和《經典釋文》裁成數片，目的是利用其紙背抄寫《因明纂要略記》和《四種相違斷略記》。其結果，原件當然受到嚴重的損傷，却輾轉得以保存。可是，長期以來，藏存單位却只當作《因明纂要略記》、《四種相違斷略記》以及《經典釋文》殘卷一種加以保存。直到上個世紀初，已故著名漢學家狩野直喜教授因拍攝《經典釋文》書影，才發現了隱藏於其中的《講周易疏論家義記》。一九三五年出版的《京都帝國大學文學部景印舊鈔本》第二集收載了狩野教授的解説、校記，並首次把《經典釋文》和《講周易疏論家義記》殘卷書影公諸於世。從一九八〇年代末起，筆者在研究《莊子音義》的過程中，在東洋文庫接觸、利用了兩種殘卷的書影及其有關資料；初次讀到這些資料時，筆者内心感到無比震撼，没想到日本竟然藏存着這麽古老的中國文獻。因此，筆者一直在關注着兩種殘卷。二〇〇三年，筆者重啓了對兩種殘卷的調查研究以及在文獻學方面的整理和再校。鑑於七十多年前的京大景印本流傳不廣，本書除了介紹狩野等先驅的研究成果以及筆者在文獻整理方面的收穫之外，還附上兩種殘卷的書影，以饗同好。

奈良是仿照西安修建而成的日本古都。日本朋友常説，奈良是日本的起點。這是指一千三百年前，平城遷都揭開了日本史上新的、輝煌的一頁。奈良興福寺與東大寺毗鄰，素以日本法相宗大本山聞名於世。其前身是建於六七二年的厩坂寺，歷史淵源還可上溯至建於六六九年的、著名的中央豪族藤原鎌足的氏族宗廟山階寺。和銅三年（七一〇）才移至現址，並定名爲興福寺。因藤原家族與日本皇室有姻親等關係，該寺長期享有官寺的待遇。據記載，興福寺曾發展爲奈良時代（七一〇—七八四年）的四大寺和平安時代（七九四—一一九二年）的七大寺之一。歷史上鼎盛時期，寺内各類建築曾多達一七五棟。遺憾的是，該寺後來多次罹難，甚至一度被化爲灰燼，今天的規模已遠不及當年。目前，爲了紀念創建一千三百周年（七一〇—二〇一〇），該寺正在加緊爲修復中心伽藍——中金堂等建築作準備。根據已公佈的信息，重建奠基典禮將於今年十月舉行，預計二〇一五年完成。

一九九八年十二月，興福寺與東大寺、元興寺、藥師寺、唐招提寺、春日大社、春日山原始林和平安宫遺址等八個單位，作爲奈良市文化遺産被同時列入《世界文化遺産名録》。興福寺内設有一座國寶館，主要用於陳列那些造型獨特、文物價值極高的歷代佛像，還有據説是製作於唐的「華原磬」以及《講周易疏論家義記》、《經典釋文》等各類古鈔本，宋版《一切經》等足以見證中日文化交流歷史的具體實物。這些稀世珍寶像似在以自身的存世默默地向前來參觀的各國遊客顯耀着興福寺曾經有過的不平凡的經歷。

值本書出版之際，謹向慷慨提供原始資料的奈良興福寺、奈良文化財研究所，向爲本書提供了出版資金的岐阜聖德學園大學，以及爲本書的出版提供了諸多方便條件的中華書局致以衷心的謝忱；向撥冗接待、陪同筆者調查古鈔本實物的興福寺國寶館原館長小西正文先生、奈良文化財研究所文部科學技官、書影攝影者吉川聰先生，以及對筆者的研究多有鼓勵的東京大學名譽教授户川芳郎先生、給筆者提供了很多幫助的中華書局總編輯助理馮寶志先生等各有關人士致以由衷的感謝。

最後，謹向關心筆者的研究却未能見到本書的出版，已於二〇〇九年十二月二十一日故去的恩師伊藤漱平教授表示深切的懷念和哀悼。

黄華珍

二〇〇六年四月初稿

二〇一〇年七月定稿

於東京寓所青松齋

興福寺門前石碑

黄華珍　攝

興福寺標誌性建築——五重塔。應永三十三年(一四二六)第六次重建,保留了天平二年(七三〇)初建時的原貌。塔高五十・八米,僅次於高五十四・八米的京都東寺五重塔

黄華珍　攝

論曰无體也无體之謂也繫詞云易无體神无方故
能使无象〻而无象周流六虛終而復興終日變
化尒无變化之相故論曰易盡為道變以極是理也
而有為因於无為變化因於虛沖故莊生云天地与
我並生万物与我同根老玄同出而異名又云衆妙
之門也故若以事易為言欲見太易言理或以化為宗
將顯无象之象但此體用表裏事理格量議理設詞

《講周易疏論家義記》書影

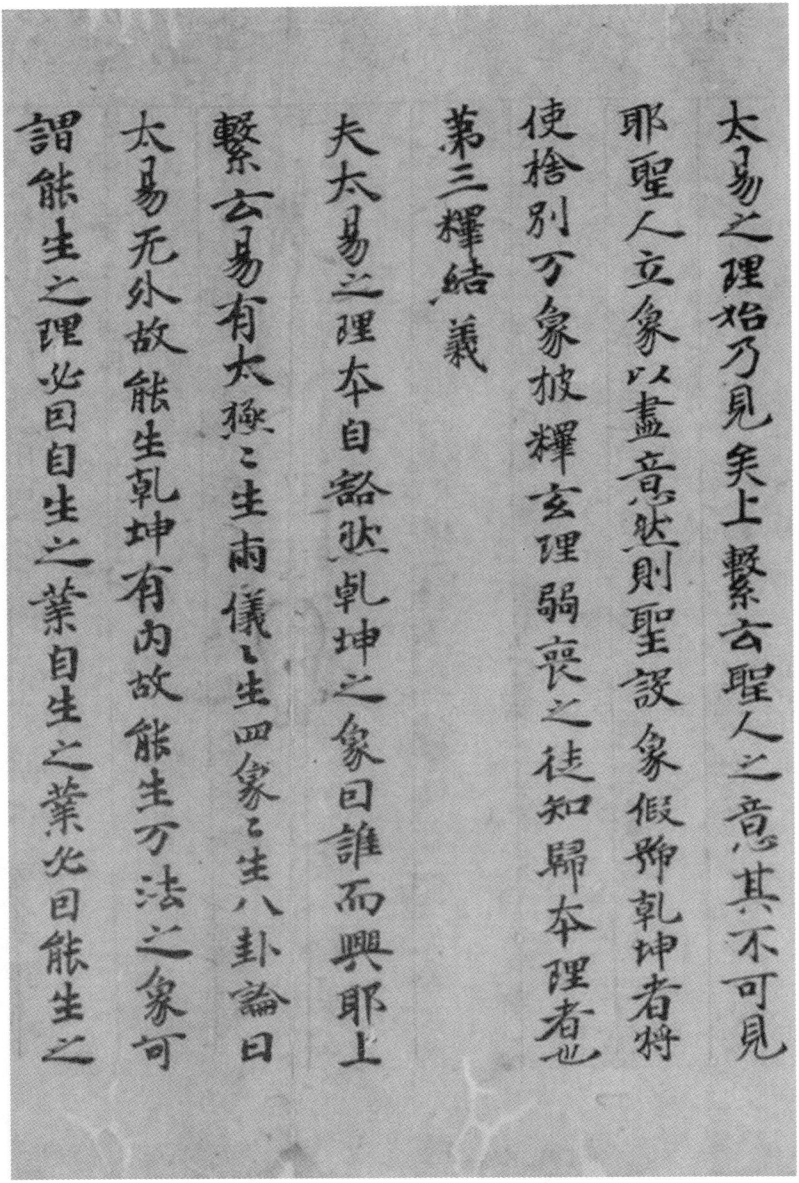
太易之理始乃見矣上繫云聖人之意其不可見
耶聖人立象以盡意然則聖設象假稱乾坤者將
使捨別万象披釋玄理弱喪之徒知歸本理者也
第三釋結義
夫太易之理本自豁然乾坤之象因誰而興耶上
繫云易有太極〻生兩儀〻生四象〻生八卦論曰
太易无外故能生乾坤有内故能生万法之象可
謂能生之理必因自生之業自生之葉必因能生之

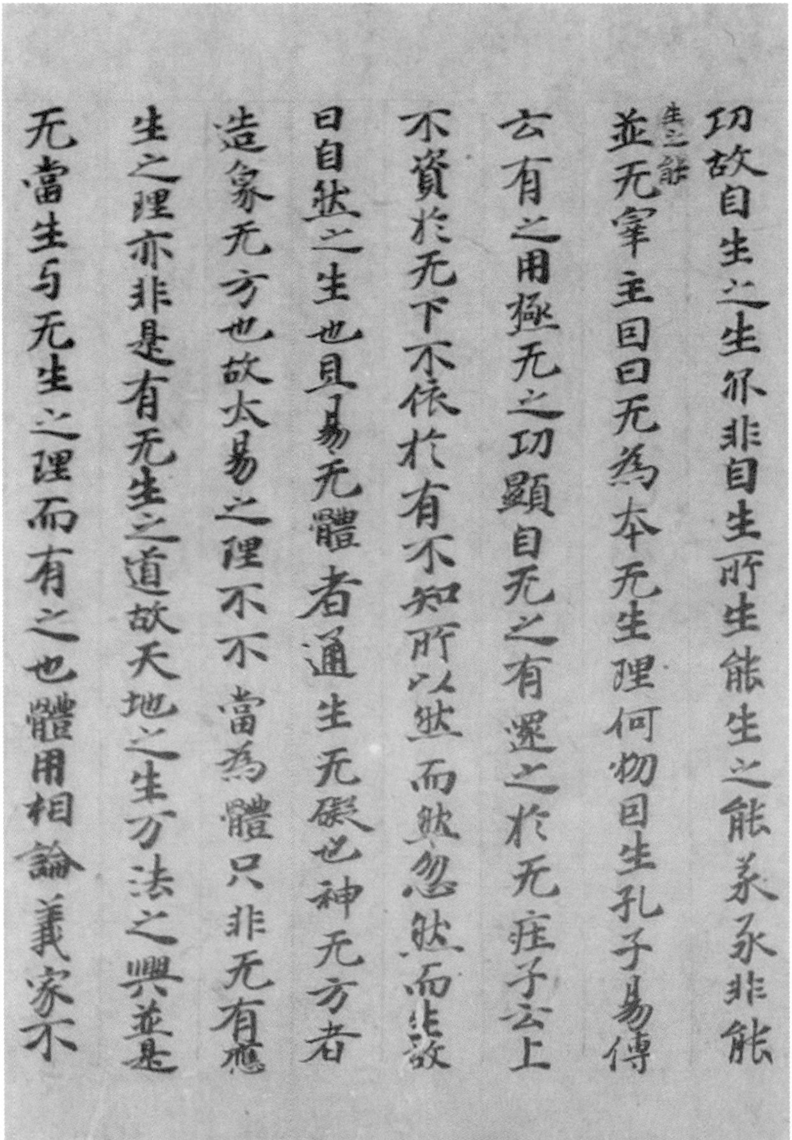

功故自生之生亦非自生所生能生之能兼承非能
生之能
並无宰主因曰无為本无生理何物因生孔子易傳
云有之用極无之功顯自无之有遷之於无莊子云上
不資於无下不依於有不知所以然而然忽然而生故
曰自然之生也且易无體者通生无礙也神无方者
造象无方也故太易之理不不當為體只非无有應
生之理亦非是有无生之道故天地之生万法之興並是
无當生与无生之理而有之也體用相論義家不

《講周易疏論家義記》書影

同諸家云无用〻而不〻用〻之用而无用也此家之
事為辟武王伐紂之象雖有兵革之資无異禪讓之跡
故聞應而言直是飛龍在天標感而稱普是利見大
人者也天時為配位於申在七月夷則之律也陽正法度
陰氣使正呂則南呂南任也陰氣任成諸物也位於酉在
在八月是坤六五之爻也
第六釋上九上九亢龍有悔舊説劉先生等云故辭謂

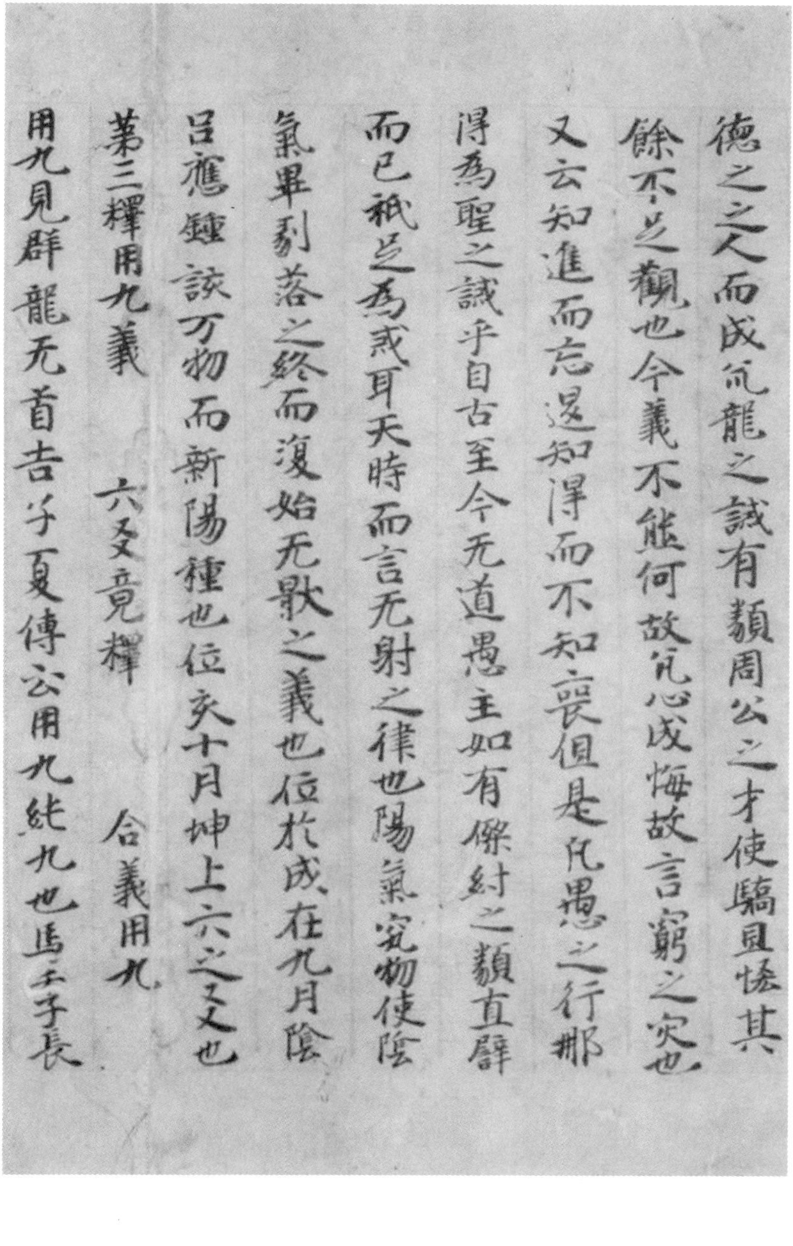
德之之人而成亢龍之誡有類周公之才使驕且悋其
餘不足觀也今義不能何故亢心成悔故言窮之灾也
又云知進而忘退知得而不知喪但是凡愚之行耶
得為聖之誡乎自古至今无道愚主如有桀紂之類直辟
而已祇足為戒耳天時而言无射之律也陽氣究物使陰
氣畢剝落之終而復始无歇之義也位於戌在九月陰
呂應鍾該万物而新陽種也位亥十月坤上六之爻也
第三釋用九義　六爻竟釋　合義用九
用九見群龍无首吉子夏傳公用九純九也馬壬子長

《講周易疏論家義記》書影

云用九用純九之道也夫九者關陽之旨設表陽德之名
陽攝陰用太和能通故別稱醒而陳用九之義論家云
純陽者是天〻家〻之〻德〻復為万物之源故以罡健
為體无滯是用也案此用九即有二義第一境第二智境
智之義如文外釋而略明境體當通其義乾有四
德體即太和理點四象易和智配焉故聖智者自
用乾象之德可謂九用之人也夫群龍者眞理之辟
聖也故有咸應之理矣釋曰蓋以用九之道而覓群龍之志

但言无首之心是吉之道也辟龍之心雖復无是應中之迹誠是
多端乾九四自有或躍之象坤上六亦致龍戰之禍百姓見事
未達其理誹謗聖迹輕猷應道故更陳用九之心而暢群龍之
里世上仁者尚无淩物之情寧亦理群聖豈有為首之
後人注解相從卦類而説之王輔嗣此乾坤二卦猶不
分配者欲存其本柄見其義且復乾坤教本欲
異雜象者也
第三釋彖辭三重　第一釋名德　第二釋四德

苐三釋聖人體此德　案苐一釋名又判四重　苐一釋
名　苐二釋歎名　苐三釋成用　苐四釋相冝　苐五釋
名
彖曰繫辞云彖者言乎象者也王注云彖言二象之材
而論四德之意韓曰彖捴一卦之德然則彖别卦象之
意開釋象中之理者也故断暢爲義開顯是意耳
復案例略云夫彖者何也統論一卦之體明其所由之主
者也夫衆不能治〻衆〻者至宗者也故天地不制

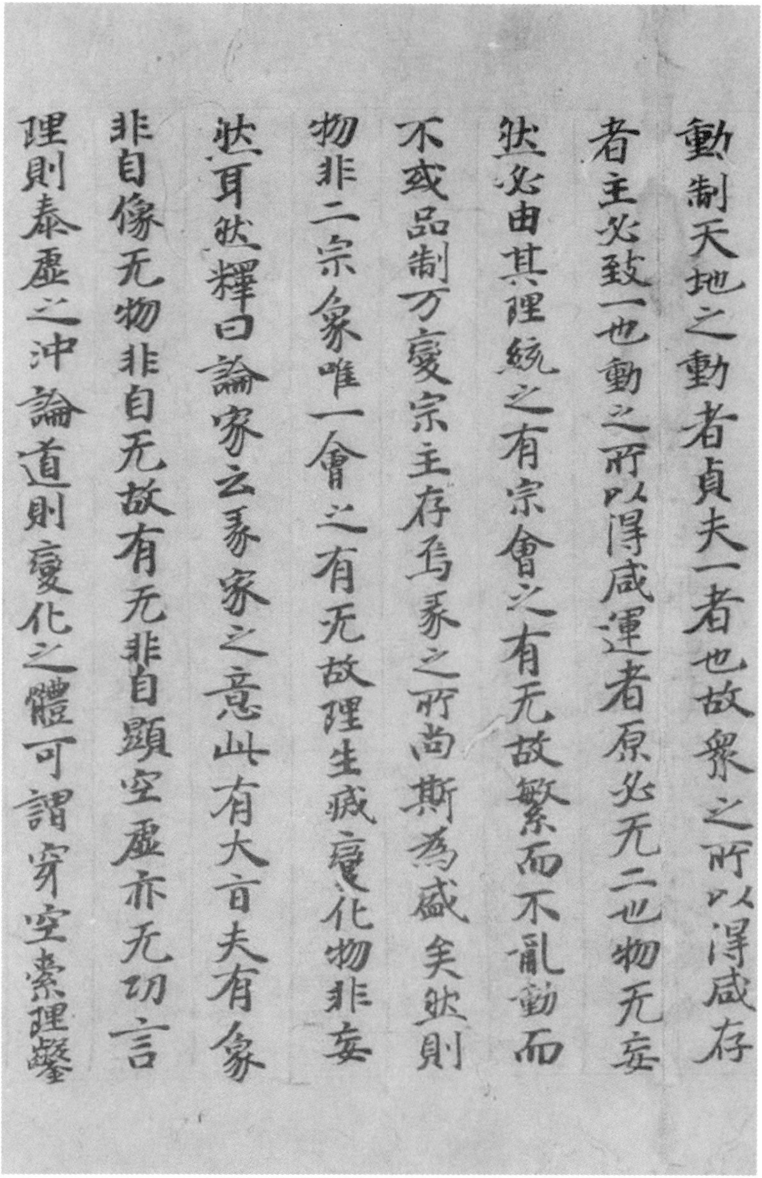
動制天地之動者貞夫一者也故衆之所以得咸存
者主必致一也動之所以得咸運者原必无二也物无妄
然必由其理統之有宗會之有元故繁而不亂動而
不惑品制万變宗主存焉彖之所尚斯為盛矣然則
物非二宗象唯一會之有元故理生滅變化物非妄
然耳然釋曰論家云彖家之意此有大旨夫有象
非自像无物非自无故有无非自顯空虛亦无切言
理則泰虛之沖論道則變化之體可謂窮空索理鑿

《講周易疏論家義記》書影

虛詮道卦象之理依彖而顯也故仲尼之筆十翼之旨
繫辭亦云觀其彖辭則思過半矣曰者辭也詮理之
訓也畜物云夫言者非吹也言者有言義家云吹者
与愧同類也言下詮理之目而此理愧然无物之物故
所言之教亦同不言之教今言曰者与彼无異故詮
理之辭也
別歎今義云總歎今也何者乾是虛家之通名元為

沖之摠目故大哉歎首大和美未言雖前後歎理
唯一耳而元是万物之初大字當義貞為四德之綜
和訓荷理沒元既受大其餘可通利貞被和豈止於
茲乎但先非釋乾而明元德者同雖假象之若簡
之理有意攸也則乾一卦釋名略開其訓二則元德得
題但是乾家之神功故先釋元德而後乾體耳但乾
家之德故稱乾元
第三釋德成用万物資始沖德无為神功无為神功无

名本自湛寂體終絶始但變化之理生滅之象直在
涅因脫无出外故曰物終始强名元德既假元名復
物資元資元始之物故言万物資始也然則資始之物
資終物有始終元亡有何功故道經云始母之稱同出異
名同故不異玄之又玄今言元德玄之又玄之德也
第四相即義乃統天理象曰乾事狀言天設名不同
理即无二復有无德別歎其美故三物之體容論有
別耳故今則不然混而為一何則天是色相之名陰之

為形乾為窮冥之象无窮為自道經云窮冥則
是冥窮怳忽則是惚怳在子六天之蒼〻其正色耶
又云天地者万物之総名也穆虚翻玄積空成色耳釋
曰乾之与天本非二色若青若玄直是造化耳本无
造化而有造化故曰同法无為而无不為也今言无
德但是乇象之理〻无二像故更生万像之象〻无二
理故復有万幾言理耳　問統唯頑之名即是相所
之義何以即名為釋耶　荅雖云四德太和為體

《講周易疏論家義記》書影

乹之与天但是義目故以繞天為顯相即言義也若
第二釋四德　正明亨德隨次三重　第四釋相即義
第二釋亨雲行而旋品物流形乹家之亨本自通
生无导无雲行雨施庶物流形生長生而无窒通
而无主法尔之理玄亨之功无為无所不可能亨
任性自尔与无同德普通諸象也
第三釋利德大明終始六位時成乹家之利何所不
利裁成終始何功之有故云不言所利大矣哉夫物之

事為終始為體時之為用六位成摠故四時佚運六
位交替莫匪自尔之利並曰貞利之功辟物首尾不
過大位廉細昧明利德无滯既有大明復致時成故
能與元同體普利大器也
第四釋貞德時乘六龍以御天乾德變化各正性命
乾家之貞本自能正時乘六龍貞幹六氣之變化
以御天象玄正不法之云為乾道變化靡物不遷
性命者各正理分故云草木不等華葉各異一

《講周易疏論家義記》書影

切唅靈莫匪神造是乃乾道之所遂化貞德之彼
幹正也但言正者直是太易之理復云乾道旦為變
化之城氣有外降故辭六龍々氣有特故云位相
平見義也旦元德在首統天為切貞德在末御天為
用物有初尾理自平均与元同切共乾不異故有能
正之理也
第五釋四德相即義保合太和乃利貞夫大者普
周之大利者无礙之和所謂太易云理亦斷自然之道
也太易故无所不和太和故无彼不易能易故靡非所

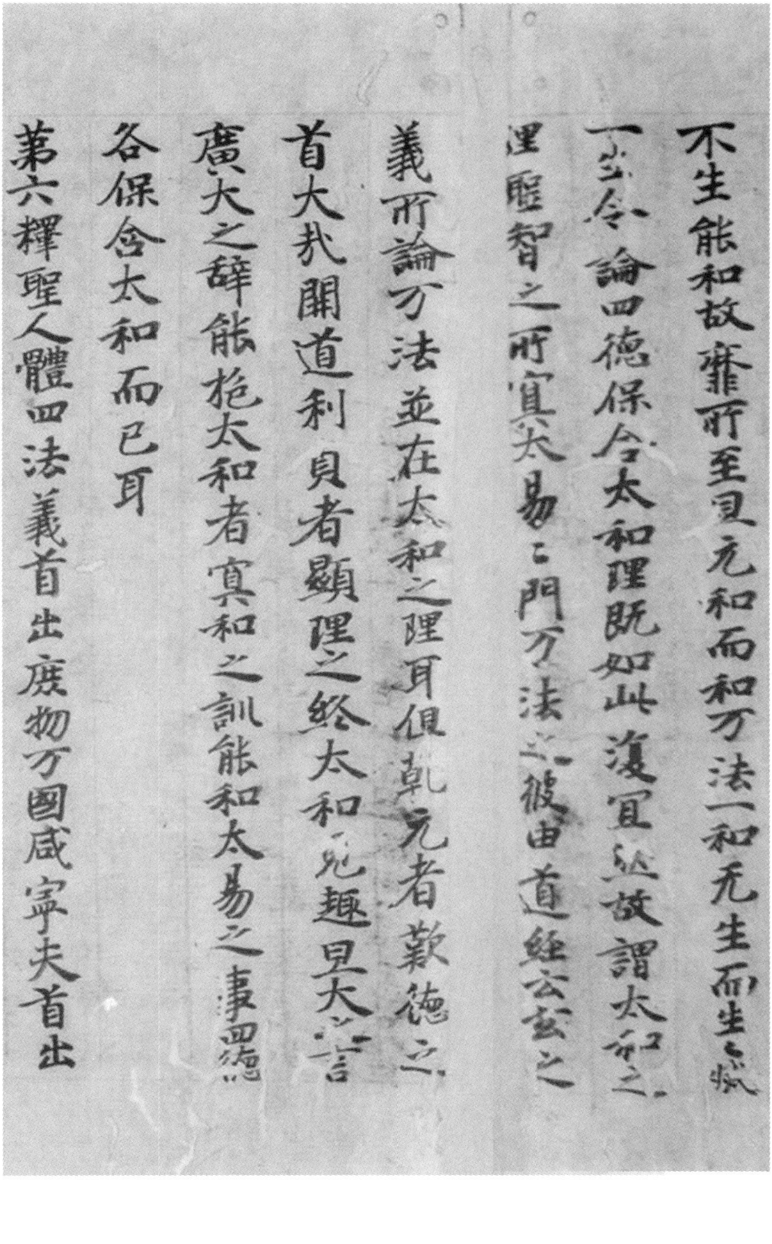
不生能和故雍所至亘无和而和万法一和无生而生之域
一亦令論四德保合太和理既如此復宜並故謂太和之
理聖智之所宜太易之門万法之彼由首道經公玄之
義所論万法並在太和之理耳但乾元者歎德之
首大哉開道利貞者顯理之終太和之兆趣旦大之言
廣大之辭能抱太和者冥和之訓能和太易之事四德
各保合太和而已耳
第六釋聖人體四法義首出庶物万國咸寧夫首出

《講周易疏論家義記》書影

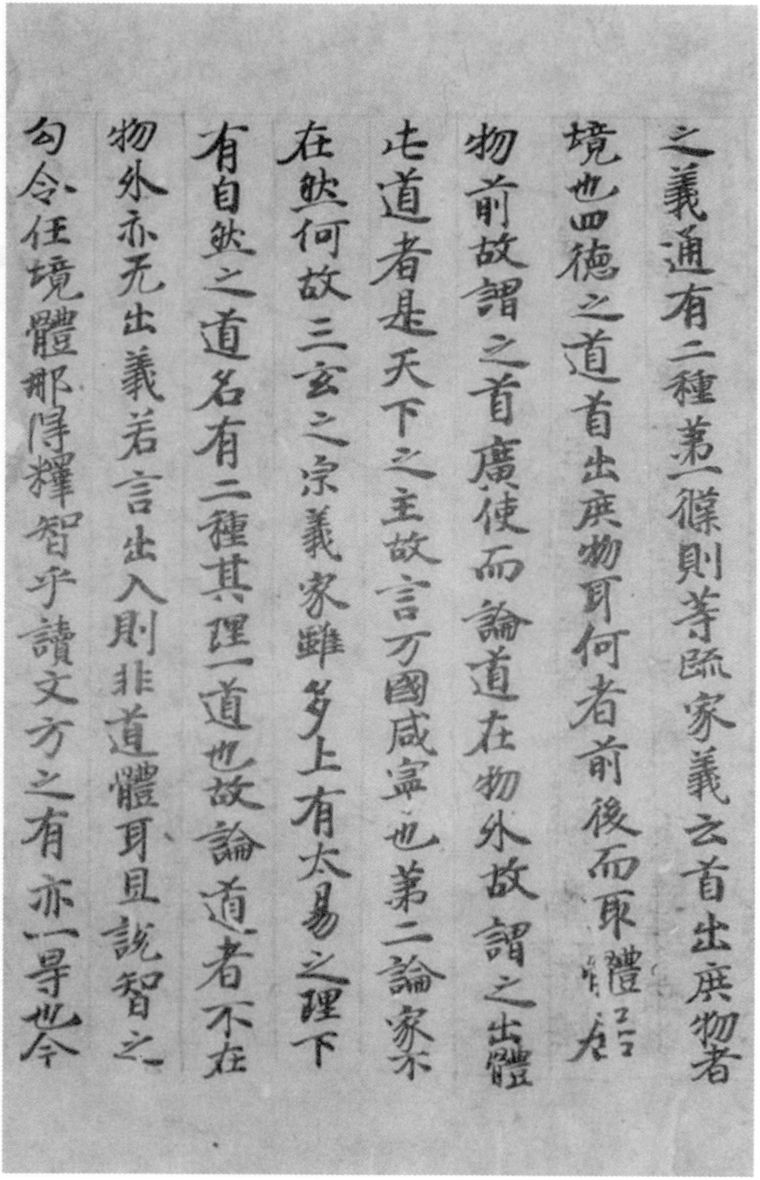

之義通有二種第一條則等疏家義之首出庶物者
境也四德之道首出庶物耳何者前後而取體
物前故謂之首廣使而論道在物外故謂之出體
也道者是天下之主故言万國咸寧也第二論家等
在然何故三玄之宗義家雖多上有太易之理下
有自然之道名有二種其理一道也故論道者不在
物外亦无出義若言出入則非道體耳且說智之
句令任境體那得釋智乎讀文方之有亦一尋也今

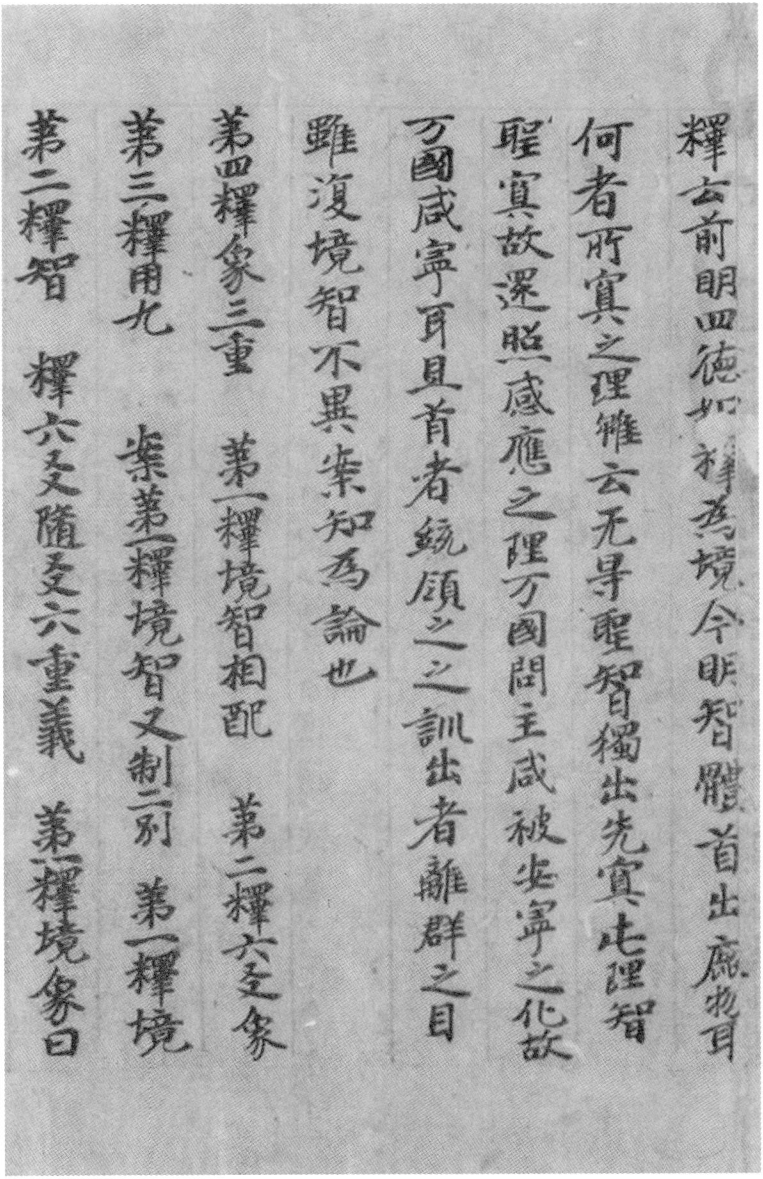
釋云前明四德如釋爲境今明智體首出庶物耳
何者所冥之理雖云无㝵聖智獨出先冥此理智
聖冥故深照感應之理万國問主咸被安寧之化故
万國咸寧耳且首者統領之之訓出者離群之目
雖復境智不異案知爲論也
第四釋象三重　第一釋境智相配　第二釋六爻象
第三釋用九　案第一釋境智文制二別　第一釋境
第二釋智　釋六爻隨爻六重義　第一釋境象曰

《講周易疏論家義記》書影

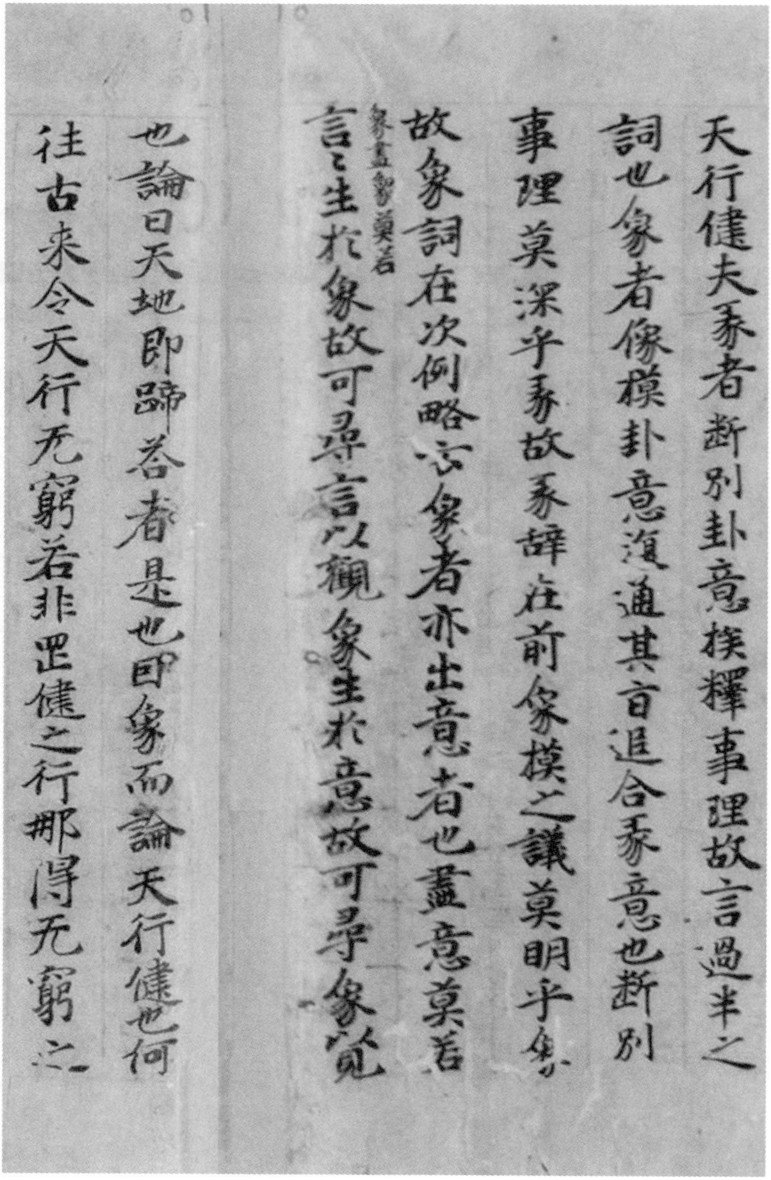

天行健夫彖者斷別卦意揆釋事理故言過半之
詞也象者像模卦意復通其旨退合彖意也斷別
事理莫深乎彖故彖辭在前象模之議莫明乎象
故象詞在次例略云象者亦出意者也盡意莫若（象盡意莫若）
言々生於象故可尋言以觀象々生於意故可尋象觀

也論曰天地即歸答者是也即象而論天行健也何
往古來今天行无窮若非罡健之行那得无窮之

象良由无為之德而成无成之行維云有累之名不
異乾道之意故象家云天行健也然則言天則可忘
乾即可忘（言乾）天為則罷〻健〻則无為斯乃本易之理見矣
第二釋智君子以自强不息君子之名通稱德上故
初九无位並稱君子也君子之行體道不（息）自然而然无
物相與湛寂不動乘遊變化故言自强不自也然則
唯非天道之健行並有君子自强之理故問賓會不
息之義何者由物而强物義有間理性自强〻无間息是

謂自强之道耳

第二釋爻則有六重　隨次可解与彖同例

第一潛龍勿用陽在下也陽氣潛藏待時發見君子

隱下係幾應出氣辟時發故言陽在下也

第一見龍在田德施普也陽氣開外潤施周普聖人應

見德化遍施氣辟教化故言德施普也

第三終日乾乾變覆道也終日乾乾功理善發或躍或退

冥照不二君子之動返覆皆道者也

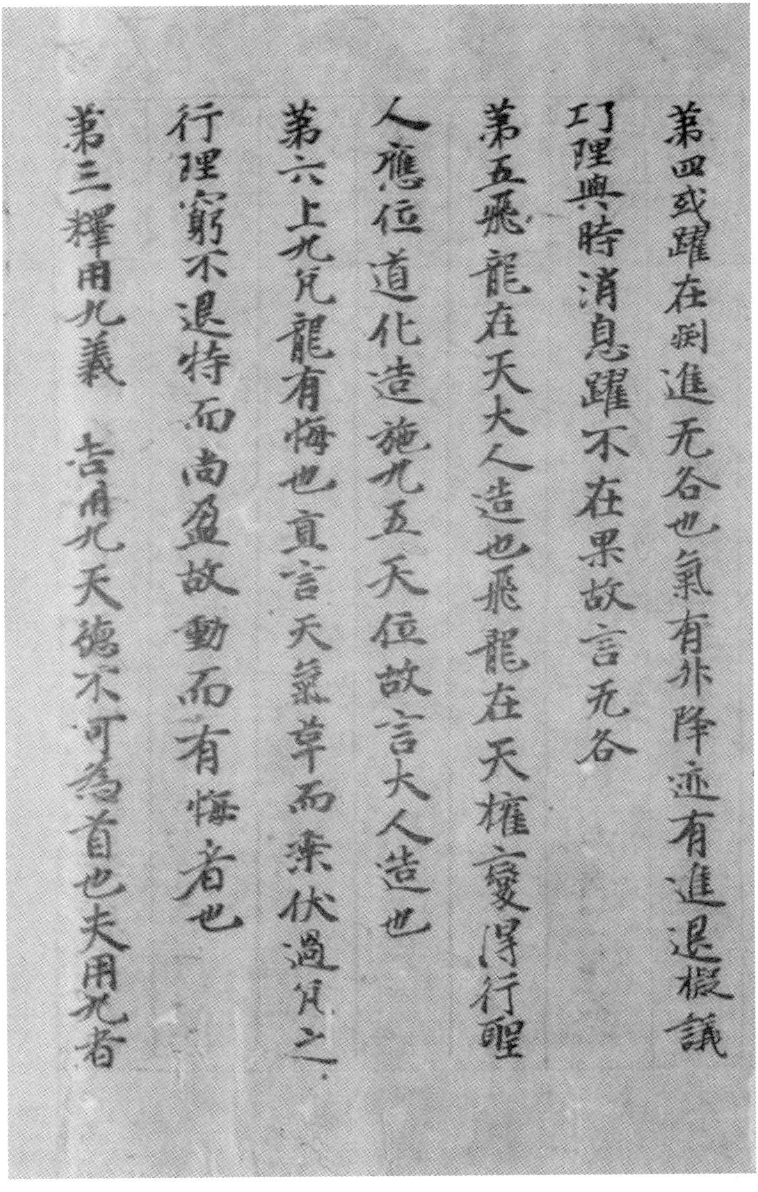
第四或躍在淵進无咎也氣有外降迹有進退擬議
巧理與時消息躍不在果故言无咎
第五飛龍在天大人造也飛龍在天權變得行聖
人應位道化造施九五天位故言大人造也
第六上九亢龍有悔也直言天氣草而乘伏過亢之
行理窮不退特而尚盈故動而有悔者也
第三釋用九義　吉用九天德不可為首也夫用九者

證七六支之意也
第五釋文言三重　第一釋名　第二釋體　第三釋
四番釋文義　第一釋名　文者文餝爲義言者明
理爲訓故言也文言但彖者斷釋内德象者像模外行
二辟之體前已見質故文餝之義必自前體故第
三爲文言耳然則乾坤二象但有文言雜卦中无文
言有何耶義意雖多略言四種第一乾坤是衆理之
本法象之源其道深遠當有文餝之義也

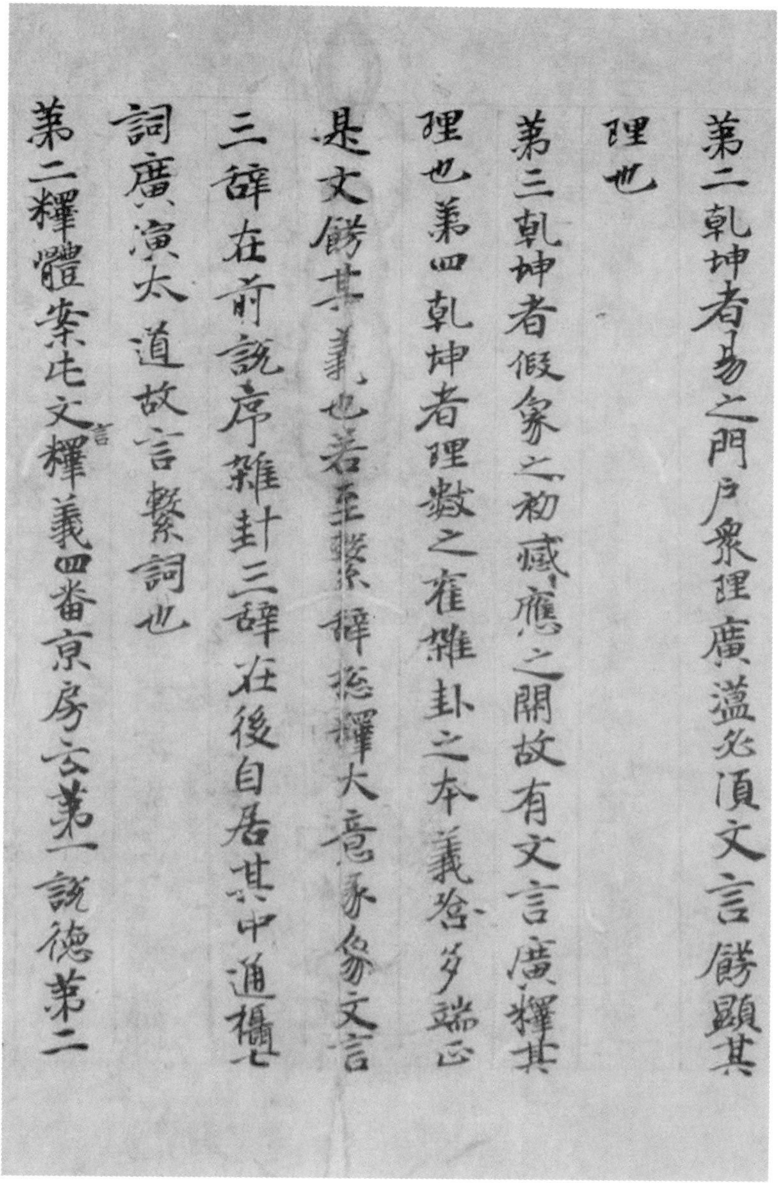
第二乾坤者易之門戶衆理廣ヽ濫必須文言餝顯其
理也
第三乾坤者假象之初藏ヽ應ヽ之開故有文言廣ヽ釋其
理也第四乾坤者理數之在雜卦之本義咎多端正
是文餝其義ヽ也若至繫辭總釋大意彖象文言
三辭在前說序雜卦三辭在後自居其中通攝也
詞廣ヽ演ヽ太道故言繫詞也
第二釋體案屯文言釋義四番京房云第一說德第二

《講周易疏論家義記》書影

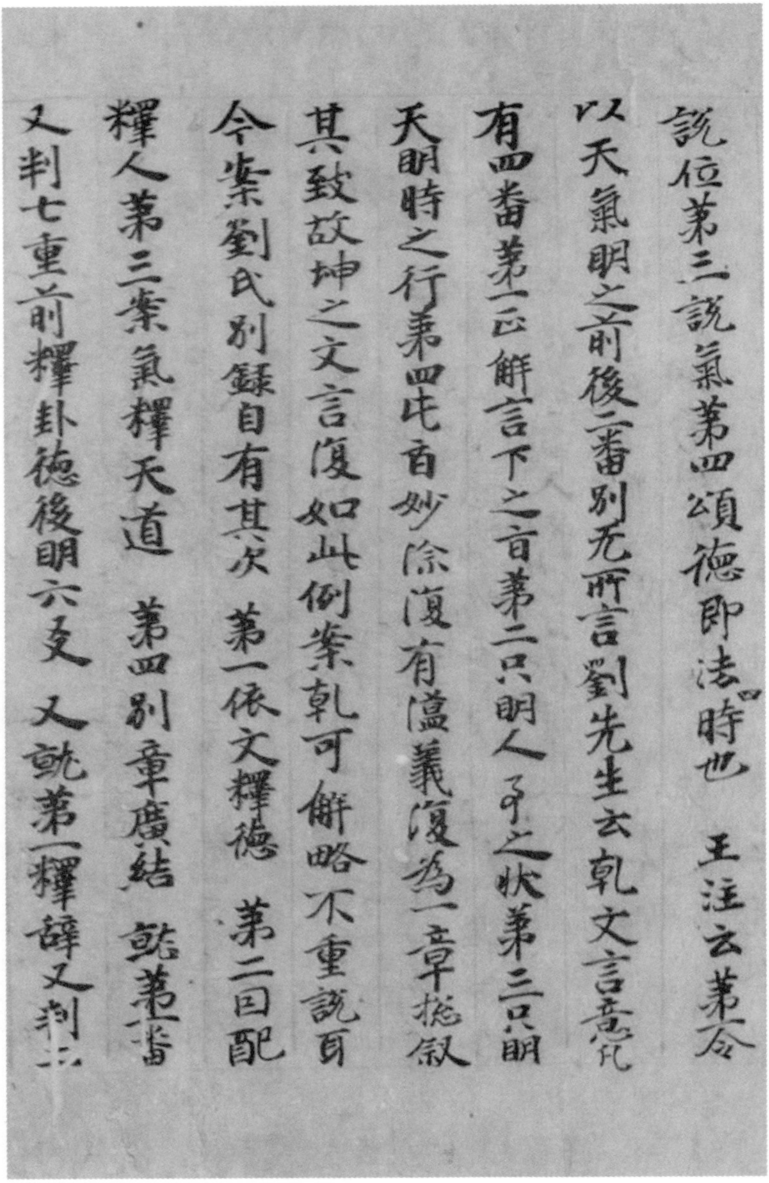
説位第三説氣第四頌德即法四時也　王注云第一合
以天氣明之前後二番別无所言劉先生云乾文言意凡
有四番第一正解言下之旨第二只明人事之狀第三只明
天明時之行第四託百妙除復有濫義復為一章捴叙
其致故坤之文言復如此例案乾可解略不重説耳
令案劉氏別録自有其次　第一依文釋德　第二因配
釋人第三案氣釋天道　第四別章廣結　就第一番
又判七重前釋卦德後明六爻　又就第一釋辭又判三

分　前釋四德　後明聖行　就前四德隨次四段

〻一釋元德者謂元〻者長〻之〻〻〻乎冥專曰元〻

德資生之理〻〻開於无〻〻之為善〻〻善之盛故云善之

長也然則元是理性之始遍通万象元為〻善故云

善之長也　第二釋亨德者謂亨者嘉之會也

子夏傳曰亨通也万物資始自體能通所通之法

亨理相會故亨者嘉之會也且无（生）那得通那（无通）得生

能所生冥會誠嘉之理故言嘉之會也

《講周易疏論家義記》書影

苐三釋利德者謂利者義之和也子夏傳曰利和
也是利益有功和為和洽元亨義者擬議得方之辞
万法得方无所不可故言大利義之和也但自然之利
々而不利太和之理和々而无和大方之々而无方耳
苐四釋貞德者謂貞者事之幹也子夏傳曰貞正
也庶物生體必須自然之正万法問體莫非太正之正
乾家之貞本以太和為心曲生即乾幹有功而无主唯
是沖正之理非是即上之幹也

第二別釋聖行凡有四句境有四德故聖有四智　第一釋
仁　第二釋礼　第三釋義　第四釋貞　第一君子體
仁足以長人仁主東方德配生育是謂即目賢者之
境也至仁之體与極同體一日万幾寂然不動道經云天
地不仁万物蒭狗聖人不仁百姓蒭狗故生而不有長
而不宰是謂至德之仁也今欲顯至仁之仁故聖以人體
之始乃足以長仁者夫世上之仁盡是未足爲仁也
第二嘉會足以合礼礼主南方德配感長礼別尊卑

《講周易疏論家義記》書影

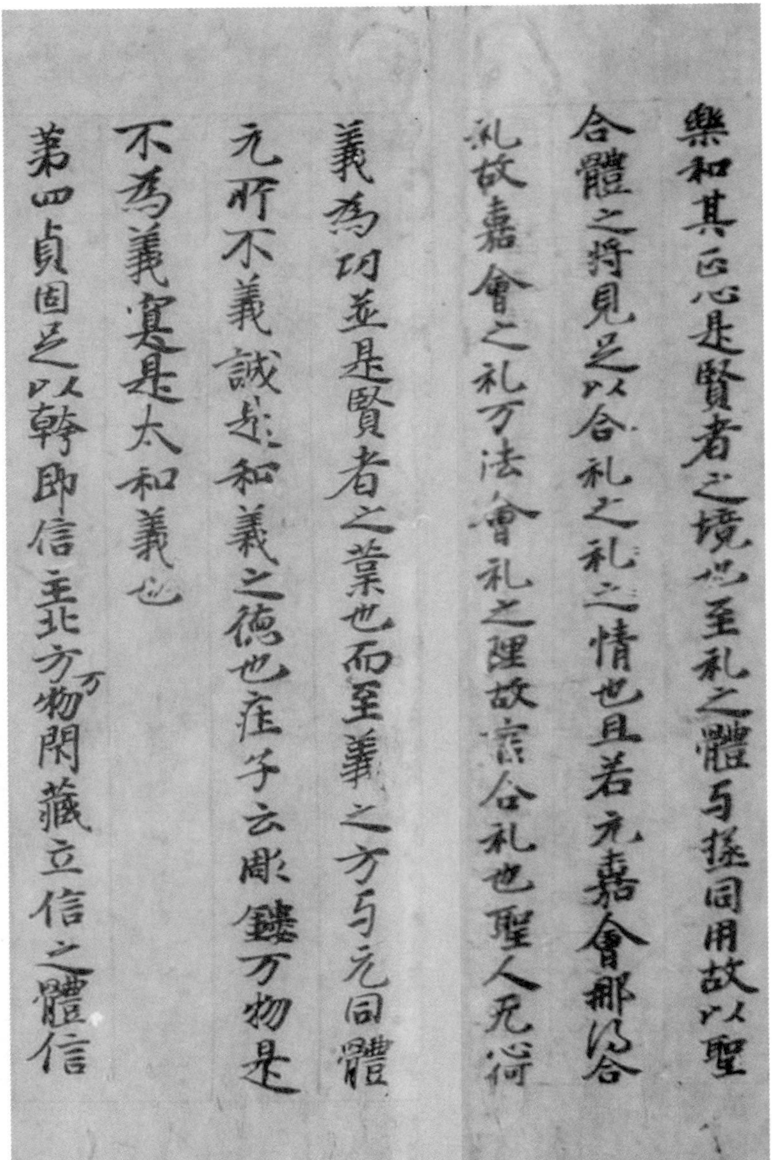

樂和其正心是賢者之境也至礼之體与揔同用故以聖
合體之將見之以合礼之礼之情也且若元嘉會那乃合
礼故嘉會之礼万法會礼之理故言合礼也聖人元心何
義為功並是賢者之業也而至義之方与元同體
元所不義誠並和義之德也在乎云彫鏤万物是
不為義寔是太和義也
第四貞固足以幹即信主北方万物閉藏立信之體信

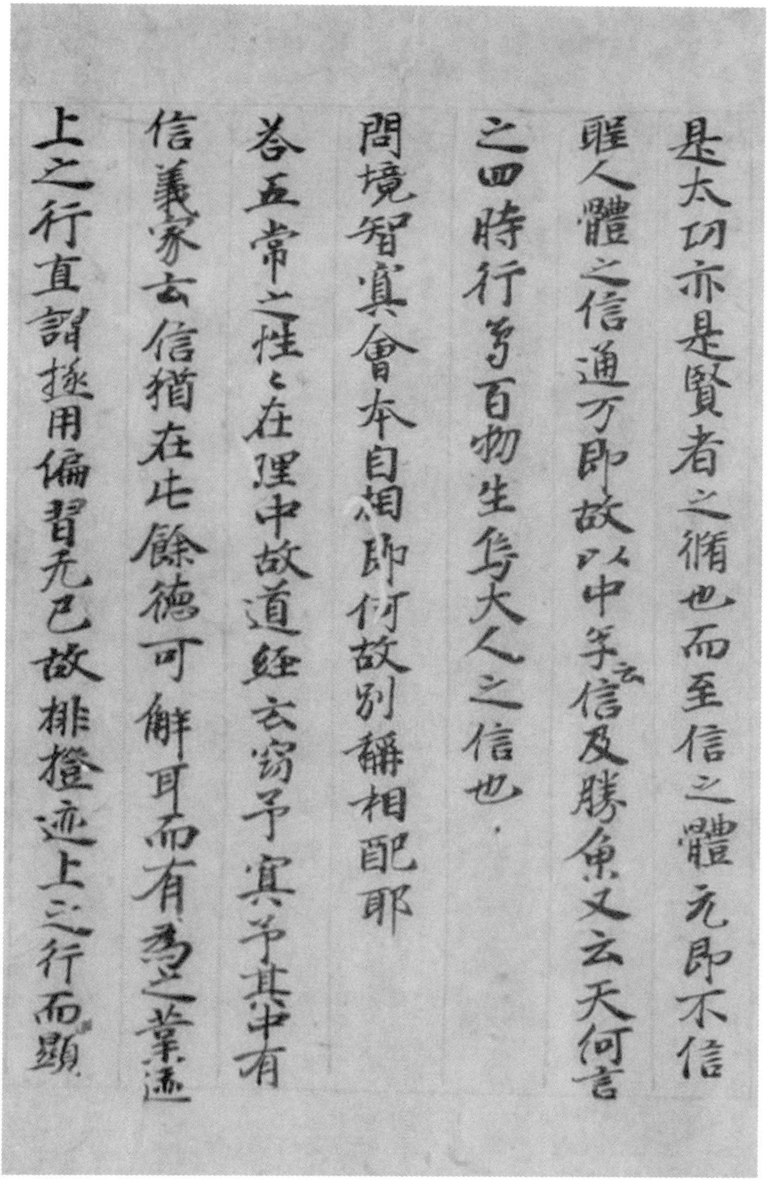
是太切亦是賢者之循也而至信之體无即不信
雖人體之信通万即故以中孚云信及豚魚又云天何言
之四時行焉百物生焉大人之信也。
問境智冥會本自相即何故別稱相配耶
答五常之性〻在理中故道經云窈乎冥乎其中有
信義家云信猶在屯餘德可解耳而有為之業遂
上之行直謂據用偏習无已故排擯迹上之行而顯

《講周易疏論家義記》書影

舉理性之體故荅陳撓智之狀使會无累之旨耳
問五常之性配有五行之德何故脱一而見四德耳
荅五性之隱當俗五德而教旨小異通有二種
第一舊通云礼曲闕主而乘賢者之智易經闕智
而顯聖人之壞取何故礼典但是有爲故以上爲貴所
以上主中央寄王四季不与他等同例故同闕而爲顯
世易經釋无則无爲々體智主万行无所不知故更

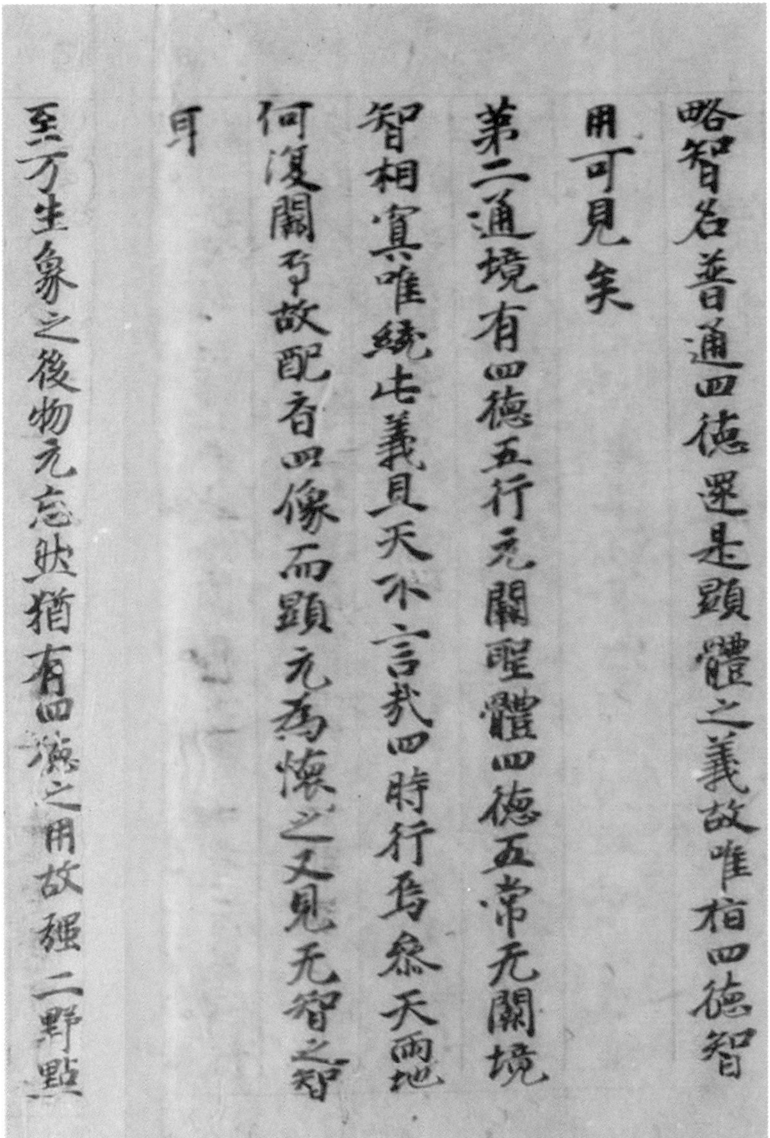
略智若普通四德還是顯體之義故唯指四德智
用可見矣
第二通境有四德五行无關聖體四德五常无關境
智相冥唯就乾義見天不言教四時行焉參天兩地
何復關乎故配者四像而顯无爲懷之又見无智之智
耳
至于生象之後物无忘然猶有四德之用故經二點

《講周易疏論家義記》書影

虛沖義判四名耳今論智體復是器然智无所知

何物名智直致感應權化之曰百姓曰發尚見四德之聖

也故妙本為言境智尚无境智之象應用而論此有

境智之用今業應迹而顯妙本故言君子行此四德

者故曰乾元亨利貞也旦曰智而言道曰道而言智

道智未始一智道未曾二境智之會既有此理耶以

不言君子而顯境體乎所以此有故曰之稱耳

第二釋爻六重　設量問答斷簡其義

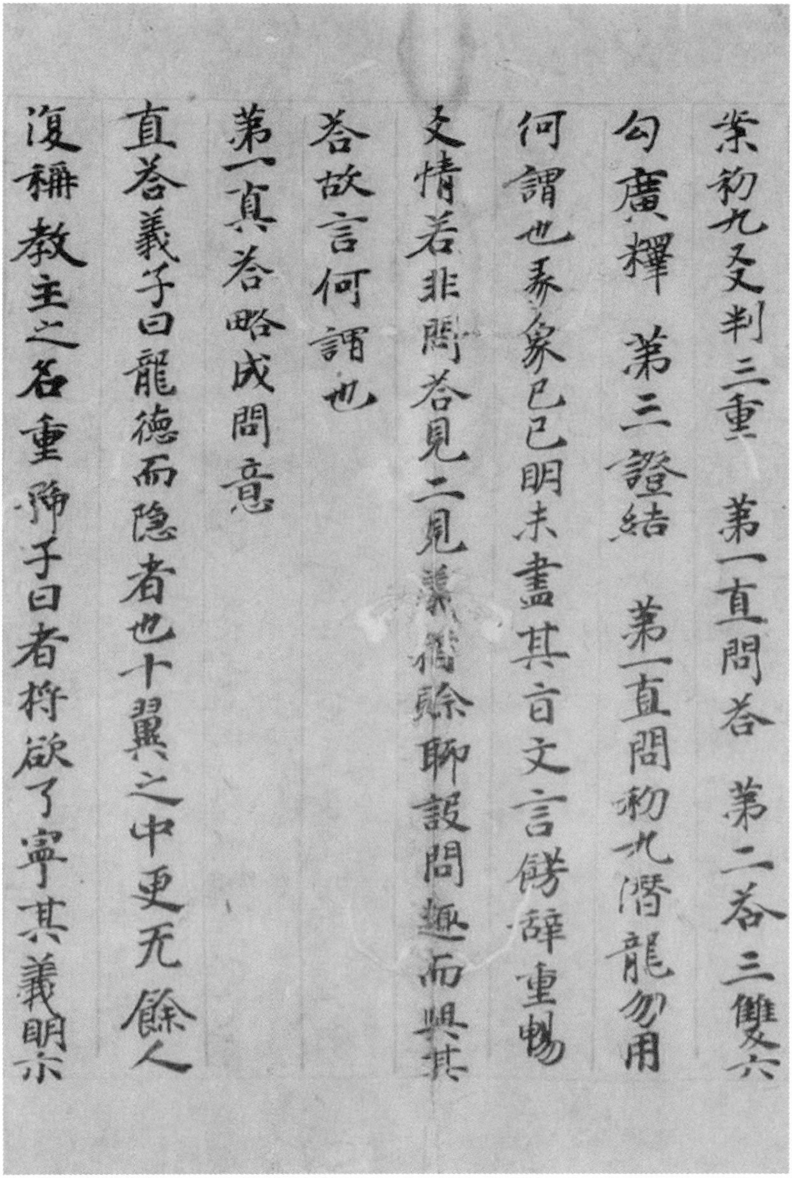
案初九爻判三重　第一直問答　第二答三雙六
句廣釋　第三證結　第一直問初九潛龍勿用
何謂也義象已明未盡其旨文言餝辭重暢
文情若非問答見二見兼[illegible]餘聊設問趣而與其
答故言何謂也
第一直答略成問意
直答義子曰龍德而隱者也十翼之中更无餘人
復稱教主之名重稱子曰者将欲了寧其義明示

《講周易疏論家義記》書影

釋情也是但龍德之人隱而未見者也夫感應之理
隱見非我居潛之曰隨理而隱者也　正荅第一雙
不易乎世不成乎名直一標體名而明潛義上句釋
體下句解名也夫居應之義与理相符荅若雖潛
地与幾相違故不為世俗之所推（故潛）移世正是時泰則
泰時否則否与世偕運於无私情見之實不易乎世
耳下句釋名隱見言理帝宰由理名堯舜周孔莫非
無名故即體興迹應本見自非究冥道是降目耳故

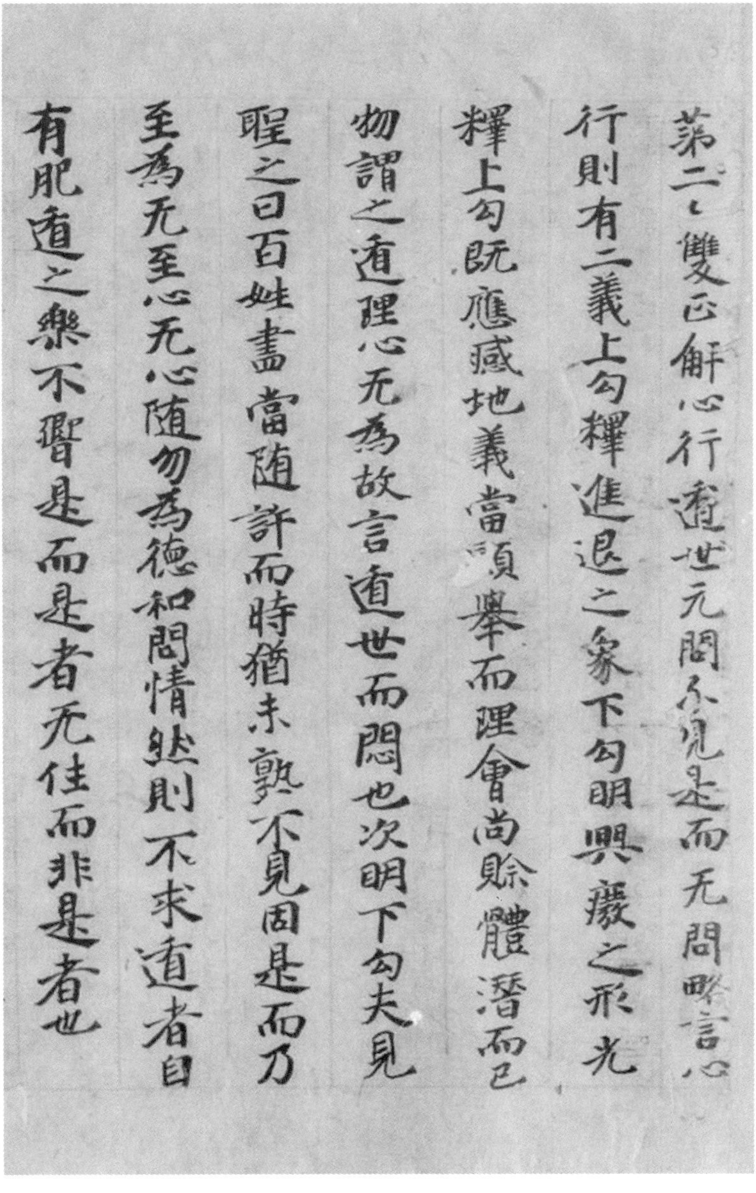

苐二〻雙㠯解心行遁世无悶不見是而无悶略言心
行則有二義上句釋進退之象下句明興廢之形光
釋上句既應藏地義當頭舉而理會尚賒體潛而已
物謂之遁理心无為故言遁世而悶也次明下句夫見
聖之曰百姓盡當隨許而時猶未熟不見固是而乃
至為无至心无心隨物為德和悶情然則不求遁者自
有肥遁之樂不醫是而是者无往而非是者也

《講周易疏論家義記》書影

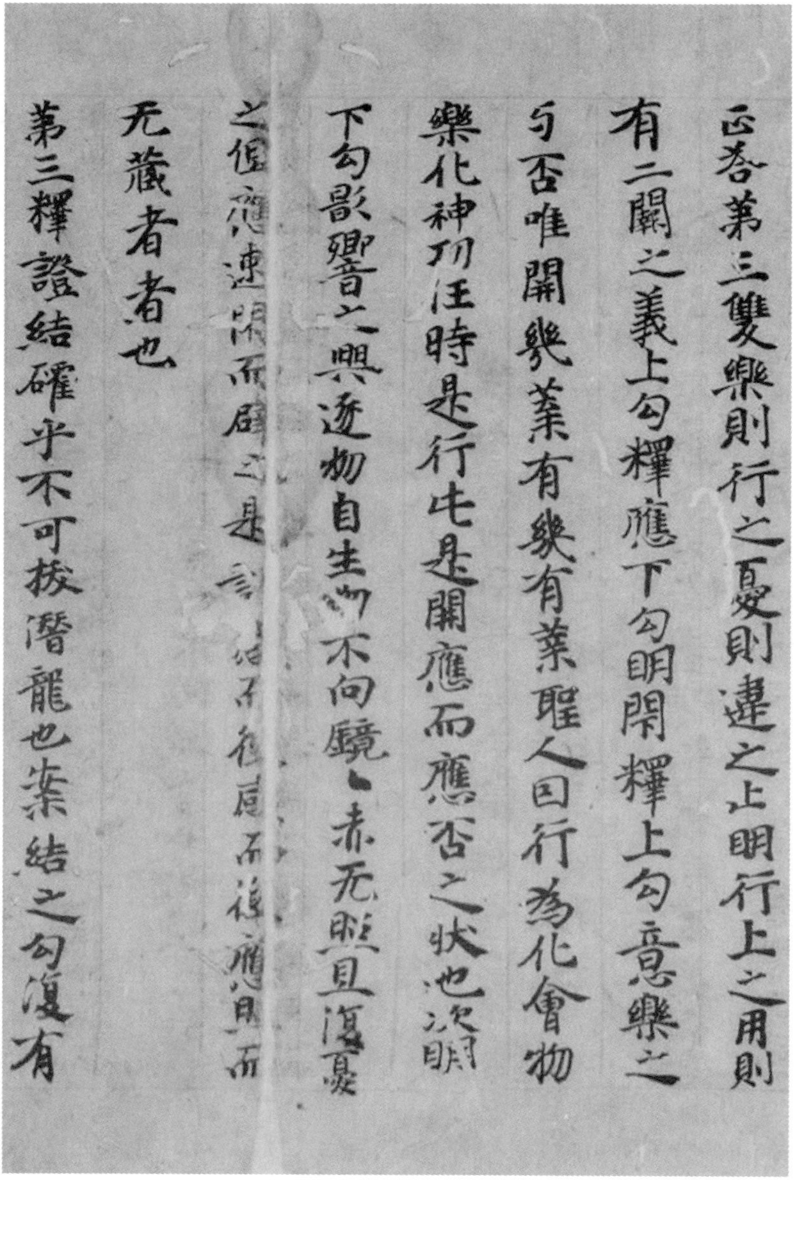

正答第三雙樂則行之憂則違之上明行上之用則
有二關之義上句釋應下句明閑釋上句意樂之
句否唯關幾業有幾有業聖人因行為化會物
樂化神功往時是行屯是關應而應否之狀也次明
下句影響之興逆物自生物不向競亦无與且復憂
之促應速隱而隱之是言結而復隱而復應則而
无藏者者也
第三釋證結確乎不可拔潛龍也案結之句復有

義第一釋理　第二明體上句釋理者至理无迹動寂
无二故可動之理舉天地而雜閑應寂之道開六合
而亘見故言確乎在可拔者也下句明體履智无㝵
唯道即智故云神則道道即神也若然者在潛否可
拔見居不可彊閑聲重之象確然莫動潛龍之體
也
第二釋九二則有五重　第一直問答　第二明言行

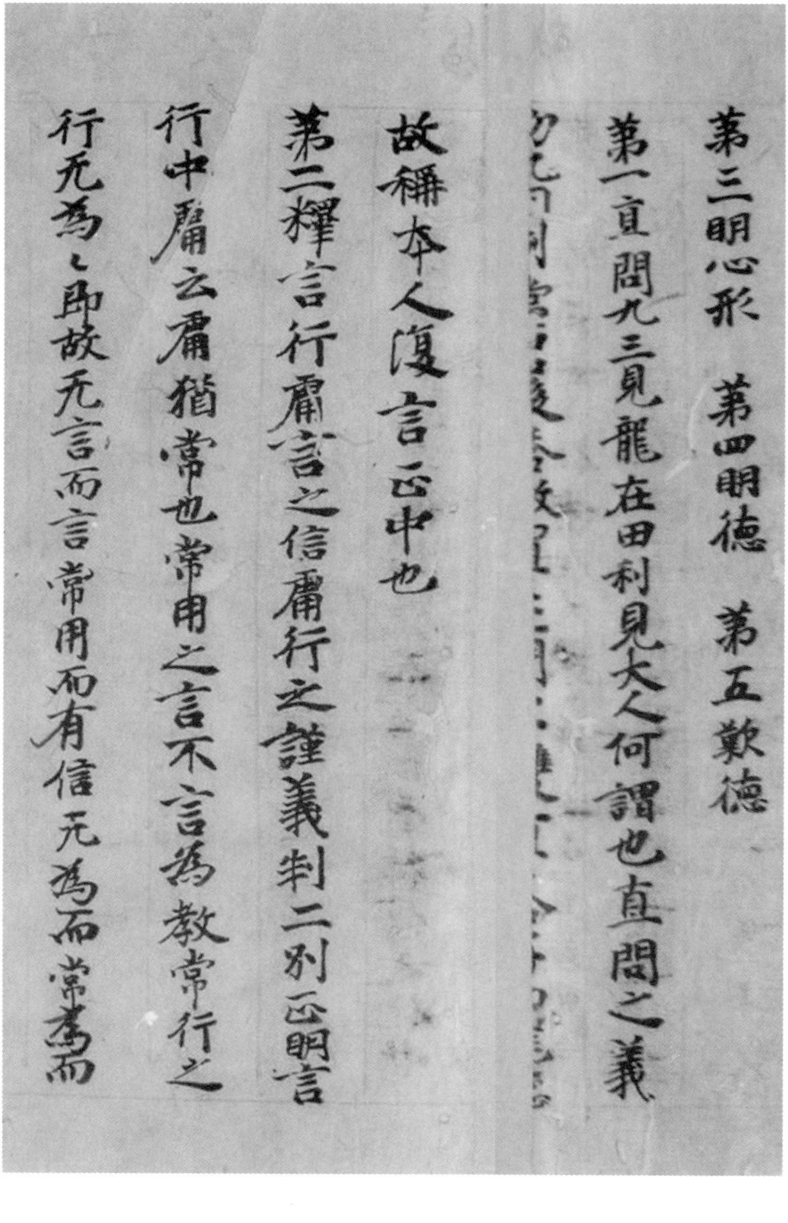

第三明心形　第四明德　第五歎德
第一直問九三見龍在田利見大人何謂也直問之義
故稱本人復言正中也
第二釋言行庸言之信庸行之謹義判二別正明言
行中庸云庸猶常也常用之言不言為教常行之
行无為〻即故无言而言常用而有信无為而常為而

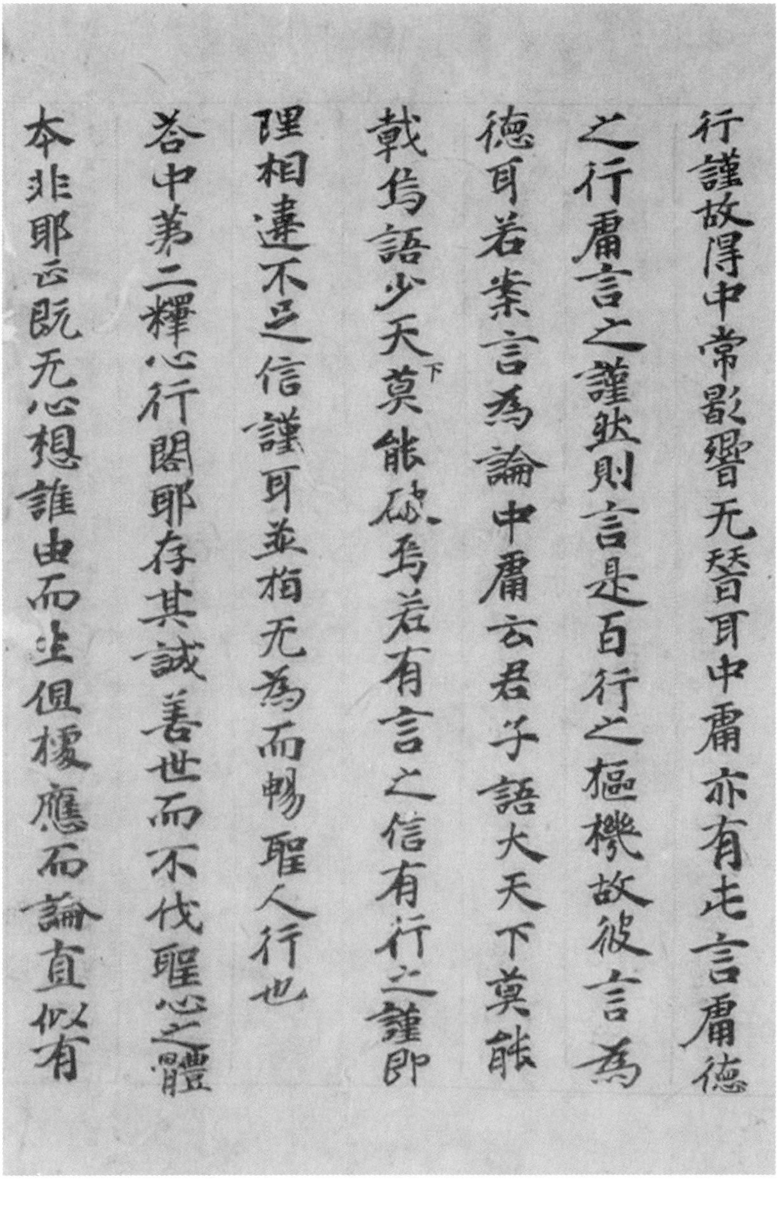

行謹故得中常影響无替可中庸亦有乇言庸德
之行庸言之謹然則言是百行之樞機故彼言為
德可若業言為論中庸云君子語大天下莫能
載爲語少天下莫能破爲若有言之信有行之謹即
理相違不足信謹可並稱无為而暢聖人行也
答中第二釋心行閑耶存其誠善世而不伐聖心之體
本非耶正既无心想誰由而生但據應而論直似有

《講周易疏論家義記》書影

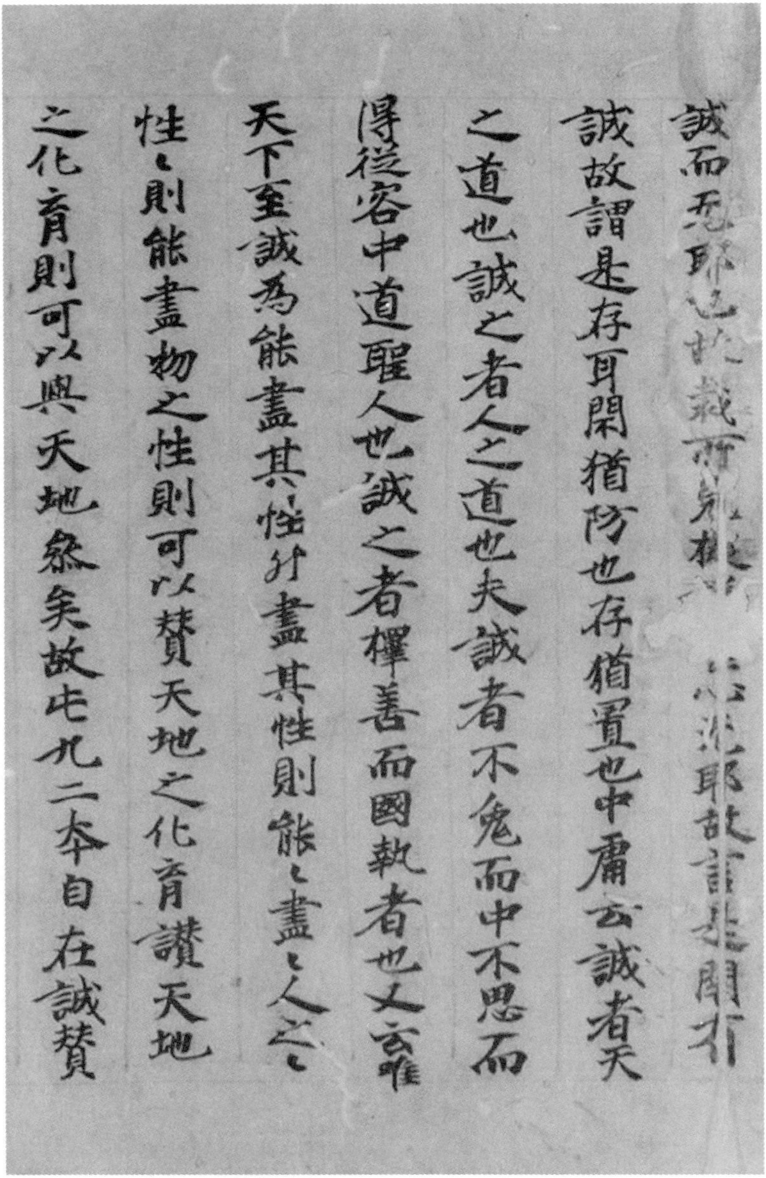

誠而无邪[illegible]耶故言[illegible]閑有
誠故謂是存可閑猶防也存猶置也中庸云誠者天
之道也誠之者人之道也夫誠者不勉而中不思而
得從容中道聖人也誠之者擇善而固執者也文言唯
天下至誠為能盡其性〻盡其性則能〻盡〻人之〻
性〻則能盡物之性則可以贊天地之化育讚天地
之化育則可以與天地參矣故屯九二李自在誠贊

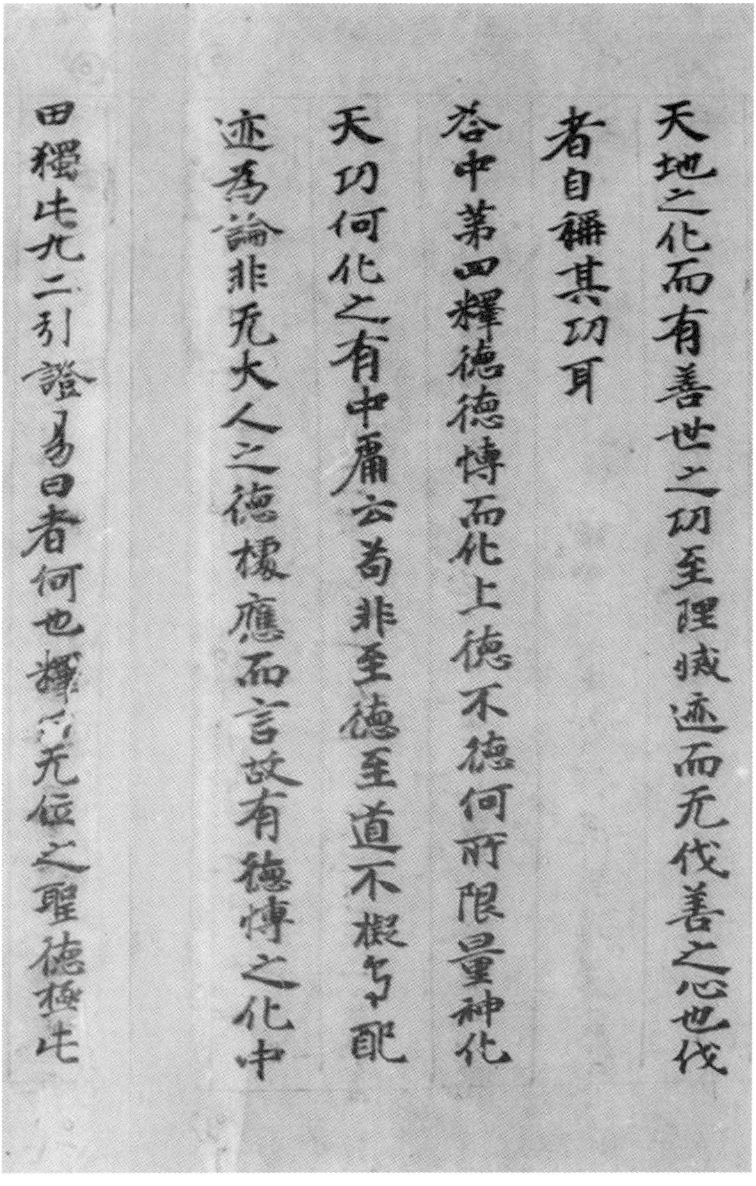
天地之化而有善世之功至理藏迹而无伐善之心也伐
者自稱其功耳
答中第四釋德德博而化上德不德何所限量神化
天功何化之有中庸云苟非至德至道不擬焉配
迹為論非无大人之德標應而言故有德博之化中
田釋比九二引證易曰者何也釋有无位之聖德極比

《講周易疏論家義記》書影

又髙美等於九五圓滿故於飛龍故同稱大人亦云
君德只非翼情理通易道更引教目確空之至理故稱
易曰丁寧其德也問大人之體理无功名位与不位同
曰大人是其義可而利見之道耶問同乎荅若如仲尼
但是應教之聖非當帝皇之位直言君德者但是
有德而无位也且值多处當一心天下之教藏於仲尼
在應之迹以教為宗藏聖之體不遇也理見聖蒙

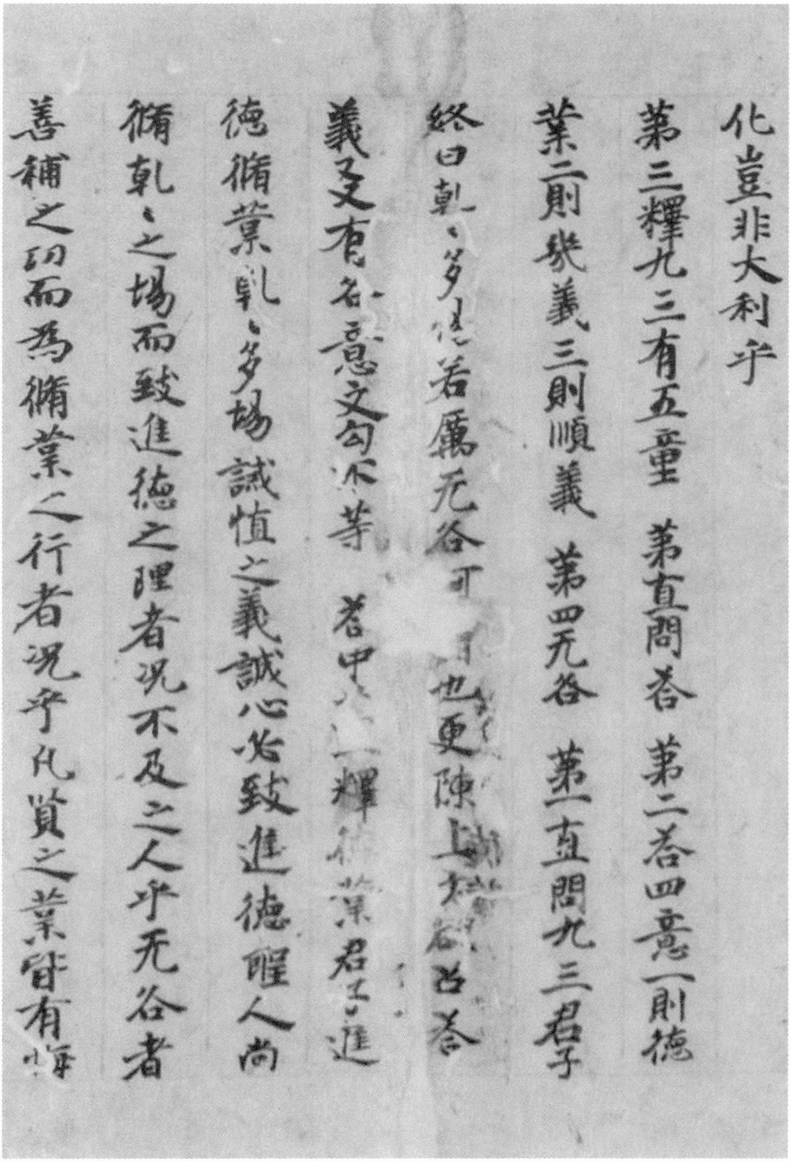
化豈非大利乎
第三釋九三有五重　第一直問答　第二答四意一則德
業二則發義三則順義　第四无咎　第五直問九三君子
終日乾乾夕惕若厲无咎可[illegible]也更陳上[illegible]答
義又有名意文句不等　若中[illegible]一釋[illegible]業君子進
德脩業乾乾夕惕誠慎之義誠心必致進德脩人尚
脩乾乾之場而致進德之理者况不及之人乎无咎者
善補之功而為脩業之行者况乎凡質之業皆有悔

《講周易疏論家義記》書影

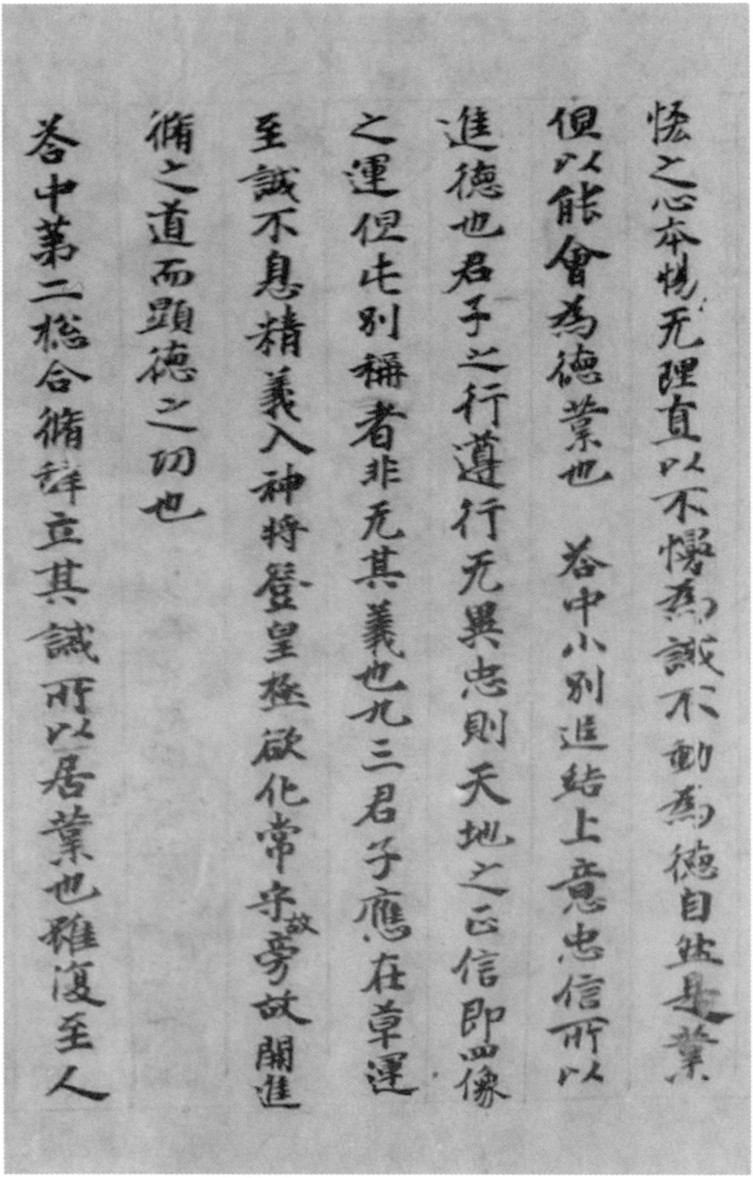
惔之心本性无理直以不懵為誠不動為德自然是業
但以能會為德業也　荅中小别進結上意忠信所以
進德也君子之行遵行无異忠則天地之正信即四像
之運但此别稱者非无其義也九三君子應在草遷
至誠不息精義入神將登皇極敷化常亭故旁故關進
備之道而顯德之功也
荅中第二總合備辞立其誠所以居業也雖復至人

居无為之可行不言之教而影響之用非无其像故
達之故行之善者莫過於辭德之美者莫過乎誠臣
有二道所居業之理故言脩辭德之美次外立誠之
内然後可謂居業之行者也
第二答正釋幾知至至之可以與幾也釋幾知至至
之大體已出文外乇有開句但可略言也繫辭云幾
者動之之微吉之先見故　論曰動曰動者之微不動者

《講周易疏論家義記》書影

之徽則異不動之无吉者之先則同善家之理可
謂自歷而行有居舜而之動者也所以不行歷而至
不疾而速是其義耳故若非真理聖智之照那問
相與使至其事乎故九三之智乃真此理照理之至相
与會至也但上至釋理之至下至明使至所之至所以
知至之智可與幾也繫辭云殷之末世周之盛德

云禎文王之三年益武王之未壽論者云文王若
是慈又尓不令於慈武王若是孝子且不令於孝
五經家於此未通耳故論此理者但據感應之理乃
始得詳也論曰若文王不經王季之末則積善之功有
缺故秦伯致歡幾之道若武王不受三年之命則
草之子致闕故受睢孝之錫命豈非知至之理使
至无爽哉且孝慈之道出自家之中感應之理在

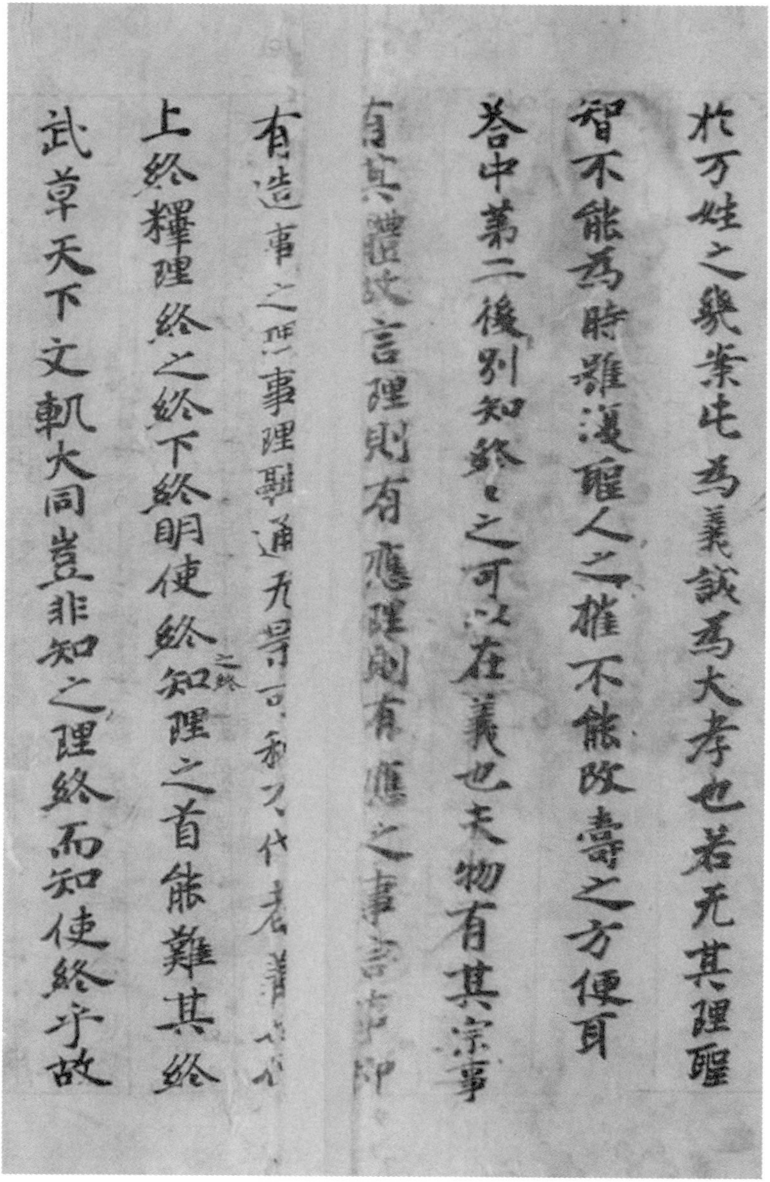
於万姓之黎業屯爲義誠爲大孝也若无其理聖
智不能爲時雖漢聖人之推不能改壽之方便耳
巻中第二後别知終〻之可以在義也夫物有其宗事
有其〻體故言理則有應理則有應之事言中卯
有造事之理事理顯通无號可、和又代者者之
上終釋理終之終下終明使終知（之終）理之首能難其終
武草天下文軌大同豈非知之理終而知使終寸故

言可以存義也
第二荅是故居上位而不驕居下位而不憂荅中
第三大段讚歎行德　第一歎行第二讚心上句釋
行云居上位而不驕者此據下體之上而无驕下之行
也中庸云居上位不陵下蓋是義耳但聖人无心何
有驕約之行唯栢順事之狀略言外行也句釋心居
下位而不憂者此據心儒而釋釋无憂樂之想中

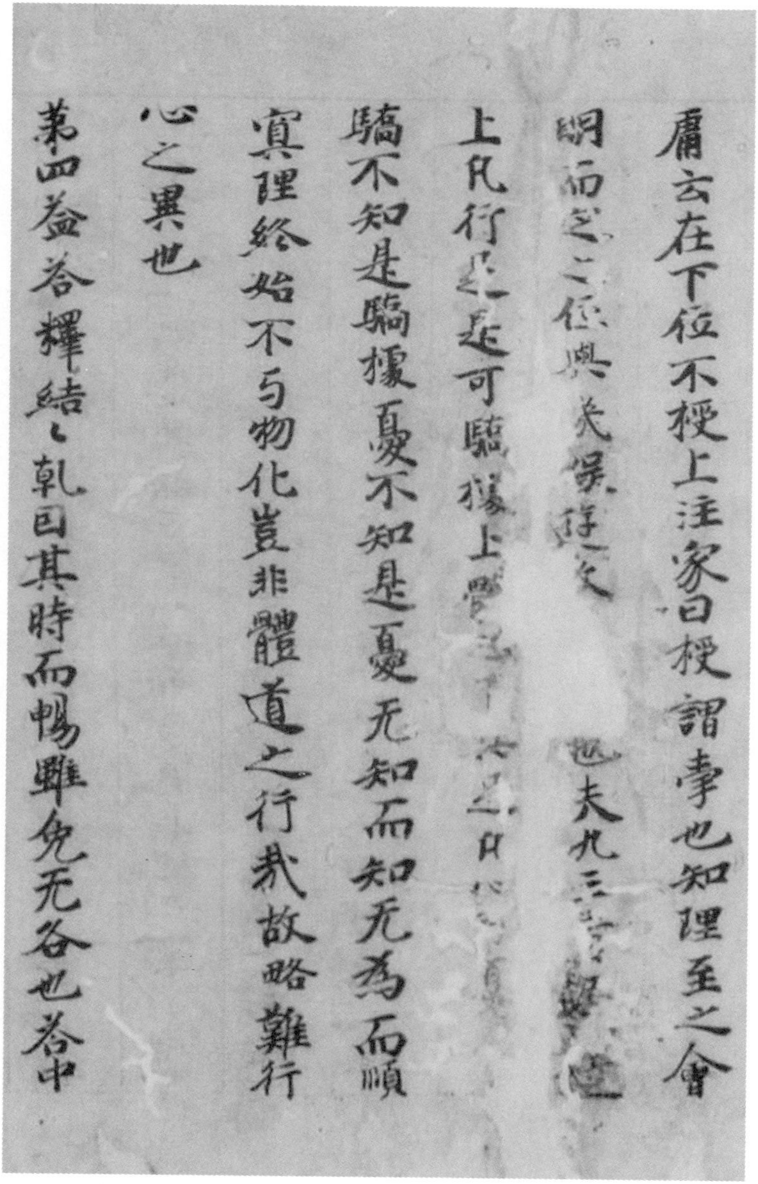

脩云在下位不援上注家曰援謂牽也知理至之會
明而足之〻位與幾保存之[illegible]也夫九三[illegible]
上凡行是是可驕據上[illegible]
驕不知是驕據憂不知是憂无知而知无爲而順
眞理終始不与物化豈非體道之行哉故略難行
心之異也
第四叠荅釋結〻乾因其時而惕雖危无咎也荅中

第四釋无咎義此二竟第一理无咎第二事无咎第
二釋事无咎者謂文王西伯當殷違政諸侯之宗
時作脯醢而乾乾不息思時而惕可言免事不致大
凶故可謂雖危无咎矣
第二理无咎者謂既云知至知終能至能終故可以與
幾可以存義權居廛里之塵唯演易道為娛者豈非
理中之心无往而非道道遠者也故據理而言本无其

《講周易疏論家義記》書影

之情也
第一爻以爻動義進退〻〻无恒非離群也夫位有定計〻
下為言爻猶人體進退為語上既言常下亦六恒奔時
權還故言无恒也若擬象為論者或躍進在淵為退
行雖无恒志在順群耳但此群義當有二動第一正是群
龍无首之道乍躍乍飛並順群龍之義第二復是同類
之群或進或退止以万姓為群之心也礼記云堯舜湯武也
四君子者時也既云時者聖人无唯順幾微之群

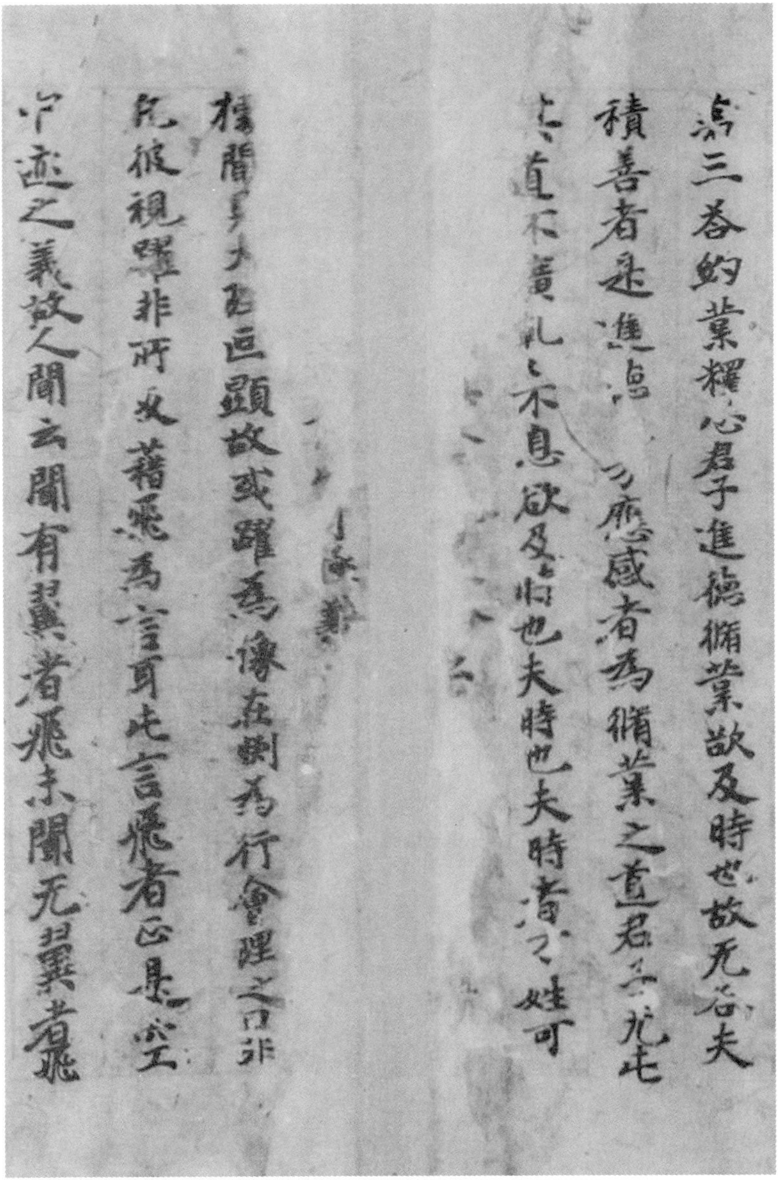
焉〻三咎約業耀心君子進德脩業欲及時也故无咎夫
積善者是進〻德〻　〻應感者為脩業之道君子九乇
〻〻直不黄孔〻不息欲及〻時也夫時也夫時者〻〻姓可
積習〻大臣頭故或躍為儔在剛為行會理之日非
瓦彼視躍非所及藉飛為言耳此言飛者正是鳥
字流之義故人聞云聞有翼者飛未聞无翼者飛

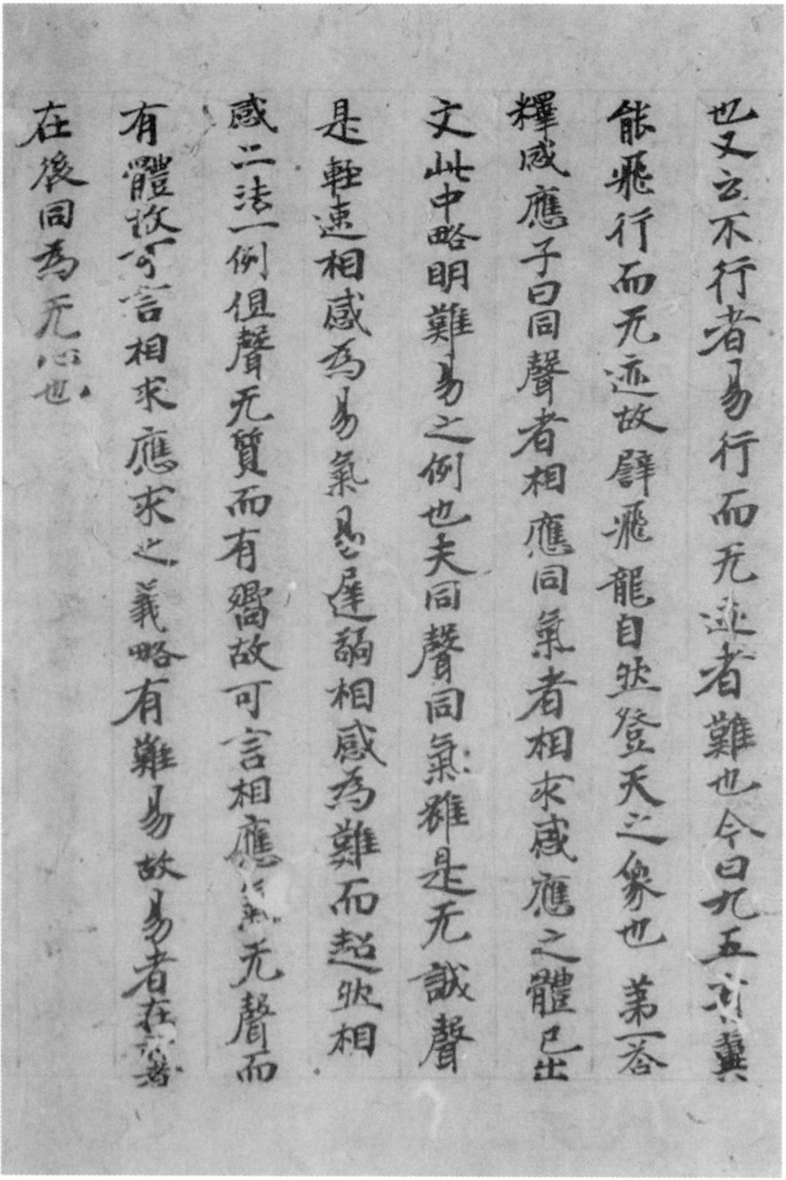

也又云不行者易行而无迹者難也今曰九五[illegible]翼
能飛行而无迹故譬飛龍自然登天之象也 第一荅
釋感應子曰同聲者相應同氣者相求感應之體已出
文此中略明難易之例也夫同聲同氣雖是无識聲
是輕速相感爲易氣是遲弱相感爲難而超然相
感二法一例但聲无質而有獨故可言相應氣无聲而
有體故可言相求應求之義略有難易故易者在[illegible]者
在後同爲无心也

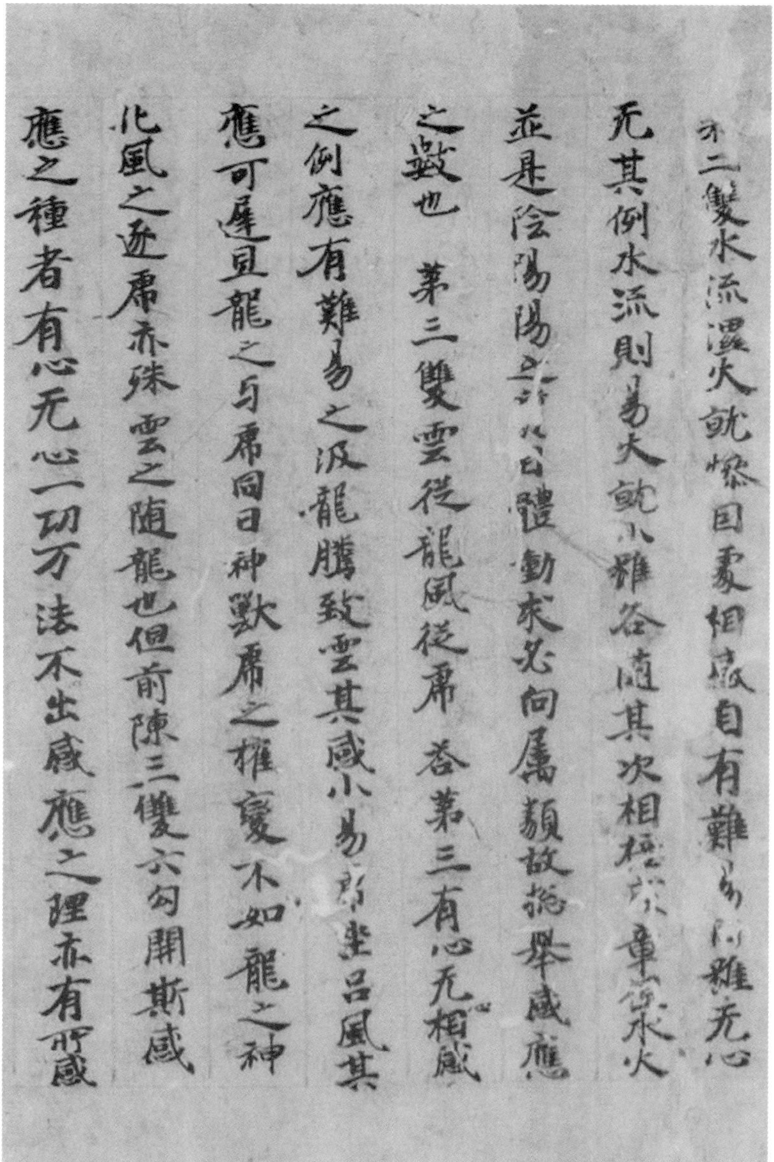
才二變水流濕火就燥因處相感自有難易何雖无心
无其例水流則易火就則難各隨其次相極於章第水火
並是陰陽二氣合體動求各向屬類故總舉感應
之數也　第三雙雲從龍風從虎　答第三有心无相感
之例應有難易之殊龍騰致雲其感小易虎嘯吕風其
應可犀遲且龍之与虎同曰神獸虎之權變不如龍之神
化風之迹虎亦殊雲之隨龍也但前陳三雙六句開其感
應之種者有心无心一切万法不出感應之理亦有所感

《講周易疏論家義記》書影

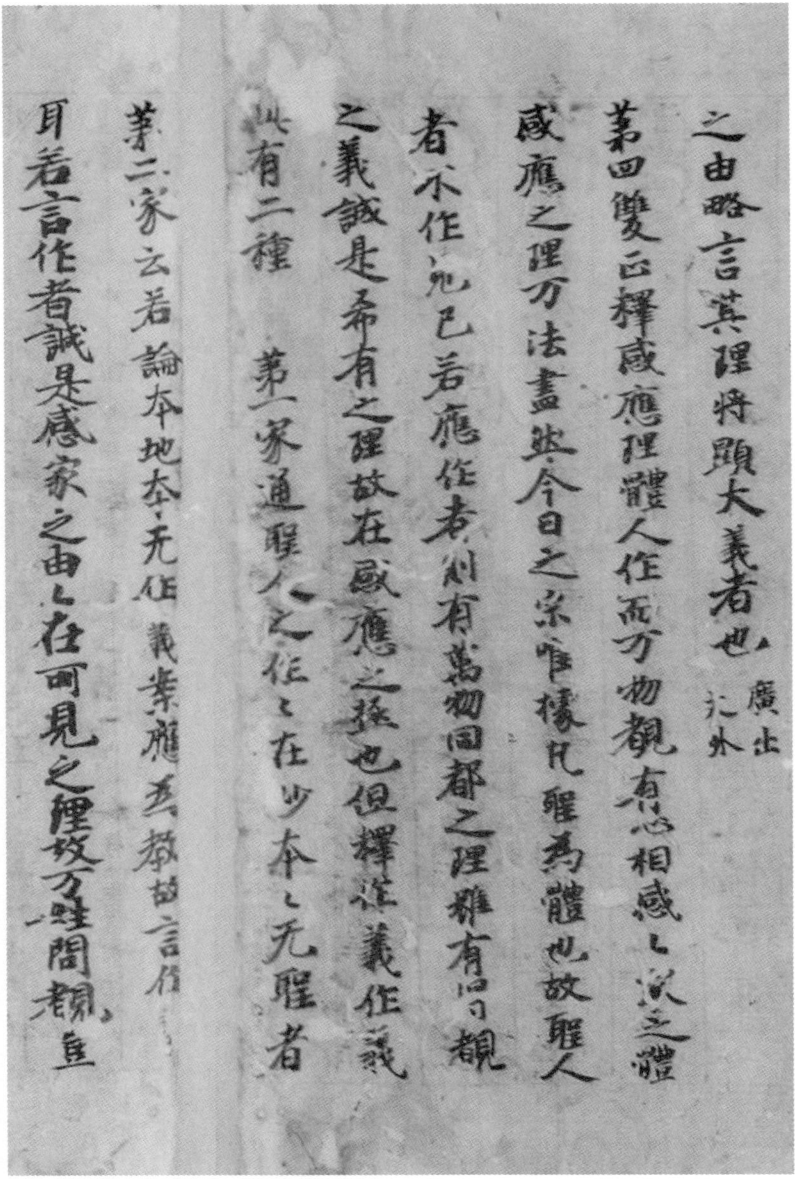
之由略言其理將顯大義者也 廣出之外
第四雙正釋感應理體人作而万物覩有意心相感〻冥之體
感應之理万法盡然今日之宗唯據凡聖爲體也故聖人
者不作〻已若應作者則有萬物回都之理雖有回覩
之義誠是希有之理故在感應之旨也但釋往義作義
此有二種　第一家通聖人之作〻在少本〻无聖者
第二家云若論本地本〻无作義業應至舉故言作
耳若言作者誠是感家之由〻在可見之理故万姓聞覩〻宜

《講周易疏論家義記》書影

非應中之作字今義不別並通其理何者本地不異應化
動作无異妙本故理智之作若本若應无作之作唯據教爲言
月而體切爲通非无彪章之意識業應然言万姓尚之時故
應中之作是義切矣然則作字與動同義也但據此九五並論
感應者九五天位聖人應人地繫詞云天地之德大德曰生聖人之
大寶曰位義家云无生无以被德无位无以宣化今以大聖之
德而處中正之位自非百姓間覩並及无識万物故以並論其義
也　第二結句本乎天者　上本乎地者親下各從其類也夫

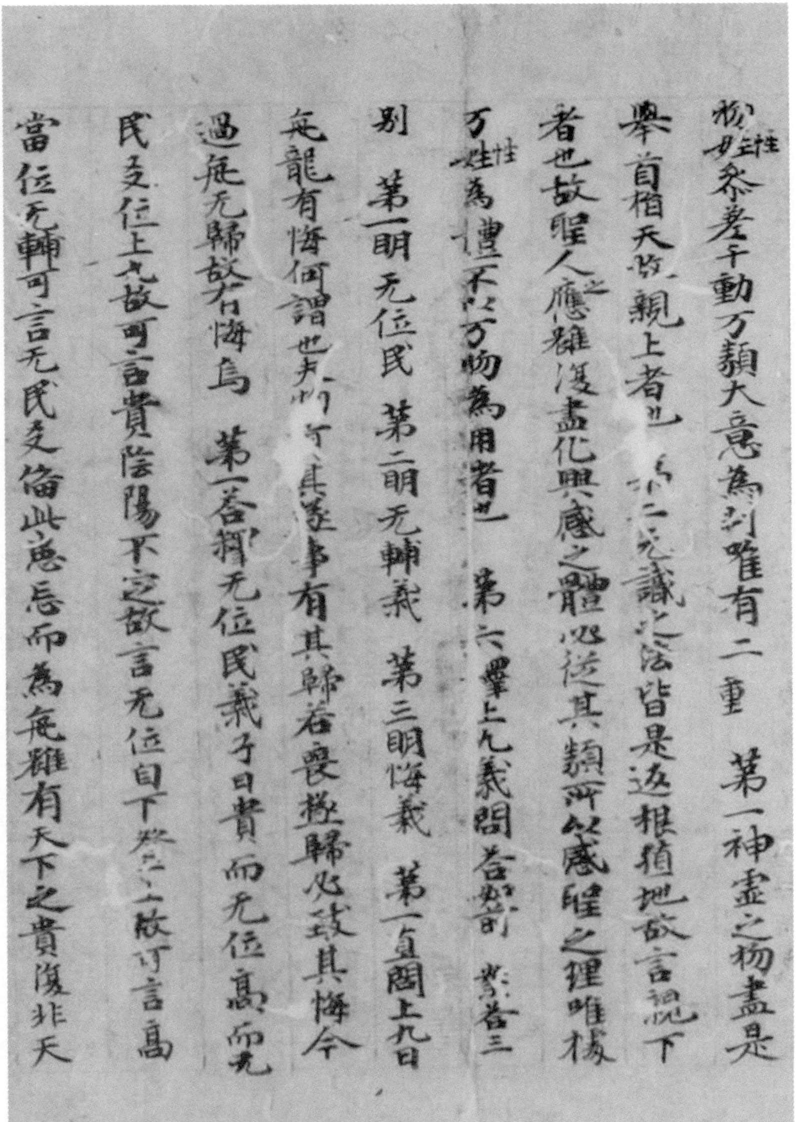
物姓性參差千動万類大意為判唯有二重　第一神靈之物盡是
舉首稽天欲親上者也　第二无識之法皆是返根循地故言親下
者也故聖人應之雖復盡化與感之體必從其類所以感應之理唯據
万姓性為體不以万物為用者也　第六舉上九義問答以對　以答三
別　第一明无位民　第二明无輔義　第三明悔義　第一直明上九日
亢龍有悔何謂也者此奇其義事有其歸答畏極歸必致其悔今
過亢无歸故有悔焉　第一答釋无位民義子曰貴而无位高而无
民之位上之故可言貴陰陽下定故言无位自下然亡一故可言高
當位无輔可言无民之倫此悉忘而為亢雖有天下之貴復非天

下之主也　第二合釋上義賢人在下位而无輔也臣在皇極唯稱聖
德若在臣職直歸賢臣故堯帝在位之時舜爲雖聖略言賢臣
而已今言无輔之義即有遠近之關　第一文武並在臣職表率士
之義而聖德之體別備其位　第二段有三仁下有賢臣之否而次不
專身並有避義固體位未曾悟從之狀則既失聖賢之治永癈爲
主之號雖有黎民之上可謂合位而无下輔也
第三釋悔義是以動而有悔也夫皇者之義万姓爲既失三從動
必有悔之而无改自窮之數也　文言第二番此明人事七重〻之

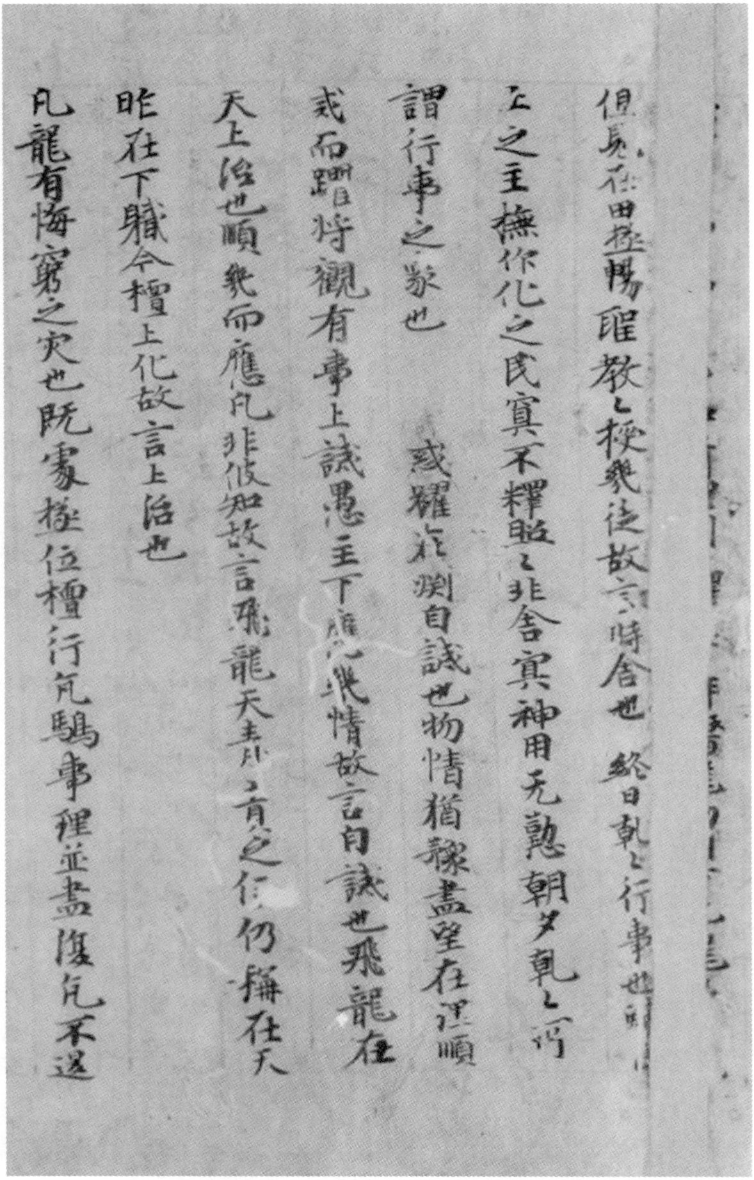
但見在田極陽匪教之授衆徒故云時舍也　終日乾乾行事也

亡之主撫作化之民寘不釋惕之非舍寘神用无懟朝夕乾乾行

謂行事之象也　或躍在淵自試也物情猶豫盡望在淵順

武而躍將觀有事上試愚主下應幾情故言自試也飛龍在

天上治也順幾而應凡非彼知故言飛龍天甚之育之任仍稱在天

昨在下職今擅上化故言上治也

凡龍有悔窮之灾也既豪極位擅行凡驕事理並盡復凡不返

居則无妄動即有悔必窮之也灾 第七釋用九義乾家之心用九
義 乾家之心用九顯理坤家之誠用六示德故重釋其理丁寧其
事 乾元用九天下治也初段爻詞云用九見群龍故次釋者正是業
境而見智體也今文言云乾元用九者何也適无曰之与九但是乾
家之德假名詮理自有又在之目自文言初章云君子行此四德者
故曰乾元亨利貞然則容言君子別有用九之義也故此云乾元用
九二名不異相即元之是一義也通云夫九者是德上之名後標陽
爻猶有智上之目故言九者即是體智也若然者亦有容言君

子唯行四〻德〻不行君〻境〻智相冥之理時或未冥之際耳〻故
繫辭云神即道〻即神〻又云神无方易无體若論此義即是可
謂神智无有別境之體境理亦无別智之用故言智周万物道濟
天下不而過範圍天地之化曲成万物而不遺耳但秀象並云无
蓋為吉文言此章天下治也既是境智相即所明之理於
乎見義者也
文言第三番七重但案天氣而明之注彖同義七里
釋次隨文可解潛龍勿用陽氣藏（陽）氣未降[illegible]節而行

聖人隱見隨終而行設辟焉右故云潛讀之義見龍在
田天下文明陽德發登遍照天下大人應見文教太通各終
蒙化故言天文明也
終日乾乾與時偕偕行乾道革人已合陽大王聖人體之
德因見大義也飛龍在天乃位乎天德位證天德應
道之極前章人事則言上治此言天德相可表義耳
亢龍有悔與時偕極陰陽伏興人道无常辟彼假家
氣理並極自非迄情故言偕極也乾元用九乃見乎天則人

享章云天下治也。天氣章云見乎天則者同雖无為設辞
有義人事之中唯治為體天道之軍但則要此章相則表
彼義言无為〻治故耳
問前後章但明卦辞而不道用九之義在中二章唯明
用九尚闕卦辞之説何耶 答劉先生朱仰之並通此義
唯以相乎明義耳 今義不然第一章是論道之初第四
章為揔事之末故闕用九之義而論爻辞之意可也第二第
三二番在寔為事理之腹故不可為闕用九之誠耳若如卦

辭早頓[illegible]在方不存更元之妙[illegible]能太明此體合無所
宜所各[illegible]義[illegible]之可也　第四[illegible]理[illegible]緣上下[illegible]得志
者文言三番義尚未究超對彖家近蘭三爲凡所謂
集廣令其義　第一釋德　第二釋爻就前釋德文判二
别　自乾元下至於大矣哉直釋四德成名之休
第二自大矣哉至於天下平重歎上意仍釋卦爻各意
之象也　就前二别先釋四德後釋歎利貞結讚
前釋四德　二别上明　元亨乾元者也始而亨者也夫元

《講周易疏論家義記》書影

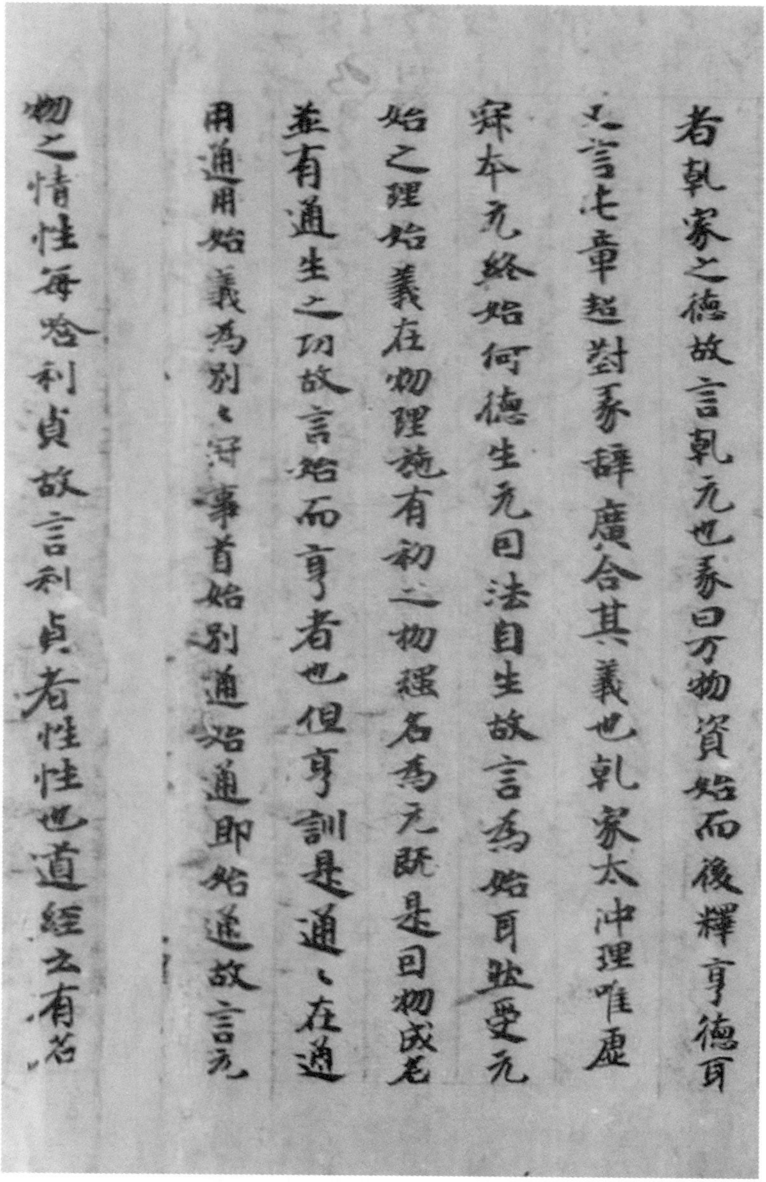

者乾彖之德故言乾元也彖曰万物資始而後釋亨德可
又言七章超對彖辭廣合其義也乾象太冲理唯虛
寂本无終始何德生元因法自生故言爲始可監受元
始之理始義在物理施有初〻物經名爲元既是因物成名
兼有通生之功故言始而亨者也但亨訓是通〻在通
兩通兩始義爲別〻得事首始別通始通即始通故言元
物之情性每悋利貞故言利貞者性情也道經云有名

万物之母是也　第三小別結歎乾始能以美〻利〻天下
不言所利大矣哉乾家之利本非利象无為之利美利既
无宰主都无名相不言之利誠深玄功故歎曰大矣哉但
脫无守平顯无異道經玄同出異名玄之又玄是也
第二重歎上體又體又判二別先明乾體後釋之用又案
歎體復判二別　先歎乾名後釋正體　第一歎體大哉
乾乎大哉也者凡所稱之辭極廣之言也夫至理藏遠不當
稱大且大者之義不如乾家之妙廣而欲顯太易之理

《講周易疏論家義記》書影

直寄辭釋之歎也且粗釋其體說歎名上也
正釋乾體剛健中正純〻粹〻精也設論乾體略有四象第
一剛健第二中正第三純〻粹 凡此象正指境體第四
精釋者蓋是智體也 第一剛健者唯指六象而為標
目耳乃像之象莫勝乎天〻之力變化之勢无過乎
自尔之力乾家无〻為〻而无不為不〔為〕而為則是剛健
之勢也何者體堅〻難〻破〻謂之剛身立无卧謂之健深
雖破堅横莫碎故謂剛健也 第二釋中〔者〕正也是通万法
各正理性不偏為訓无所不正自正之正耳莊子云乘天

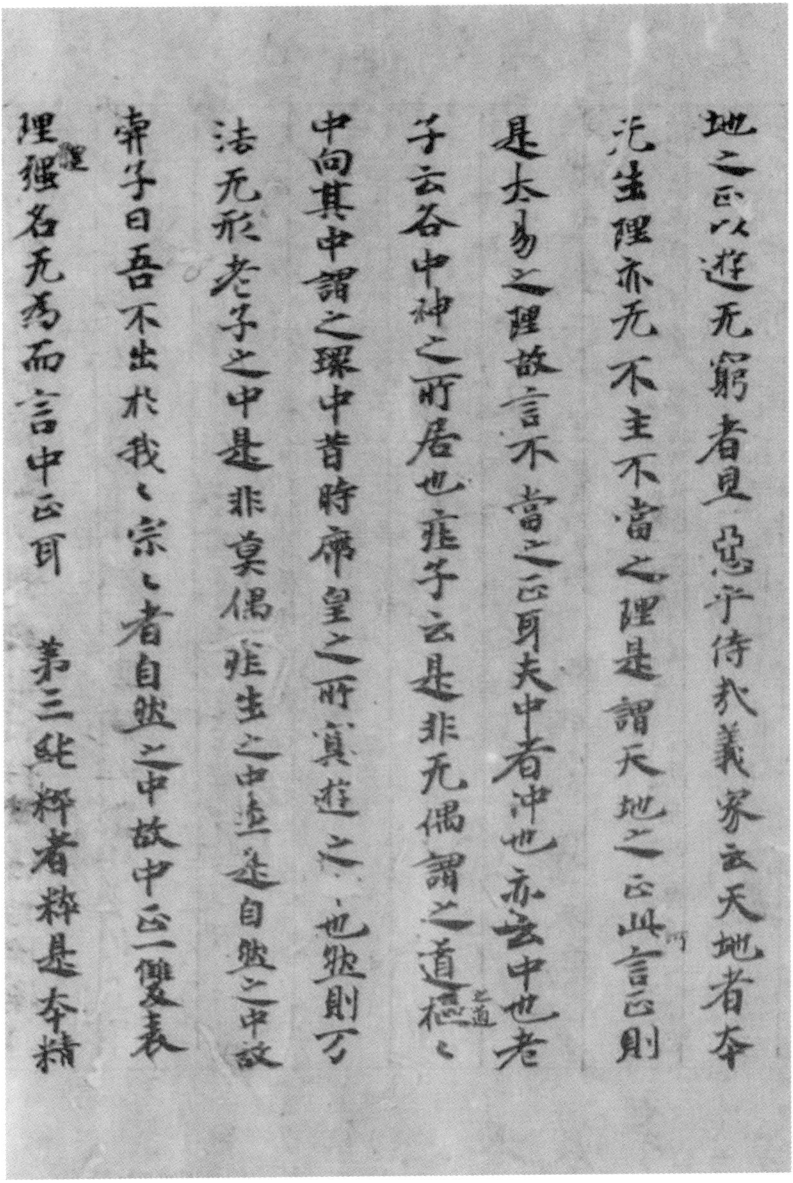
地之正以遊无窮者見忘亡待於義家云天地者夲
无生理亦无不主不當之理是謂天地之正此言正則
是太易之理故言不當之正耳夫中者沖也亦云中也老
子云谷中神之所居也莊子云是非无偶謂之道樞〻
中向其中謂之環中昔時帝皇之所眞遊之〻也然則丁
法无形老子之中是非莫偶莊生之中遣〻自然之中故
聿字曰吾不出於我〻宗〻者自然之中故中正一使表
理强名无為而言中正耳　第三此將者粹是夲精

《講周易疏論家義記》書影

經云一与不一三生万物生者无主生而不有莊子云道
生之一〻而不一教言无及相而不離是謂自然之一也略像
乾體則有六字三句理无究竟之義教門如此之是境
體所謂乾家之心太易之理者也　第四釋者蓋是智體
也道經窈兮冥兮其中有精義家同云神靈之本理
性之體繫辭云本有精靈之性繼之者善也故論家
云外典不論聖人問道之神亦无學業之等直言生而

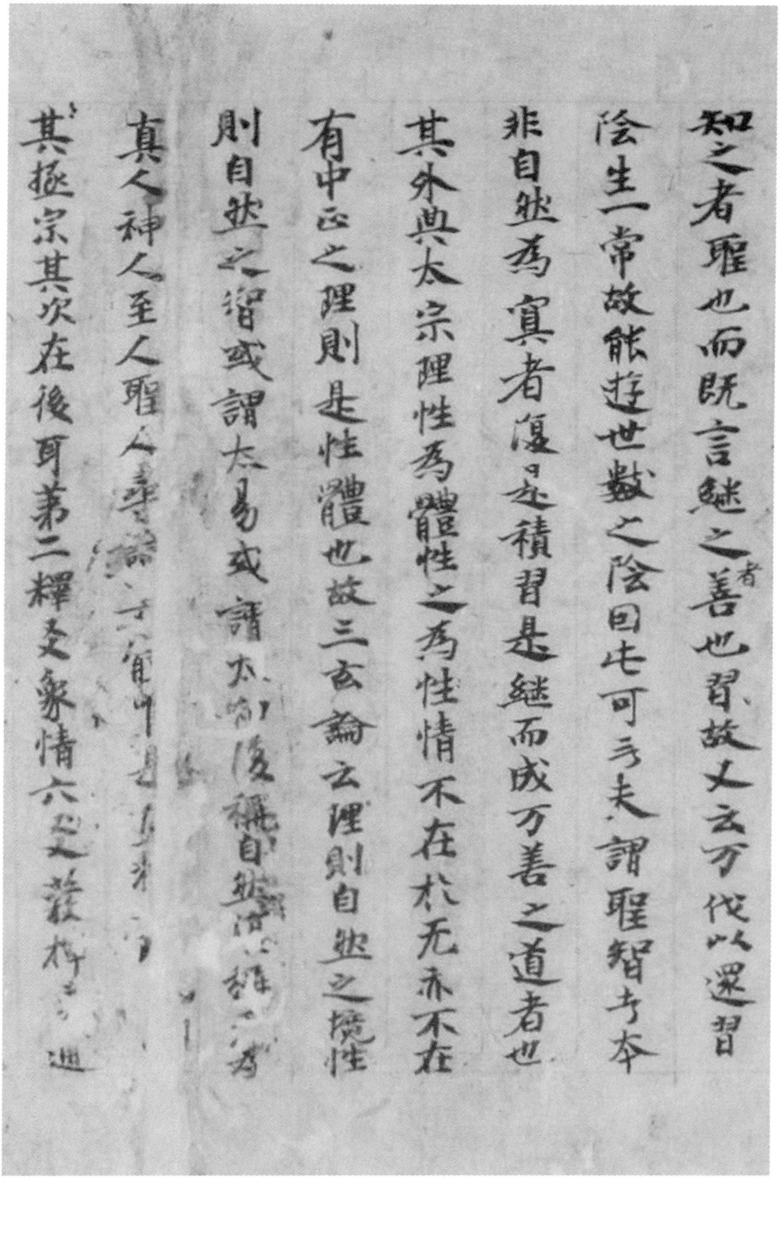
知之者聖也而既言繼之善者也習、故文云万代以還習
陰生一常故能遊世數之陰回屯可于夫謂聖智于本
非自然爲真者復〻是積習是繼而成万善之道者也
其外與太宗理性爲體性之爲性情不在於无亦不在
有中正之理則是性體也故三玄論云理則自然之德性
則自然之智或謂太易或謂太和後稱自然諸之謂
真人神人至人聖人〻……
其摠宗其次在後耳第二釋爻象情六爻……

情也卦體乾體廣无為之德至簡感應無成所為之
理故或潛或見在躍在飛登揮无方婉然成義唯有
旁通之情不能已釋卦中之理也略釋彖詞時乘六龍
以御天彖釋彖貞上章如此所以重乃此說者物釋君
子之德略引卦德丁寧其義耳
結上屬句雲行雨施天下平也上釋品物流形今說天
下平也彖家釋如故可言流於之文言明終故可言平
化之義夫文言者但是文飾彖象之意故重稱上

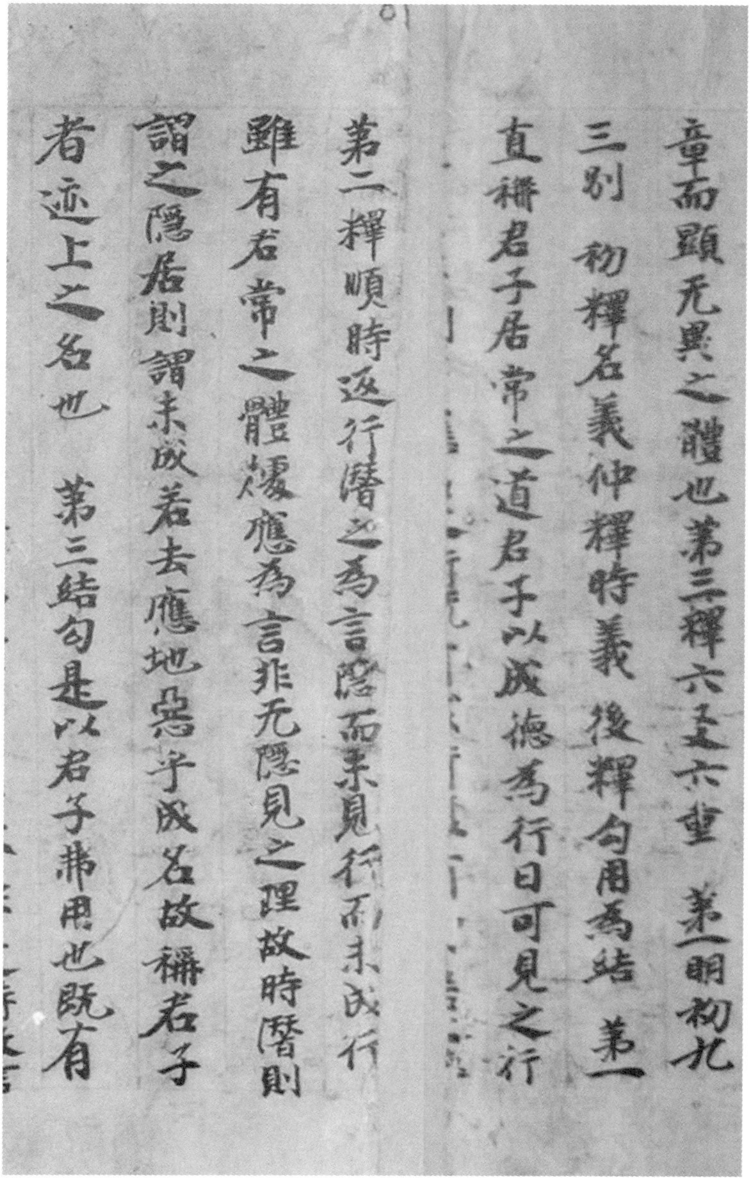
章而顯无異之體也第三釋六爻六重 第一明初九
三別 初釋名義仲釋時義 後釋句用爲結 第一
直稱君子居常之道君子以成德爲行日可見之行
第二釋順時返行潛之爲言隱而未見行而未成行
雖有君常之體據應爲言非无隱見之理故時潛則
謂之隱居則謂未成若去應地邑子成名故稱君子
者逆上之名也 第三結句是以君子弗用也既有

應變之行尚未百姓之時體常居子不能造時故言
弗用也　第二釋九二　自前四句正釋業行　易曰
下結句在前也別二雙　先釋脩業後明心行　第一釋
業行君子學以聚之問以辯之九二之應以教為宗常
陳學脩而顯其德故云我非如生而知之者也若業
聖智无學而與不問而問耳務教問言无學何以
聚之故有學問之教也　後別釋行寬以居之仁以
行之在約而心泰求仁而得仁器宗深遠天下盡歸

故言寬以居之且其所學[illegible]不聚所問[illegible]

[illegible]

有仁德之心也　第二結[illegible]見龍在田利見[illegible]

德也更引卦辭而證其義雖卦天位欲標爲君之德

也　第三釋九三前明後結九三重剛而不中上不在

天下不在田夫九三之位當有三難第一居重陽之上而

不問其中也利九利九在潛故无勞九二在田故定之位但是

九三非可息之地以陽如偏是一難也第一乘居天位而

《講周易疏論家義記》書影

上不在天研幾擬事是二難也　第三難居人體不
頭其用是亦三難也故言雖人淯爲之時耳
後別結義故乾乾因其時而惕雖危无咎矣雖有重
陰之患既循臨之幾業可理寘焉故无咎也中庸云
至誠无息能替天地之化故言乾乾也聖人之心則无息是
樂據近義故言因時而惕也　第四釋九四重罡不
中上不在天下不在田中不在人故或之或之者疑也夫
位君體九四即用陰位也故文王從體臣業而已也

應動武王居用或躍而誠之天下盡畫有疑或之心故
聖人順變而像之也結釋无咎義故无咎夫故者蒙
上繼後之義既有夫難順動无私能變功理故問无
咎也　第五釋九五二重　第一釋能從其境
第二釋境還无違在前五列隨次可解先稱後釋
第一稱體夫大人者此稱大人者所謂利見大人也將
顯其德先稱其躰而歎之歎之者釋其切也
第一釋与境體冥與天地合其德万法之境二儀爲

大能合二儀其至餘可解但德者无為之德通體
在前　第二釋云用相宜與日月合其明万象之色
二離為勝能令二離為其餘可解但云明者所照之
情隨用在次第三釋云變化宜與四時合其序變
化之象莫大乎四序能合四時其餘可解云運不
成　第四釋云鬼神宜云鬼神合其吉凶禍福之萌
必起乎冥驗故推鬼神而歸之鬼神合道其餘可
解未義在後　問聖人云天地合德者其義何耶荅

義家多種略稱略稱三第一家云孔子問居子夏曰
三王之德叅於天地敢問何如斯可謂叅天地矣孔子
對曰奉三无私以勞天下 鄭注謂禹湯文王也叅天地者其得与地爲三也勞者來勞衆也
天无私覆地无私載日月無私照奉斯三者以勞
天下此之謂三无私其在詩曰帝命不違至于湯濟
降不遲聖敬日齊昭暇遲〻上帝是祇帝命式于九
圍 謂九州也 是湯之德也故无地者天帝之化可言合此
家據經家義而通令德耳第二家云老等曰天地

《講周易疏論家義記》書影

曰下二以万物為芻狗恩是无為之德故无為而无
云陰陽風雨晦明也今義不異但釋德體々有體用
釋有二種第一得為理體第二教被物為用德者之上
理有二義也
第一釋體道理云天得一以清地以寧神問一以靈侯王
問一以為天下貞故所之理天地不異可謂叶體合德
也　第二釋用道経云城中有大也道大夫君王亦大
同居一城四大同心故言叶用德合也但上德不德體用

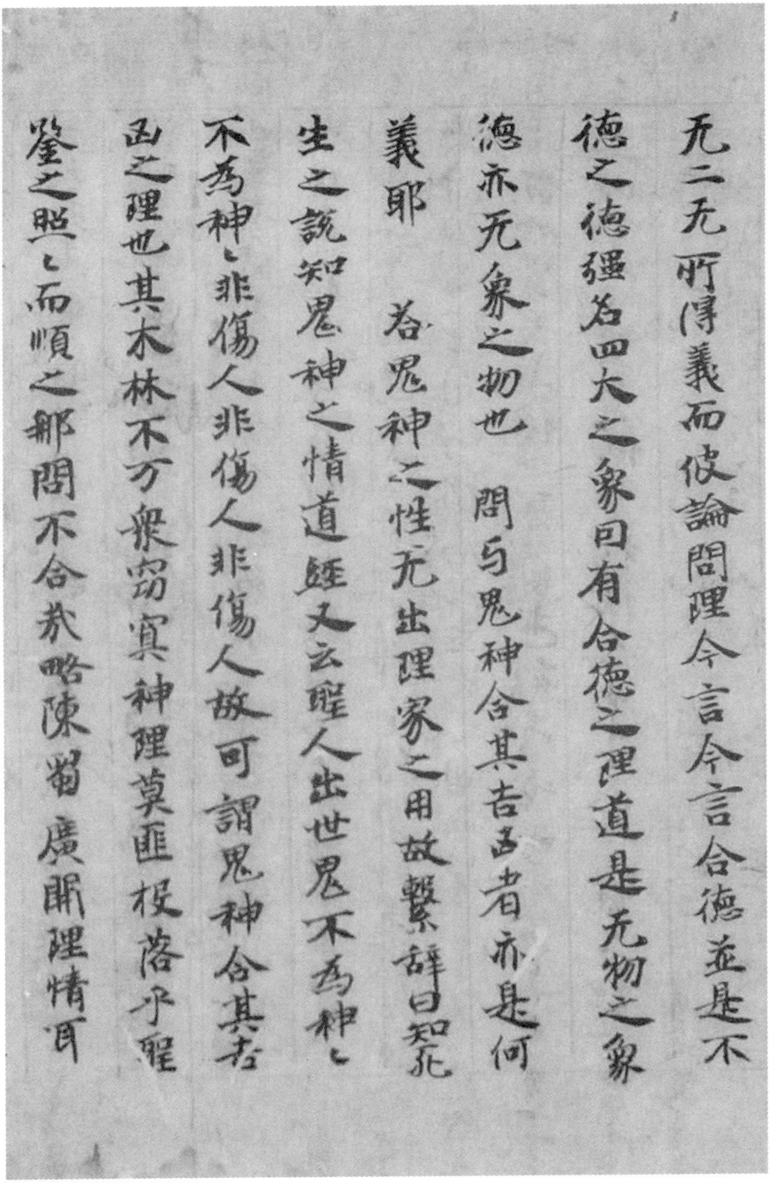
无二无所得義而彼論問理今言今言合德並是不
德之德强名四大之象同有合德之理道是无物之象
德亦无象之物也　問与鬼神合其吉凶者亦是何
義耶　答鬼神之性无出理家之用故繫辭曰知死
生之說知鬼神之情道雖又云聖人出世鬼不為神々
不為神々非傷人非傷人非傷人故可謂鬼神合其吉
凶之理也其木林不万衆窮冥神理莫匪枝落乎聖
鑒之照々而順之耶問不合於略陳蜀　廣所理情耳

先天而天弗違後天而奉天時後別釋相從注廣合

上意略稱天道其餘可解耳復分二別先天者聖

智冥理照知天曆之前其事无應也爽也天者事

必理後故言不違耳後天者構事之後理不過事

必從其事必從其事故言奉天時也論道必冥於

理論未必於從時此乃所謂聖人无心唯道爲心心之

猶響音必有應善之利也奉者奉順之義雖云无爲義

判爲辭故也　後別結義況於人乎況於鬼神乎舜

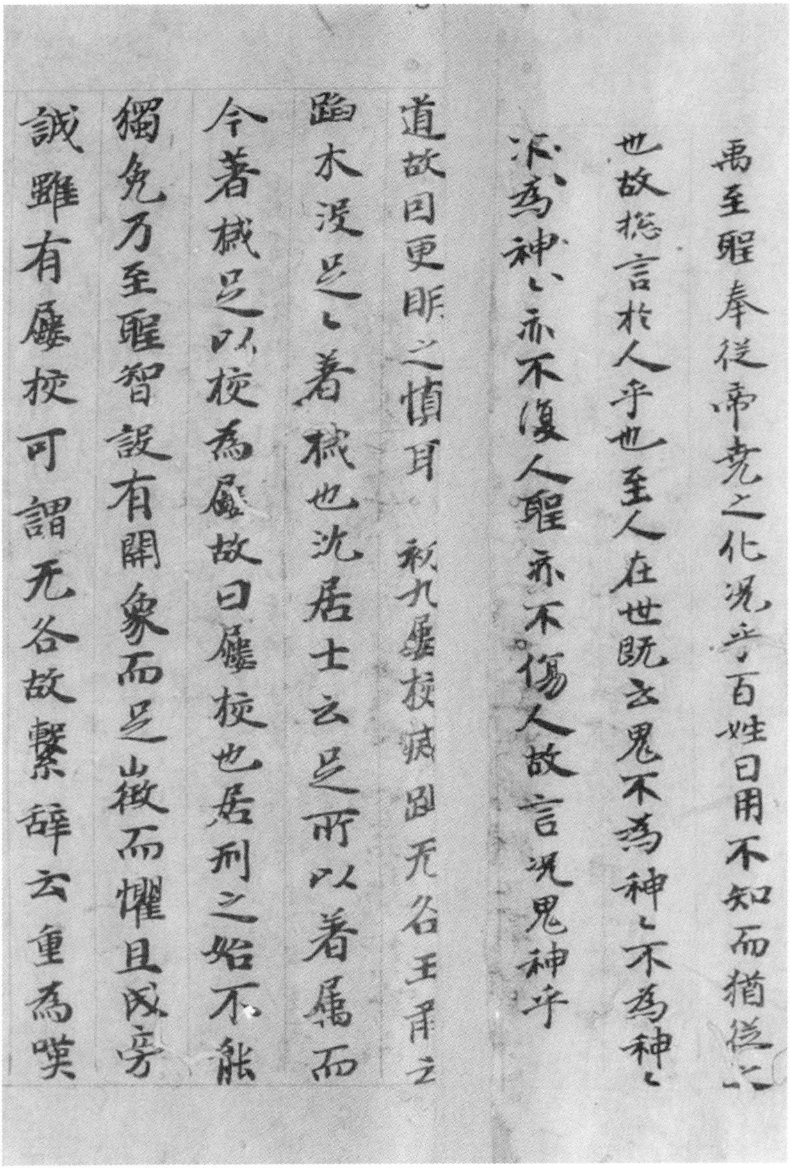

禹至聖奉從帝堯之化況乎百姓日用不知而猶從之
世故摠言於人乎也至人在世既云鬼不爲神〻不爲神〻
不〻爲神〻亦不復人聖亦不傷人故言況鬼神乎
道故曰更眠之慎耳　初九屨校滅趾无咎王弼云
蹈木沒足〻著械也況居士云足所以著屨而
今著械足以校爲屨故曰屨校也居刑之始不能
獨免乃至聖智設有關象而足止徵而懼且成旁
誡雖有屨校可謂无咎故繫辭云重爲嘆

《講周易疏論家義記》書影

義足成且誡也　九四噬乾胏得金矢利貞
吉以罡健之德而居非當之位若隱而不治（尚）有應
時之由下而敢治則有噬乾之難故（敢）由忠信辟如
金矢難貞爲懷而後得吉也　若至上九稚賁
成教故早改其行聽不明也　離下艮上賁釋
義三重釋名次第釋詞　第一釋名離卦云賁者
文餝之皃也序卦以爲文乘彖家又云罡柔相餝
之象也　第二釋次第序卦云物不可以合而
已故受之以賁〻者餝也此相返門全任刑罰物

必拯故刑罰之後道唯有文明之德故刑罰之
後又有文之德也　第三釋詞五重卦辞彖詞
大象爻辞小象　釋卦詞三段釋名釋德別辞
第三釋別辞小利有攸往僕射等通夫罡健之性
理宜進求文柔之驕事當還止賁也又德唯為
沖靜若其往也不得大宜以文靜居還贊(放)行令
有攸往故得少利可令義小異直案卦德畧如舊
通捨別其義全非如通可何則今案彖詞必依王
注乾坤相交罡柔相錯故成天地之化而造文飾之世

《講周易疏論家義記》書影

者也故亨德對於坤家之女小利辟於乾家之男ゝ往
失位故小利女來得位故得亨貴世之象德行在此

講周易疏論家義記釋咸第十

兊上艮下咸釋義三重釋名次第釋詞第一釋名
咸彖曰咸感也氣類相感故受咸名第二釋次第
序卦云有天地然後有ゝ万ゝ物ゝ然後有男ゝ女

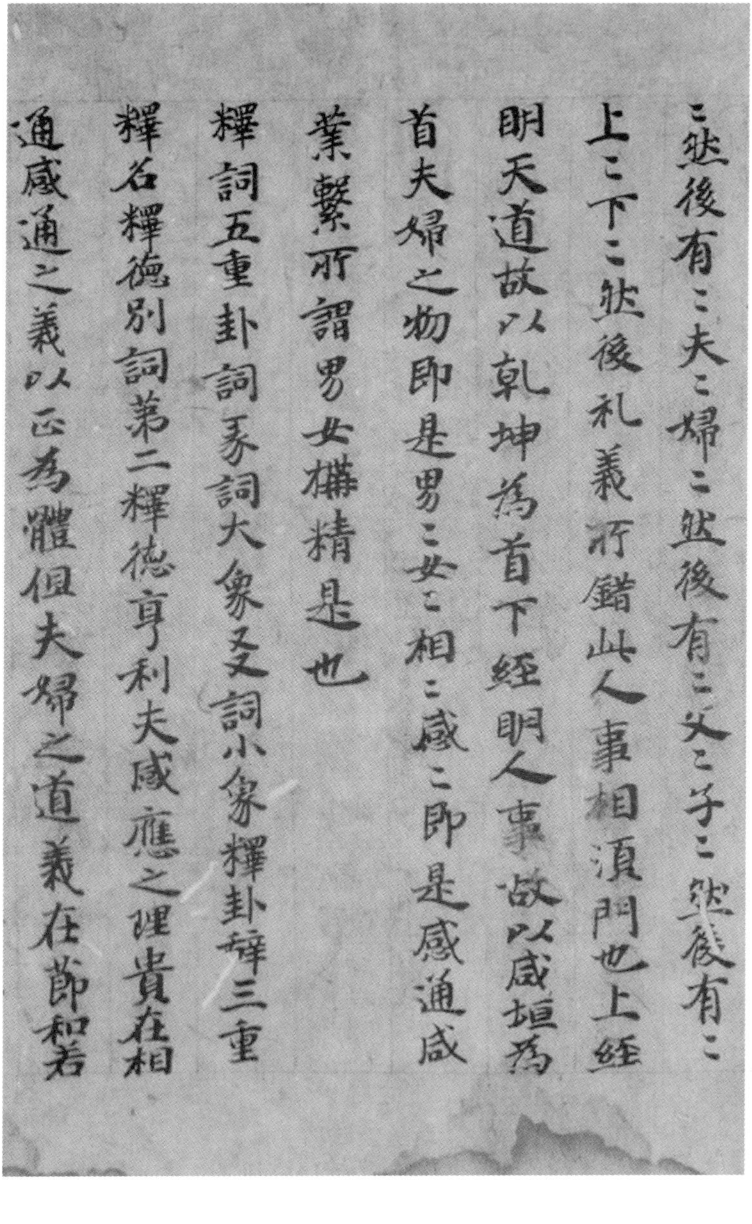
〻然後有〻夫〻婦〻然後有〻父〻子〻然後有〻
上〻下〻然後礼義所錯此人事相湏門也上經
明天道故以乾坤為首下經明人事故以咸恒為
首夫婦之物即是男〻女〻相〻感〻即是感通咸
葉繫所謂男女構精是也
釋詞五重卦詞彖詞大象爻詞小象釋卦辭三重
釋名釋德别詞第二釋德亨利夫咸應之理貴在相
通感通之義以正為體但夫婦之道義在節和若

《講周易疏論家義記》書影

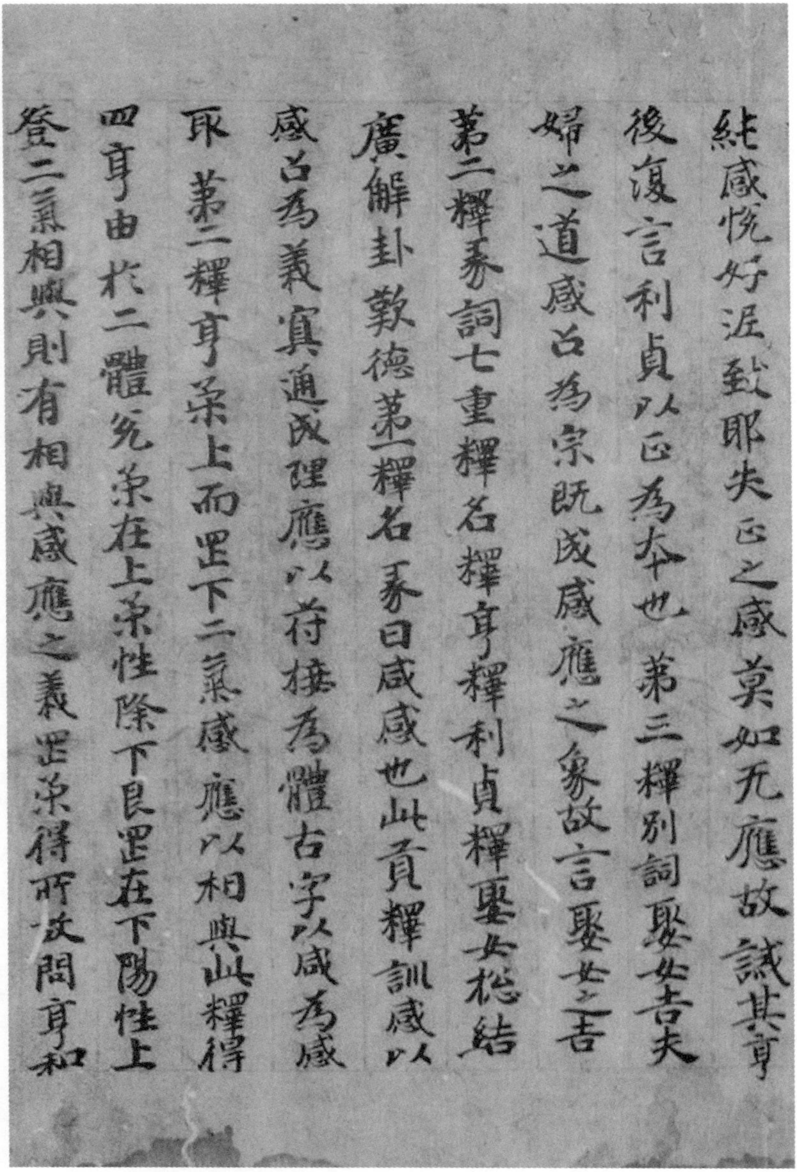

純感悅好淫黷耶失正之感莫如无應故誠其身
後復言利貞以正為本也　第三釋別詞娶女吉夫
婦之道感召為宗既成感應之象故言娶女之吉
第二釋彖詞七重釋名釋身釋利貞釋娶女總結
廣解卦歎德第一釋名　彖曰咸感也此貞釋訓咸以
感召為義寘通成理應以符接為體古字以咸為感
取　第二釋身柔上而剛下二氣感應以相與此釋得
四身由於二體兌柔在上柔性除下艮剛在下陽性上
登二氣相與則有相與感應之義剛柔得所故問身和

也　第三釋利貞上而悅此釋問利貞由於二體々既
能上能悅故言利貞上若不悅則无以感悅而不上
則无為應令悅而能上心非佞耶故言所利在上利貞
也王注亦云故利貞者上悅无為故能利貞也

慯之行請之節也　節五挽結上文是以亨貞娶女
吉也諸釋上義每當至理故言是以更疊經文將
欲結成者也

第六釋廣解分二別先明天地感義天地感万物化生

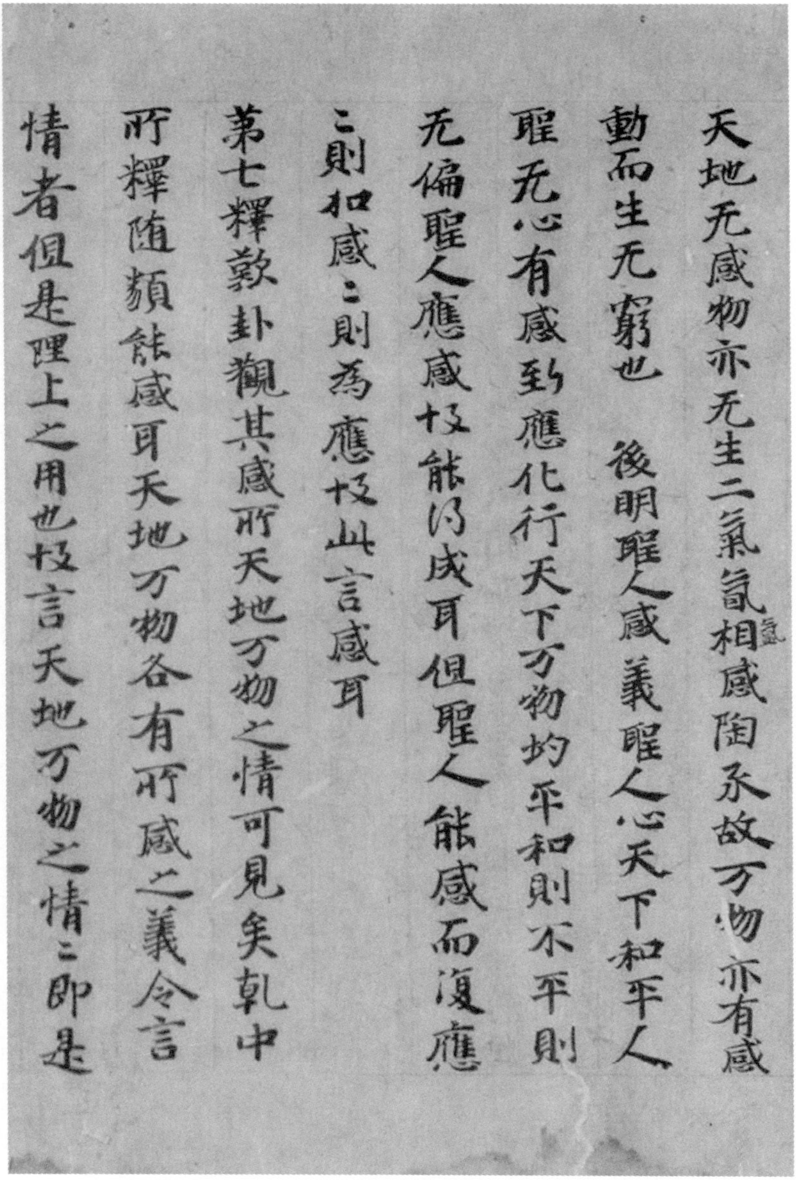
天地无感物亦无生二氣氳相感陶烝故万物亦有感
動而生无窮也　後明聖人感義聖人心天下和平人
聖无心有感到應化行天下万物均平和則不平則
无偏聖人應感故能乃成耳但聖人能感而復應
々則和感々則為應故此言感耳
第七釋歎卦觀其感所天地万物之情可見矣乾中
所釋隨類能感耳天地万物各有所感之義令言
情者但是理上之用也故言天地万物之情々即是

理不得已而生者並是物情也
第三釋象詞象曰甲山上有澤咸澤性下潤山體
深虛〻而受潤事符通感且山必通高澤必降下
此亦感義君子以虛受人夫卦擬物礙而不會虛懷
受物通能而感且君子无心常以虛心受物也
九四貞吉悔亡憧〻往來朋從爾思初物六感其拇王
注云未至傷靜也六二感其腓象曰雖凶居吉順不
言也九三咸其股亦不處也此為所咸之境不同彼脩

《講周易疏論家義記》書影

之行不等故觀其所感則知万物之情也今論九四居
二體之際據一卦之中上无感於騰口下无觀於拇
腓但指心神之道者也　第五釋歎卦觀其所恒天
地万物之情可見矣夫所恒之理唯因无為只非天地
无為並是四時无為之心故无為之理則是天地万物
之情自然可見矣　大段第三釋象詞象曰雷
從其思也繫中云天下何思同歸而殊塗一致而

百慮天下何思何慮日往月来月往日来尺蠖之屈
以求伸也然則憧憧者不定之皃往来者隨物之行也
往不定之於往来不定之於来屈不異於申申不異於屈
恒順俗而无動本无為而有感觀同歸之殊塗知一
致之百慮然後貞吉百物所歸憧憧往来勿從爾
思者也安此一爻極顯至人遊感之義耳
震上巽下恒釋義三重釋名釋次第釋詞 第一釋
名恒彖曰恒久也恒之為義唯是長久之名久於其

道忽非改易故曰恒久也　第二釋次第序卦云夫
婦之道不可不久也故受之以恒者久也此人事相
須門也且語其義者色裹即受敬之情逢時咸
則恩情之心重敬如客久淡之義則難冝而不攝感
應之理即賒唯事理乃得恒存人道之至唯在恒
義故夫婦成咸之後次繼恒久之義取
釋詞五重卦詞彖詞大象爻詞小象　第三釋卦詞
三重釋名釋德釋別詞　第二釋德恒亨无咎貞
王注云恒而亨能濟三事也故恒久之義其美在

通若使障滞自失恒道故誡家之法恒通无咎
之曰乃曰利貞久通乃正恒義純成故言利貞
第三釋別詞利有攸往夫能順恒道自脩貞德
有道有德始可交涉遠方故言利有攸往
第二釋彖詞五重釋名釋利釋德有攸往廣解
歎卦彖第一釋名又分二別第一直開釋名第二
出其所由　第一直釋名恒久也翻此恒訓乃是長
久之名故言不恒其德或承之羞也　第二出其所由

並有四重第一由在二體　第二由在兩象
下震體巖罡臨化在上尊卑得序陰陽以儀
所以為恒之道也
第二釋由在兩象雷風相與雷為法茲風為教令
是天之使相與治化雷是長男風是長女並德俱
長感為相與恒久之義於此為盛　第三釋由在二
訓義巽而動之而不從不可久順動得從順相與恒
久故巽從震動而得恒也　第四釋由在六爻罡柔

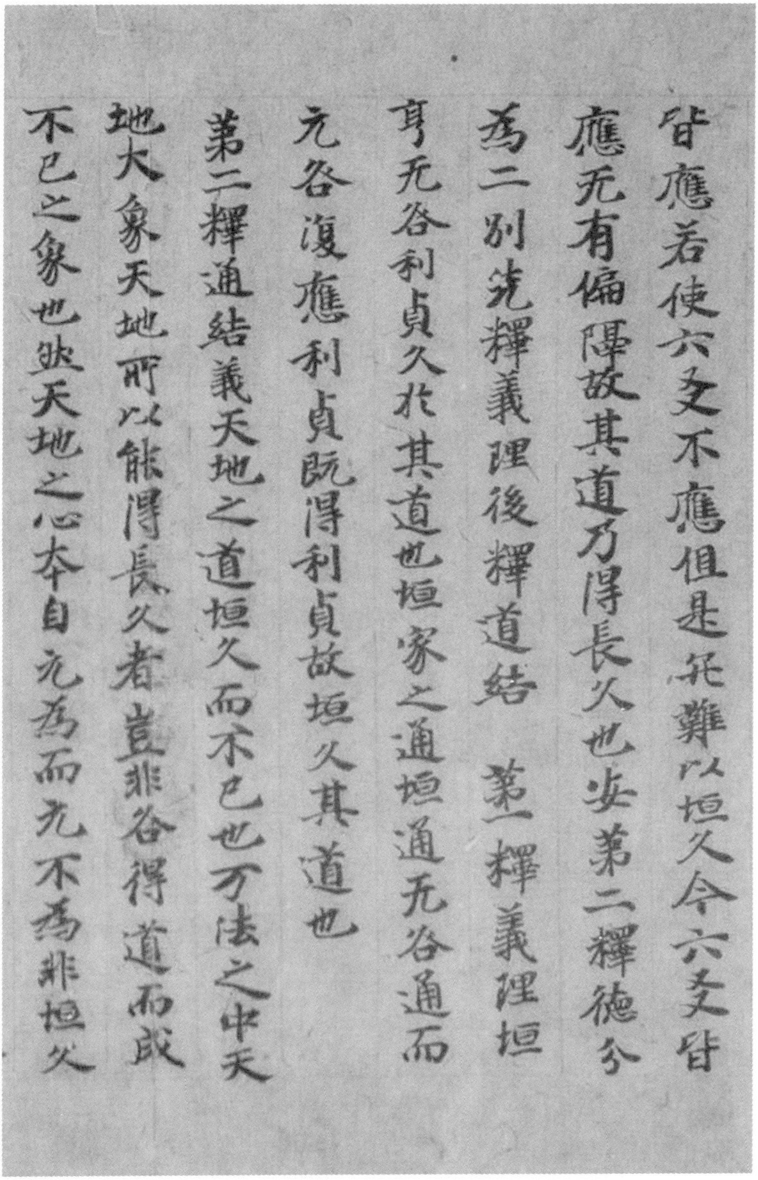
皆應若使六爻不應但是无難以恒久今六爻皆
應无有偏陽故其道乃得長久也案第二釋德分
為二別先釋義理後釋道結　第一釋義理恒
亨无咎利貞久於其道也恒家之通恒通无咎通而
无咎復應利貞既得利貞故恒久其道也
第二釋通結義天地之道恒久而不已也万法之中天
地大象天地所以能得長久者豈非咎得道而成
不已之象也然天地之心本自无為而无不為非恒久

《講周易疏論家義記》書影

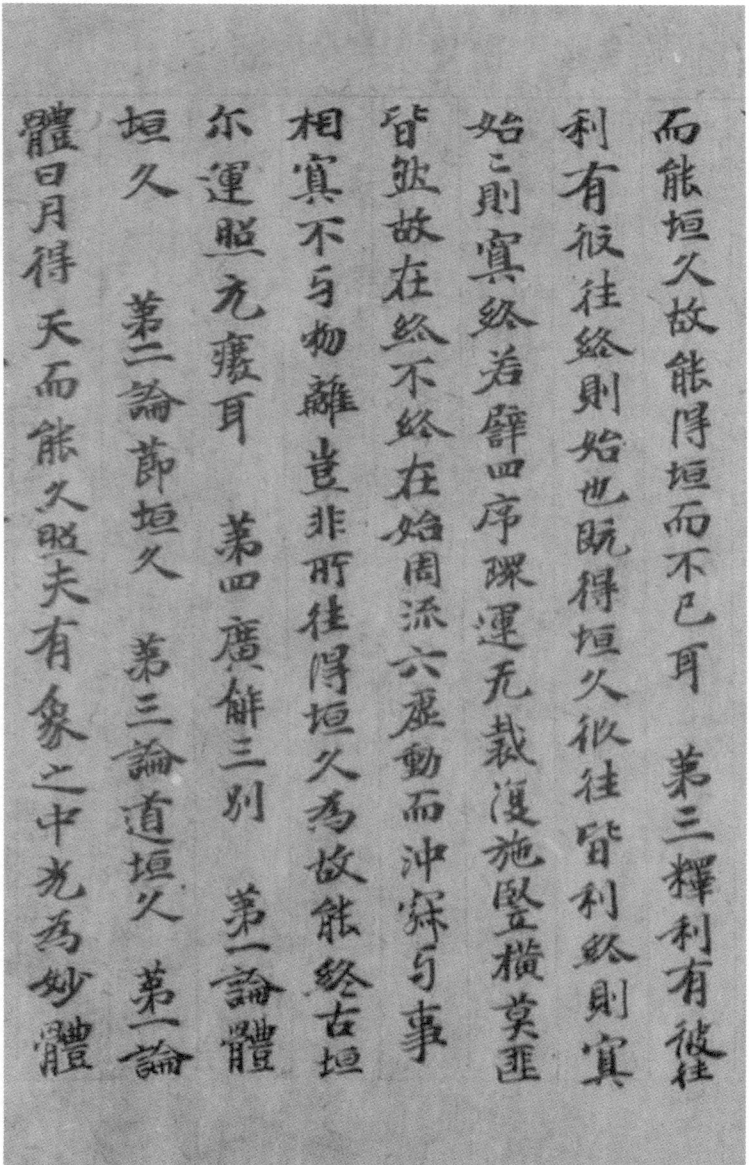
而能恒久故能得恒而不已耳　第三釋利有攸往
利有攸往終則始也既得恒久攸往皆利終則宜
始〻則宜終若辟四序環運无裁復施豎横莫匪
皆然故在終不終在始周流六虚動而沖寂与事
相宜不与物離豈非所往得恒久為故能終古恒
尒運照无癈耳　第四廣解三别　第一論體
恒久　第二論節恒久　第三論道恒久　第一論
體日月得天而能久照夫有象之中光為妙體

之乃恒久唯依无為故日月運行乃天之心无為无
心而能久照耳　第二論節四時遞化而能久成
夫變化之象法春秋代謝生長休廢唯依无為
之理能保久成之化也此義棄境而釋无為之理也
小[illegible]之故以小男小女正開感應之理恒是脩恒之業
鮮尅有終故以長男長女為恒久之終極顯長久
之道也且艮之与兌俱為重識之法唯施感理而已
震之与巽並是妙清之躰同雖有為易可會通

《講周易疏論家義記》書影

相以恒久故乃為恒久之終耳易者唯象二者有像
雖是感應之理非无其理勝劣之象亦有屯例也
君子以立不易方物皆有恒不失其性聖人以立不
易其〻方〻者百姓有恒之方也君子亦以无為
〻恒无心為方故出象言理隨時而行應化之道
不改其方耳　初六浚恒貞凶无攸利循恒之業
无物不思恒道難得唯辟震巽而已今忽利六
直以恒久之教既无迴降之心未曾无為而居恒悉

而遊性但是深恒而謂不失者雖有上賢之器非
无一過之義故言貞凶業非漸纔顧至恒道恒亦恒
故言无彼利耳
上震恒凶上六襯彼初六之行故振恒不循居上
无恒豈知失恒而已哉果有背恒之禍故言凶不
言无所〻利〻者輕故也
艮下乾上遯釋義三重釋名次第釋詞　第一釋名
遯〻者退避之名小人道長君子道避故受遯還

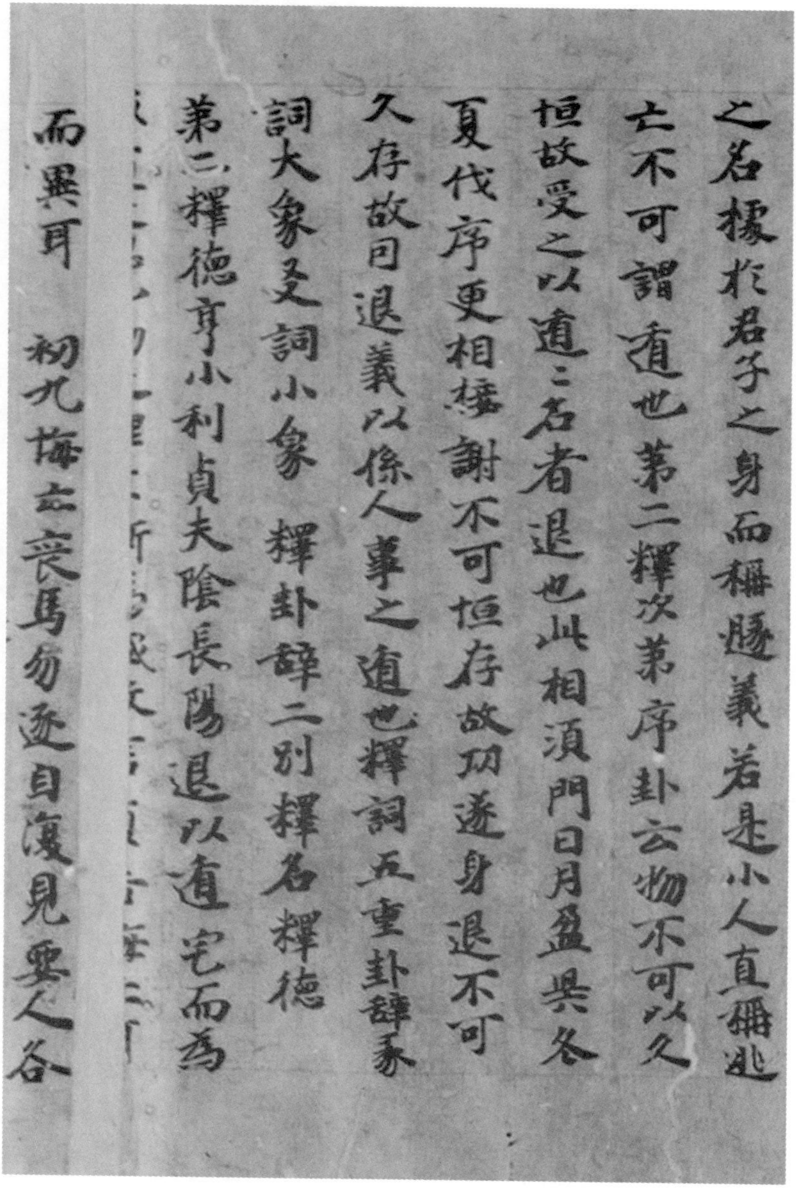
之名據於君子之身而稱遯義若是小人直稱逃
亡不可謂遁也第二釋次第序卦云物不可以久
恒故受之以遁遁者退也此相須門日月盈昃冬
夏代序更相極謝不可恒存故功遂身退不可
久存故曰退義以係人事之遁也釋詞五重卦辭彖
詞大象爻詞小象 釋卦辭二別釋名釋德
第二釋德亨小利貞夫陰長陽退以遁宅而為
而巽耳 初九悔亡喪馬勿逐自復見惡人咎

初九應在睽之時獨立无比位之當悔之心實在此時可
其上下相睽物情无接辟言喪馬勿逐自復茲
乃先滅之甚也與四同志目擊道存能照時
情乃得悔亡也韜光閉迹與世无為雖見惡之
何患之有故曰无咎耳　九二遇主于巷无
咎九二以陽居陰六五以陰居陽俱失本位差當
睽世之職世是大睽小得往適臣不奉於主二不
尋於臣直睽而已而只非居臣之義玄有聖賢
之道感應之理必有其會出於巷中不期而遇

《講周易疏論家義記》書影

施義為論可答而免故言无答耳　上九睽孤
見豕負塗載鬼一車先張之弧後說之弧匪寇婚
媾往遇雨則吉上九高心體有明光居明離之上
蹤睽澤之終時无善幾道未極化故可謂睽孤也
何者世既睽時睽人應閑以无應之理居極睽之地
故言睽孤耳兊艮為澤象文辭為豕澤中有豕
必負其塗故見豕負塗甚是可穢之象此謂
无感之時无異此之體也夫聖人无應世情相睽
往異多妄興妄求故〔禍〕福言載鬼一車者多其往

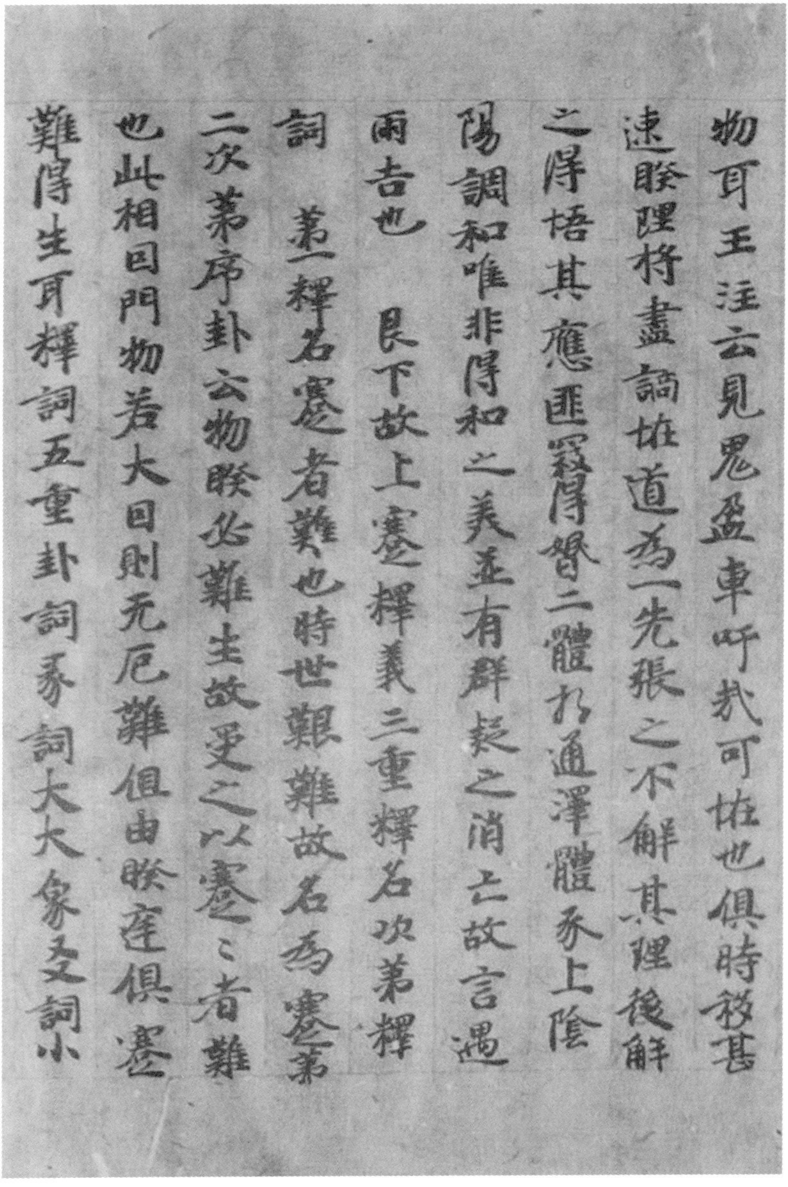

物耳王注云見鬼盈車吁可恠也俱時殺甚
速睽理将盡詭恠道為一先張之不解其理後解
之得悟其應匪寇得暨二體於通澤體豕上陰
陽調和唯非得和之義並有群疑之消亡故言遇
雨吉也　艮下坎上蹇釋義三重釋名次第釋
詞　第一釋名蹇者難也時世艱難故名為蹇第
二次第序卦云物睽必難生故受之以蹇蹇者難
也此相因門物若大困則无厄難但由睽達俱蹇
難得生耳釋詞五重卦詞彖詞大大象爻詞小

《講周易疏論家義記》書影

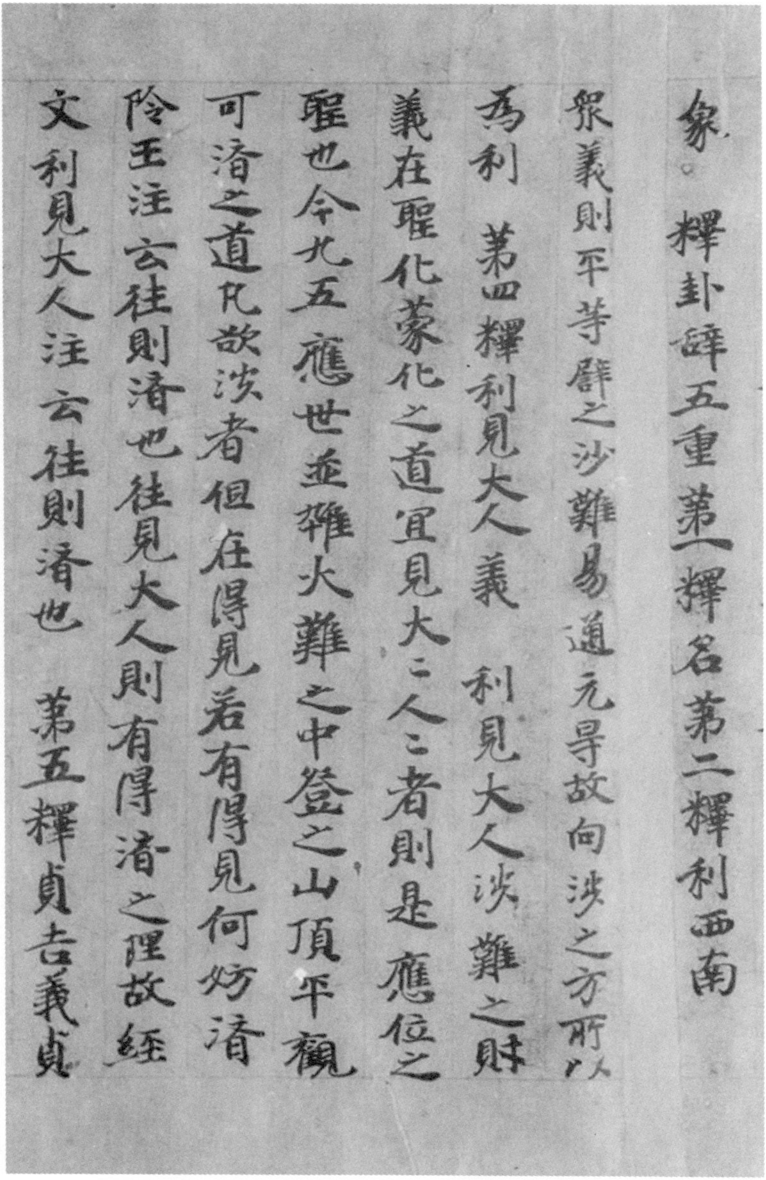
象。釋卦辭五重苐一釋名苐二釋利西南
衆義則平等辟之沙難易通无㝵故向涉之方所以
為利 苐四釋利見大人義 利見大人涉難之時
義在聖化蒙化之道冝見大〻人〻者則是應位之
聖也今九五應世並難大難之中登之山頂平觀
可濟之道凡欲涉者但在得見若有得見何妨濟
險王注云往則濟也往見大人則有得濟之理故經
文利見大人注云往則濟也 苐五釋貞吉義貞

吉凶位之時聖化弥廣應非據正道尒難逾令
二四三五並皆當位各履其正是謂濟難之時
以濟難之時而見能濟之主必由正吉故言貞吉也
第二釋彖六重　第一釋名　第二釋利西南
第三釋不利東北　第四利見大人　第六歎卦
彖釋名有三意　先訓釋名中出得名所由
後裒稱蹇致義地　釋名訓義彖曰蹇難也夫
蹇之為名正訓於難謂蹇難則是訓也中出得
名所由陰在前也今釋由名相有成義山見水

《講周易疏論家義記》書影

而能止水遇山而不流故成蹇之義相關二體
但自內先釋故言險在前也險者次象在前
也　後別褁稱蹇時至美之地見險而能止智矣
哉此釋能免險難之患由於艮卦之心　若見水
而不止則被其難見險而能止者誠是知理之象
故言知矣哉耳然則自非深智孰能如此矣故設
論艮象逕一似有智可行故凡所不在可止則止
故本非嚮難此義可謂智矣　第二釋利西南蹇
行西南往得中也此　彖坎體平其義若向平地

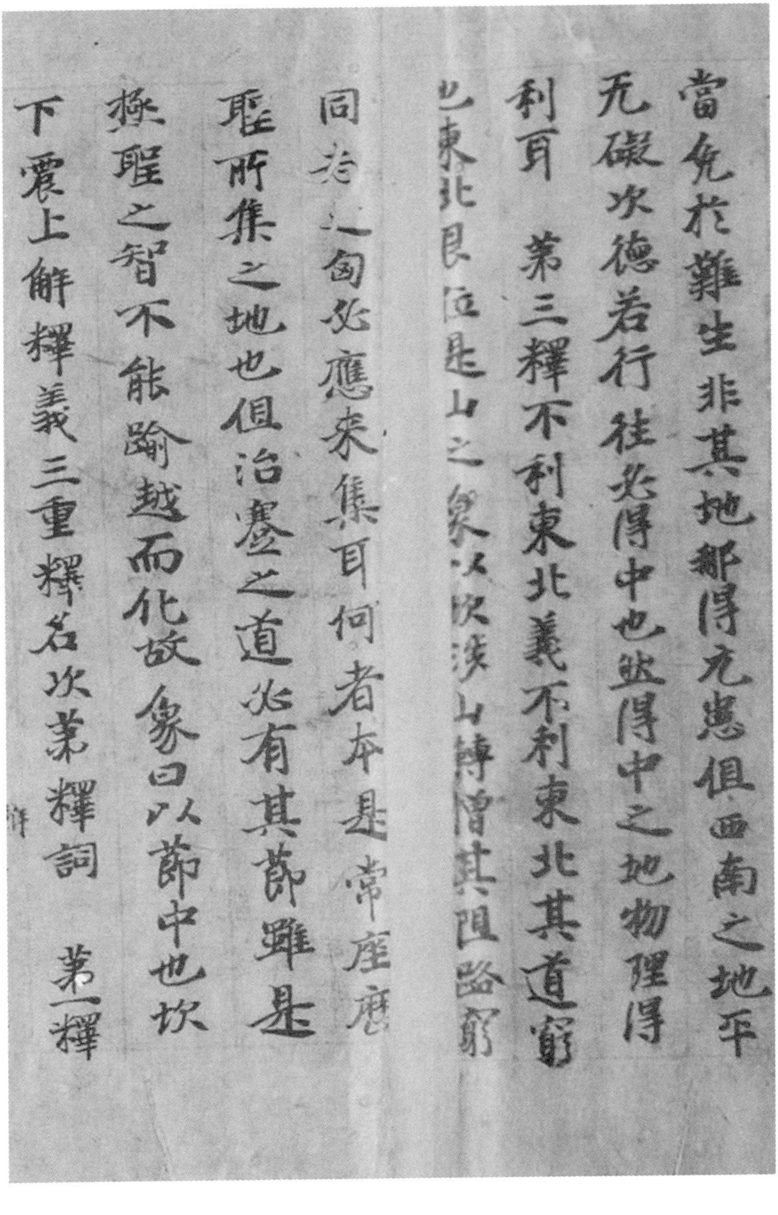
當免於難生非其地都得无患但西南之地平
无礙次德若行往必得中也既得中之地物理得
利耳　第三釋不利東北義不利東北其道窮
也東北艮位是山之象以次涉山轉增其阻路窮
同於上一國必應來集耳何者本是常座應
聖所集之地也但治蹇之道必有其節雖是
撥聖之智不能踰越而化故象曰以節中也坎
下震上解釋義三重釋名次第釋詞　第一釋

《講周易疏論家義記》書影

名解者解散之名蹇世解散稱義 第二釋
次第序卦云物不可以終難故受之以解解者
緩解之義也此是天道相逐門否終則泰難終
則解散極必逐天道固然之理也 釋辭五重卦辭
彖辭大象爻辭小象釋卦辭四番第一釋名
第二釋所宜之處 第三釋无蹇難時吉
第四釋有難者吉義 第二釋解時所宜之
處解利西南夫解難之時靡所不安何別西南

特稱善但凡論處所非无其義西南坤〻地〻者
正是衆庶之因也故解難之善被於衆地特稱
西南廣至義且一切无导故不言東北亦有可知耳
第三釋无難時吉无所往其来復吉凡物有起
往必有閑事既无難事何往之有但可靜居无
爲自心返覆而已自然會吉也且貽復如此家情
安樂我雖无往物来何妨言故至来復吉耳
第四釋有難者吉義有假往夙吉於彼往者

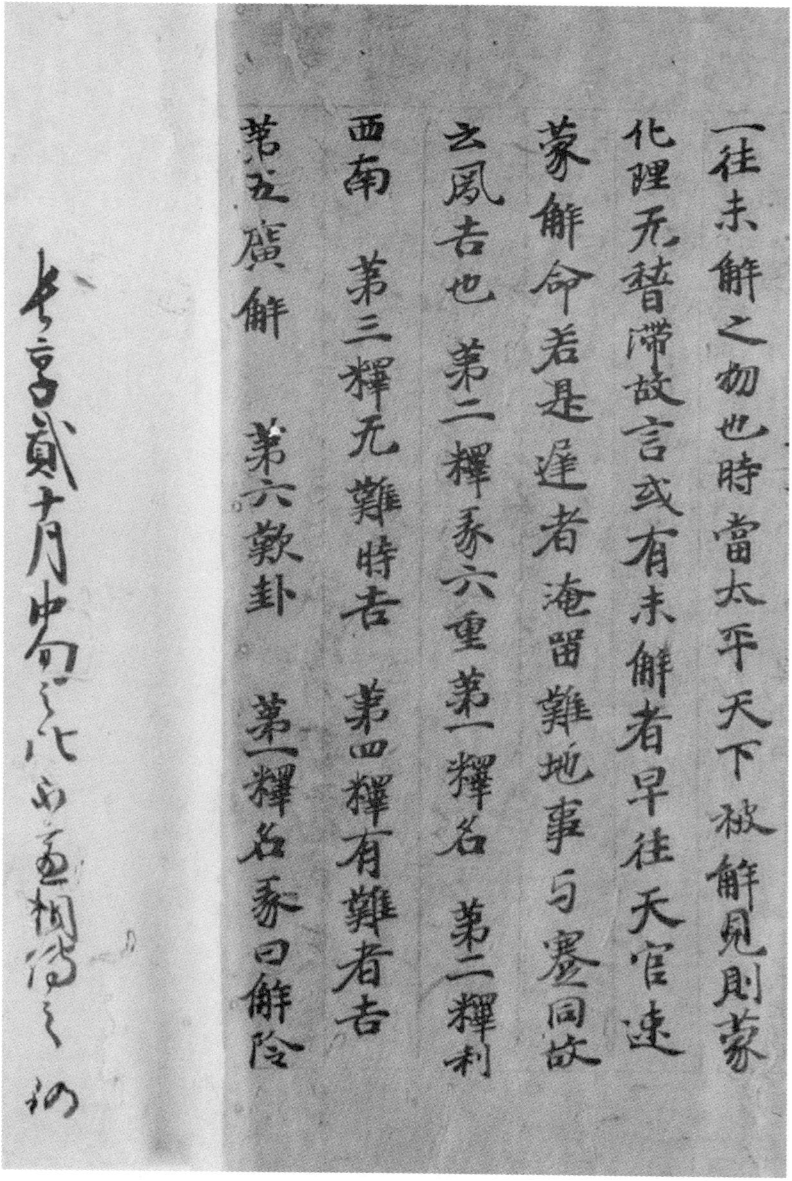
一往未解之初也時當太平天下被解見則蒙
化理无替滯故言或有未解者早往天官速
蒙解命若是逢者淹留難地事与蹇同故
云風吉也 第二釋彖六重 第一釋名 第二釋利
西南 第三釋无難時吉 第四釋有難者吉
第五廣解 第六歎卦 第一釋名彖曰解險
長享貳年十月中旬之比

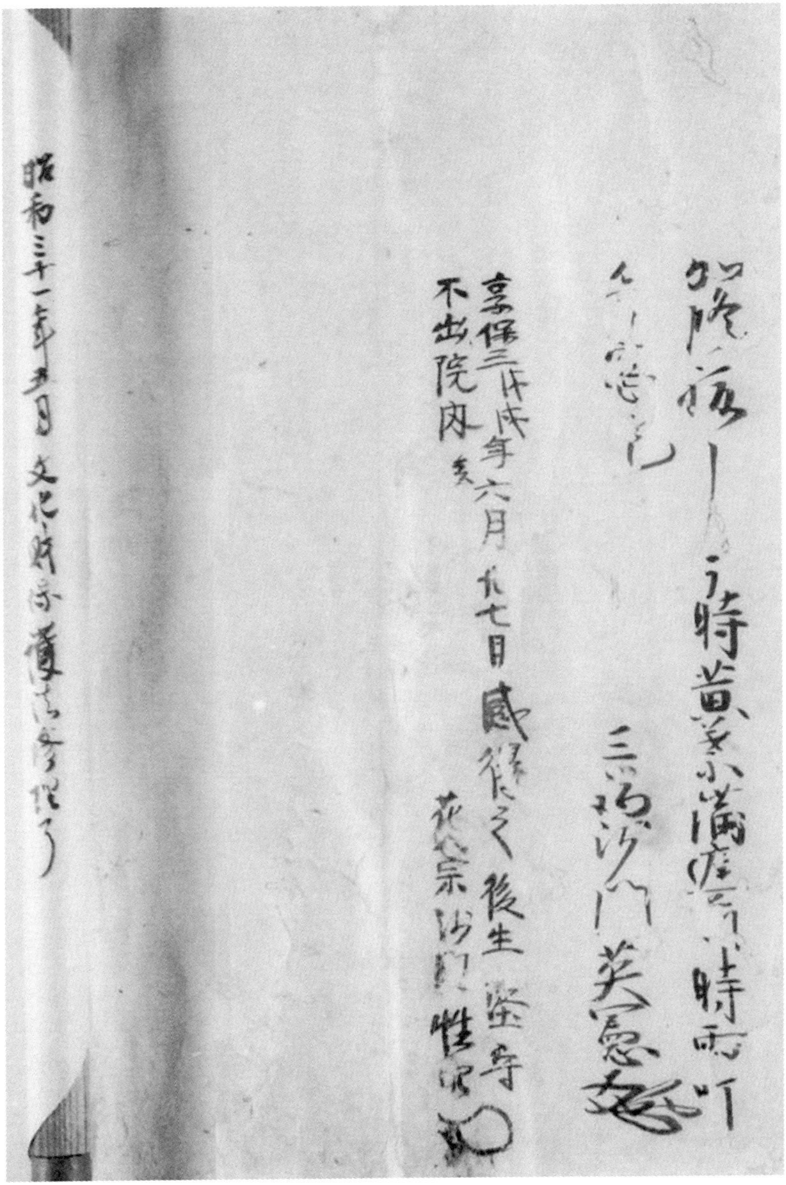

《講周易疏論家義記》書影

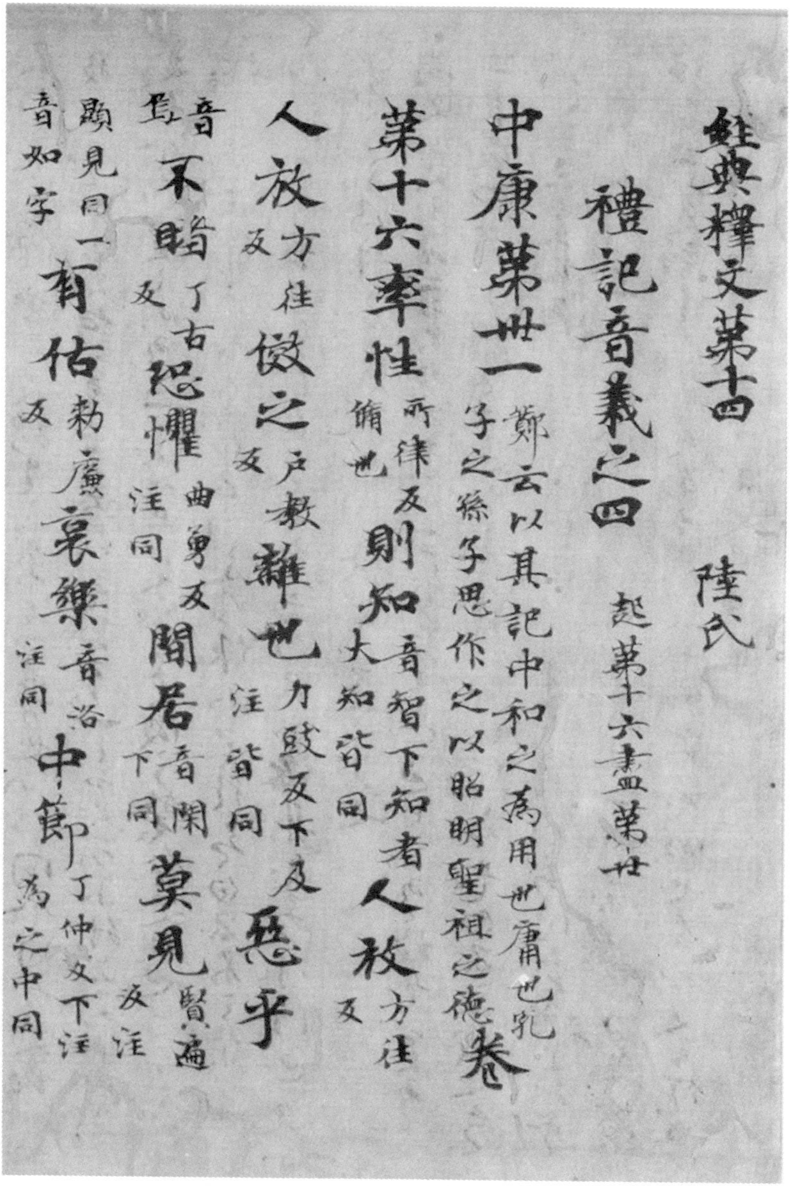

經典釋文第十四　陸氏

禮記音義之四　起第十六盡第廿

中庸第卅一鄭云以其記中和之爲用也庸用也孔子之孫子思作之以昭明聖祖之德卷

第十六率性所律反循也則知音智下知者大知皆同人放方往反

人放方往反儌之戶教反離也力豉反下及注皆同惡乎

音烏不睹丁古反恐懼曲勇反注同閒居音閑下同莫見賢遍反注

顯見同一音如字有佑勑廣反哀樂音洛注同中節丁仲反下注爲之中同

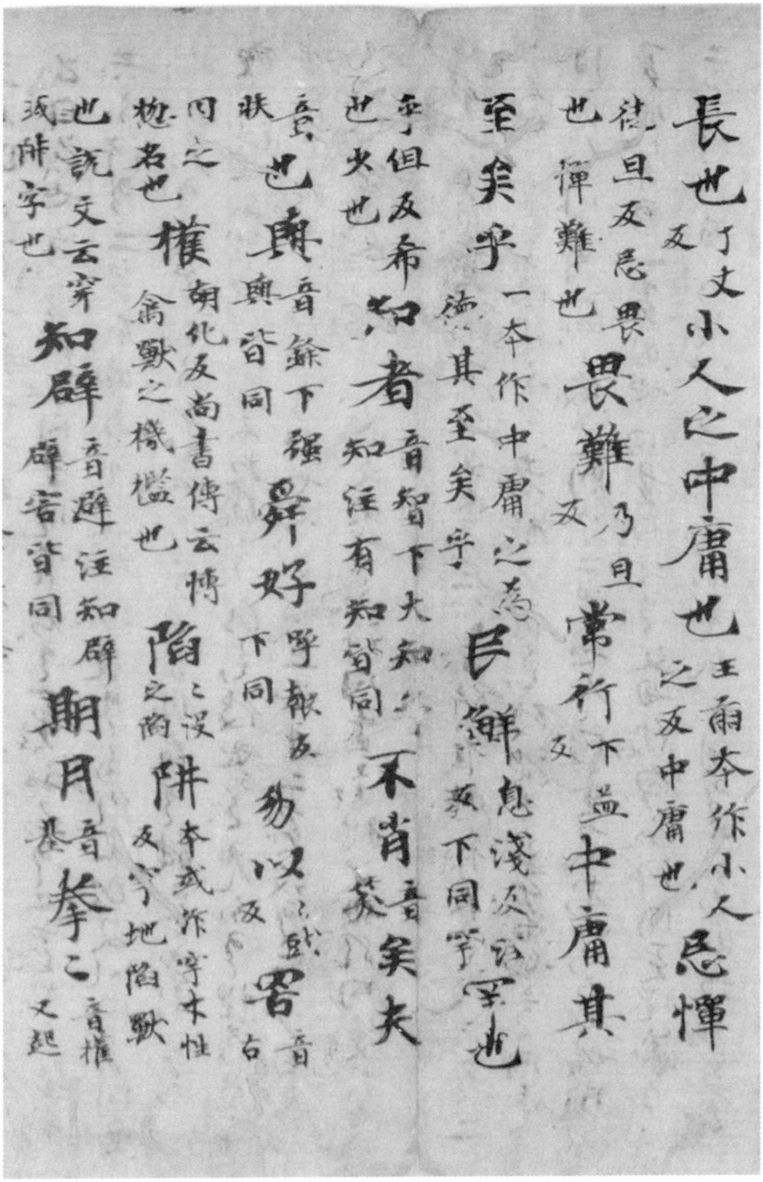
長也丁丈反小人之中庸也王肅本作小人之反中庸也忌憚
徒旦反忌畏也憚難也畏難乃旦反常行下孟反中庸其
至矣乎一本作中庸之為德其至矣乎民鮮息淺反注反下同字罕也
乎徂反希也火也知者音智下大知、知注有知皆同不肖音笑矣夫
音貝狀也與音餘下強與皆同舜好呼報反下同易以豉反罟音古
因之禽名也擭胡化反尚書傳云博禽獸之機檻也陷〻没之陷阱本或作穽才性反穿地陷獸
也說文云穽淺阱字也知辟音避注知辟辟害皆同期月音基拳〻音權又起

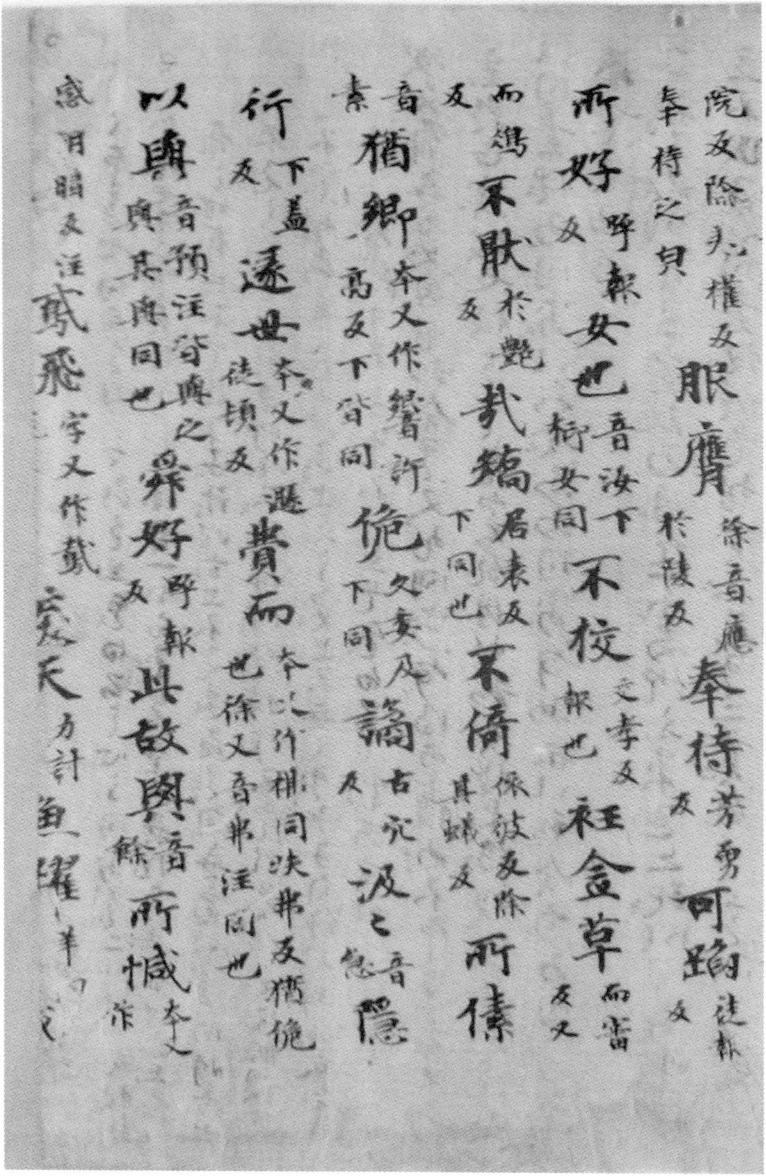
院反除丸權反胝膺徐音應奉持芳勇可蹈徒報
奉持之皃於陵反反反
所好呼報女也音汝下不校交孝反社金草而富
反柯女同報也反又
而嫣不厭於豔戴鶬居表反不倚依綺反徐所儔
反反下同也其蟻反
音循鄉本又作嚮許伔久妄反諭古穴汲之音隱
素高反下皆同下同反戀
行下蓋遜毋本又作遜費而本亦作拂同扶弗反循伔
反徒頓反也徐又音弗注同也
以興音預注皆興之舜好呼報與故興音餘所檝本又
與長與同也反作
感月睛反注戴飛字又作戴戾天力計魚躍羊反

亦作螽　虫反　虫桑蟲也　[illegible]責所例反　[illegible]沂一一如
字　朊誤音奈　重在直用反　知仁音智下近乎知注言有知同　已臨之音紀
勉強其兩反注同　好學呼報反　近乎附近之近下同　力行皇如字徐下孟反
子庚巳將吏反如字徐　受也下好放此　蕃國方元反　不眩玄遍反　齊明
側皆反　去讒起呂反　遠色于万反　好惡呼報反下烏路反又並如字注同　薄
斂力驗反　旣依注音餼許氣反　稟彼錦反餼稟謂稍食也　稱事尺證反　朝聘
丘遷反　高稟人古報反一音古老反　以下上時掌反　不跆其劫反皇音給躓也　行

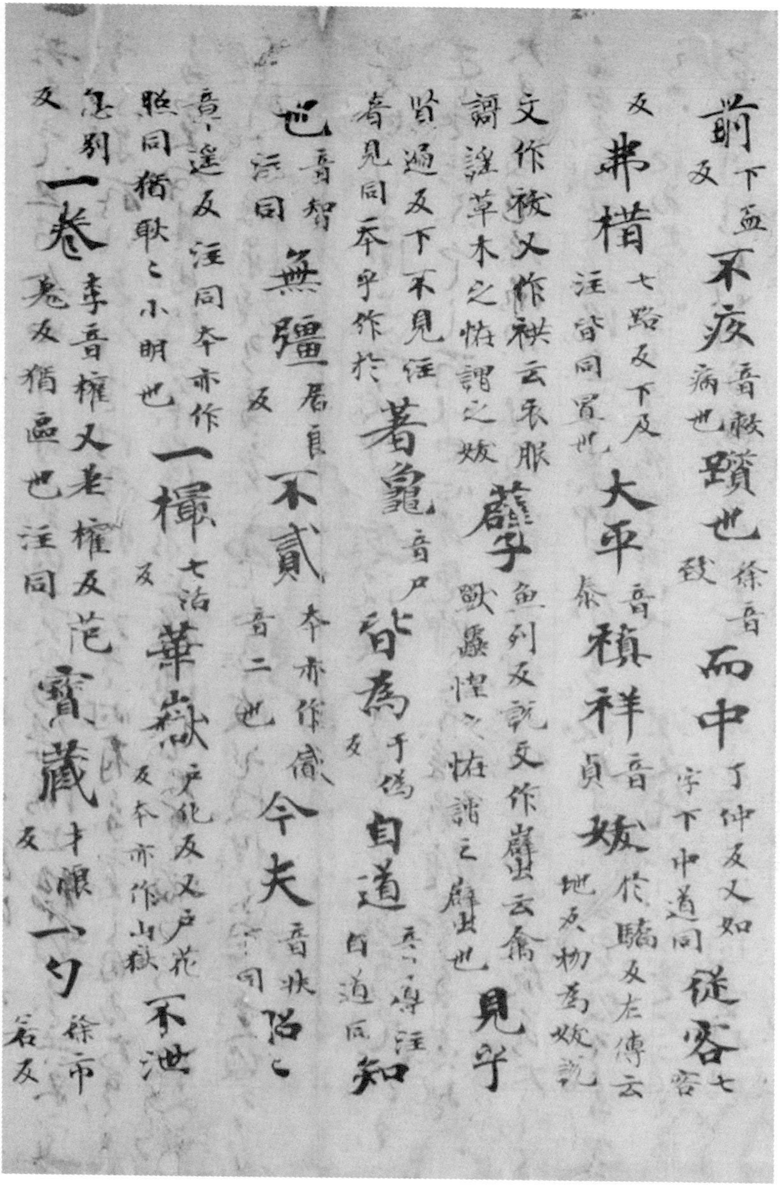

蕑下孟反 不疢音被病也 躓也徐音致 而中丁仲反又如字下中道同 從容七容
反 芾楷七路反下及注皆同眉也 大平音泰 禎祥音貞 妭於驕反左傳云地反物為妭說
文作祅又作襖云衣服謌謠草木之怪謂之妭 孽魚列反說文作𧆙云禽獸蟲蝗之怪謂之𧆙也 見乎
賢遍反下不見注音見同本乎作於 著龜音尸 皆為于偽反 自道示〻導注自道同 知
也音智注同 無疆居良反 不貳本亦作貳音二也 今夫音扶注同 陷〻
真〻遙反注同本亦作照同猶耿〻小明也 一撮七活反 華嶽户化反又户花反本亦作山嶽 不泄
息列反 一卷音權又巻權反卷反猶區也注同 范 寶藏才浪反 一勺徐市若反

汪同〻 黿音元 鼉徒河反一音直丹反 鮫龍音交本又作蛟 魚鼈必列反 耿〻

公迴反烓公頂反舊音孔須反 楷區尫俱反 於穆音烏下於乎同 於乎好奴反 慎

德如字本又作悳 是興音餘 洋〻音羊 峻極思閏本高大也 不凝本又作疑魚陵

反戊也 如燖音尋 不驕本又作喬音驕 不倍音佩 其默亡北反 既明

且哲陟列反徐本作知音智 謂與音餘 而好呼報反下同也 烖及音灾 行

同倫下盡反 杞不音起 王天下于況反一音如字 不繆音謬 不悖布內

反後同 遠之如字又于万反也 近之如字又附近之近 不厭於豔反後皆同

無射音亦而登音祈在下蓋而斷丁亂罔爲

又如字……反……反如字……餘……

爻綿反又甫連反辟如音譬下同霞幬徒報反之錯七各反當焉

丁浪反又丁郎反浸潤子鴆反作壽徒報反穀音鈒知音智下聖知同齊

莊側皆反有別彼列反溥博音普普徧音遍思慮息嗣反又如字

見而賢徧反不謊音恍也施及以䜴反蠻貊本又作貊武百反說文云北方人也

所隊直類反經論本又作綸同音倫也夫焉於虔反所倚張綺反徐於寄反注同

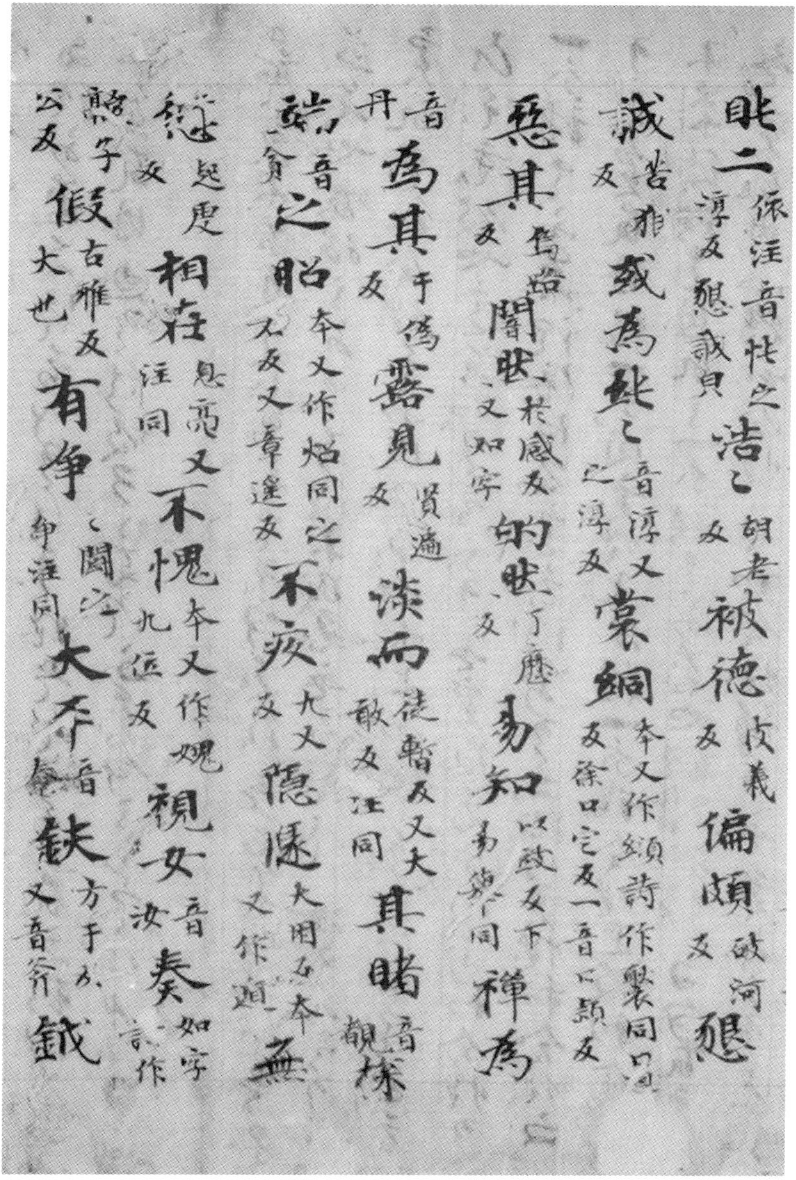
肫二依注音忳之淳反忳懇誠貌浩〻胡老反被德皮義反偏頗破河反懇
誠苦雅反戭為肫〻音淳又之淳反褱銅本又作頌詩作褱同口迥反徐口定反一音口穎反
惡其烏路反闇然於感反又知字的然丁歷反易知以豉反下易與同禪為
音丹為其于偽反露見賢遍反淡而徒暫反又大敢反注同其睹音覩[illegible]
黮〻音貪之昭本又作炤同之召反又章遙反不疚九又反隱遯大困反本又作遁無
𠎝起虔反相在息亮反注同不愧本又作媿九位反視女音汝奏如字詩作
鬷子公反假古雅反大也有爭〻鬬之爭下注同大夲音[illegible]鈇方于反又音斧鉞

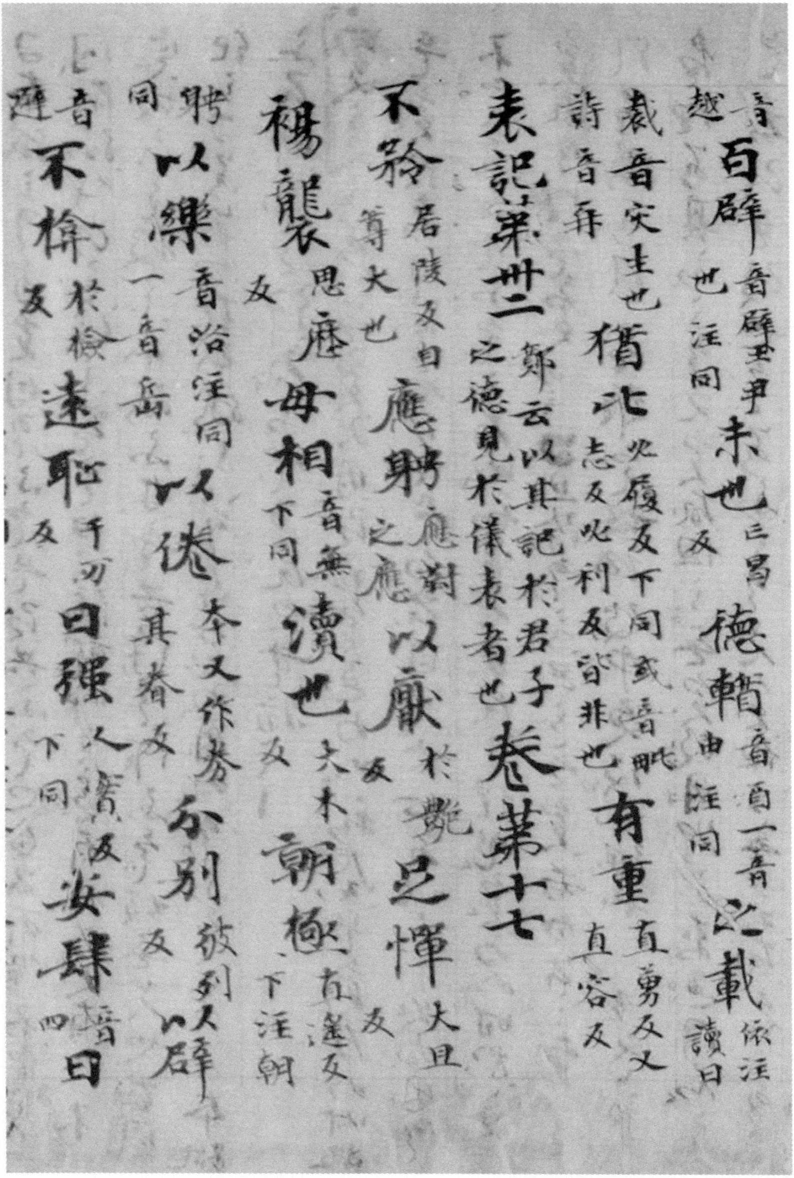
音越 百辟音辟亡尹也注同 未也三㝵反 德輶音酉一音由注同 之載依注讀曰
裁音灾圭也 猶比必履反下同或音毗志反必利反皆非也 有重直勇反又直容反
詩音拜
表記第卅二 鄭云以其記於君子之德見於儀表者也 卷第十七
不矜居陵反自尊大也 應聘應對之應 以獻於[illegible]反 之憚大旦反
裼襲思歷反 毋相音無下同 瀆也大木反 朝極直遙反下注朝
聘以樂音洛注同一音岳 以倦本又作券其眷反 分別彼列反 以辟
同
音避 不揜於檢反 遠恥千刃反 曰彊人資反下同 安肆音四 曰

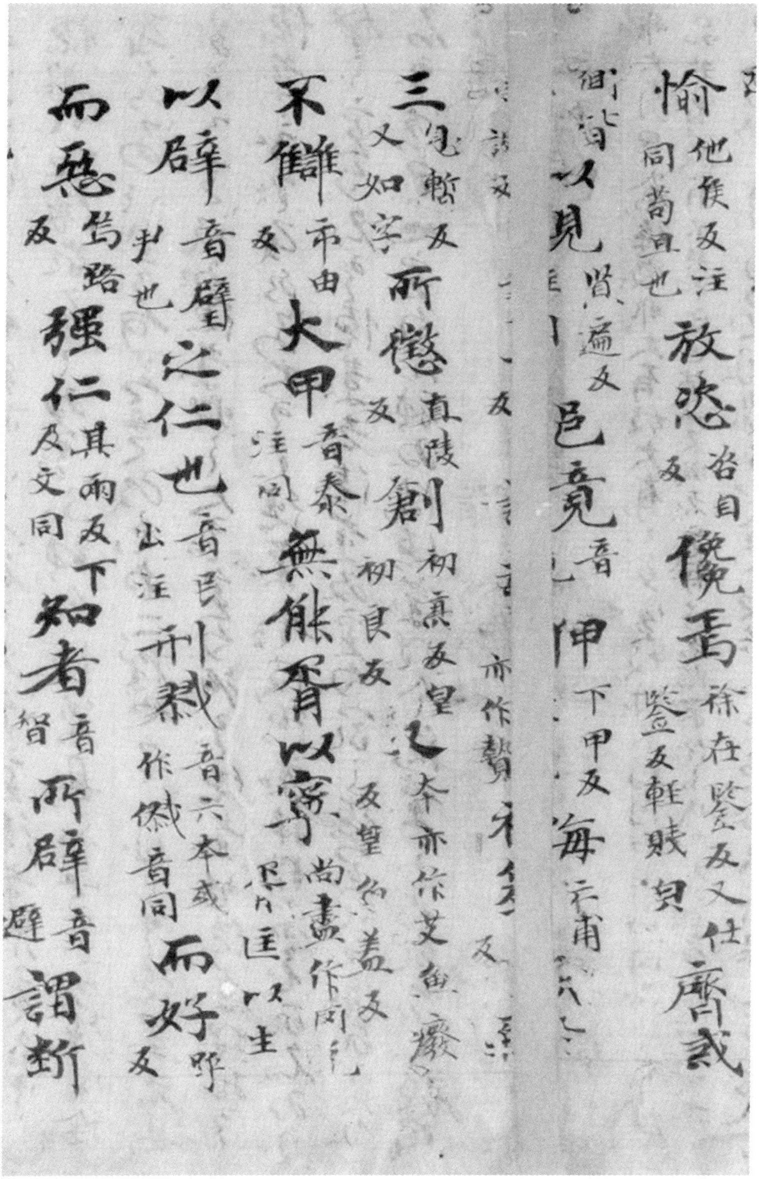
愉 他侯反注同苟且也 放恣 咨自反 儳焉 徐在鑒反又仕鑒反輕賤貌 齊戒
衒 以見 賢遍反 邑竟 音境 狎 下甲反 侮 亡甫反
[illegible] 亦作贊 [illegible]
三 息暫反又如字 所懲 直陵反 創 初亮反又初良反 乂 本亦作艾魚廢反又皇魚蓋反
不難 乃旦反 而由 大甲 音泰注同 無能胥以寧 尚書作罔 [illegible] 以生
以辟 音譬 [illegible]也 之仁也 音匹出注 刑戮 音六本或作僇音同 而好 呼報反
而惡 烏路反 彊仁 其兩反又文同下同 知者 音智 所辟 音避 謂斷

《經典釋文》書影

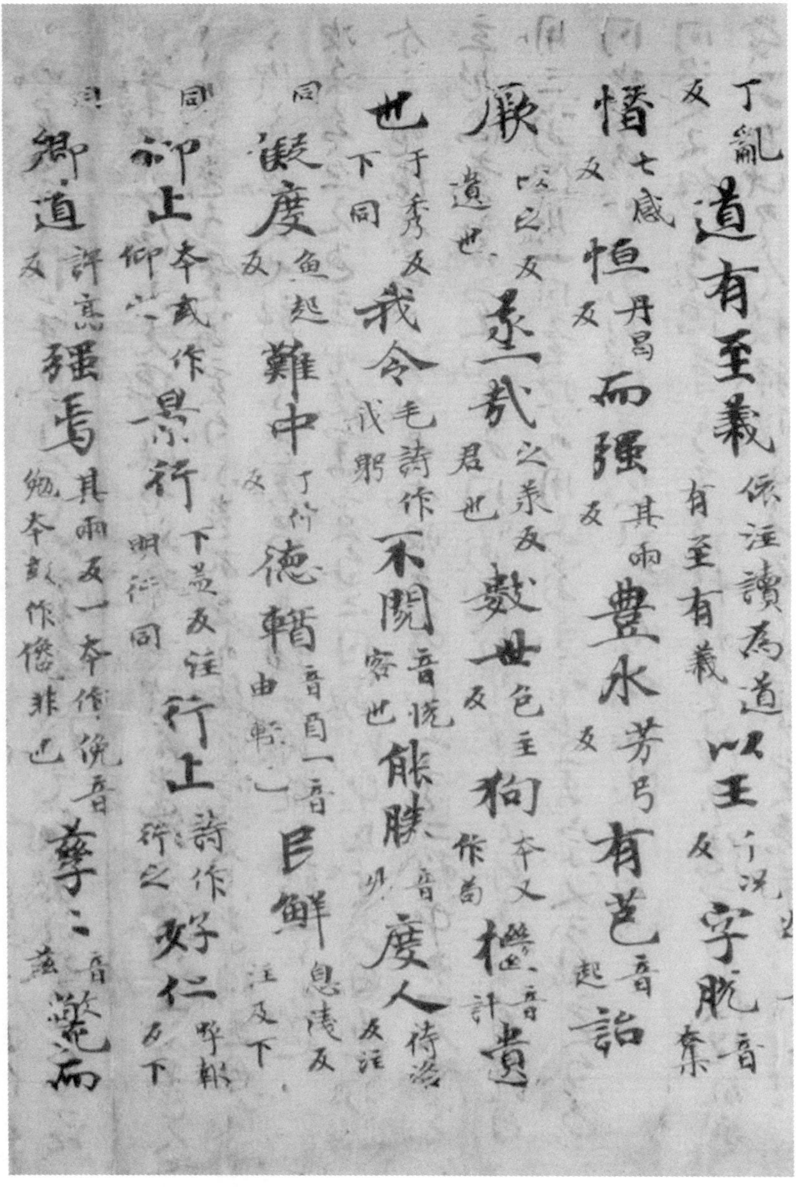

丁亂反 道有至義 依注讀為道有至有義 以王 于況反 字脁 音桑
憯 七感反 恒 丹昌反 而彊 其兩反 豊永 芳弓反 有芑 音起 詒
厥 以之反 遺也 丞一 戩 之承反 君也 數世 色主反 徇 本文作岗 檵 音計 遺
世 于秀反下同 我令 毛詩作戎郡 不閱 音悅容也 能勝 音升 度人 待洛反及注
同 嶷 魚起反 度 難中 丁仲反 德輶 音酉一音由輶之 旨鮮 息淺反注及下
同 祁上 本或作仰 景行 下孟反及注明行同 行上 詩作行之 好仁 呼報反下
鄉道 許亮反 彊毛 其兩反一本作勉本或作僶非也 一本作俛音 孳孳 音茲 而

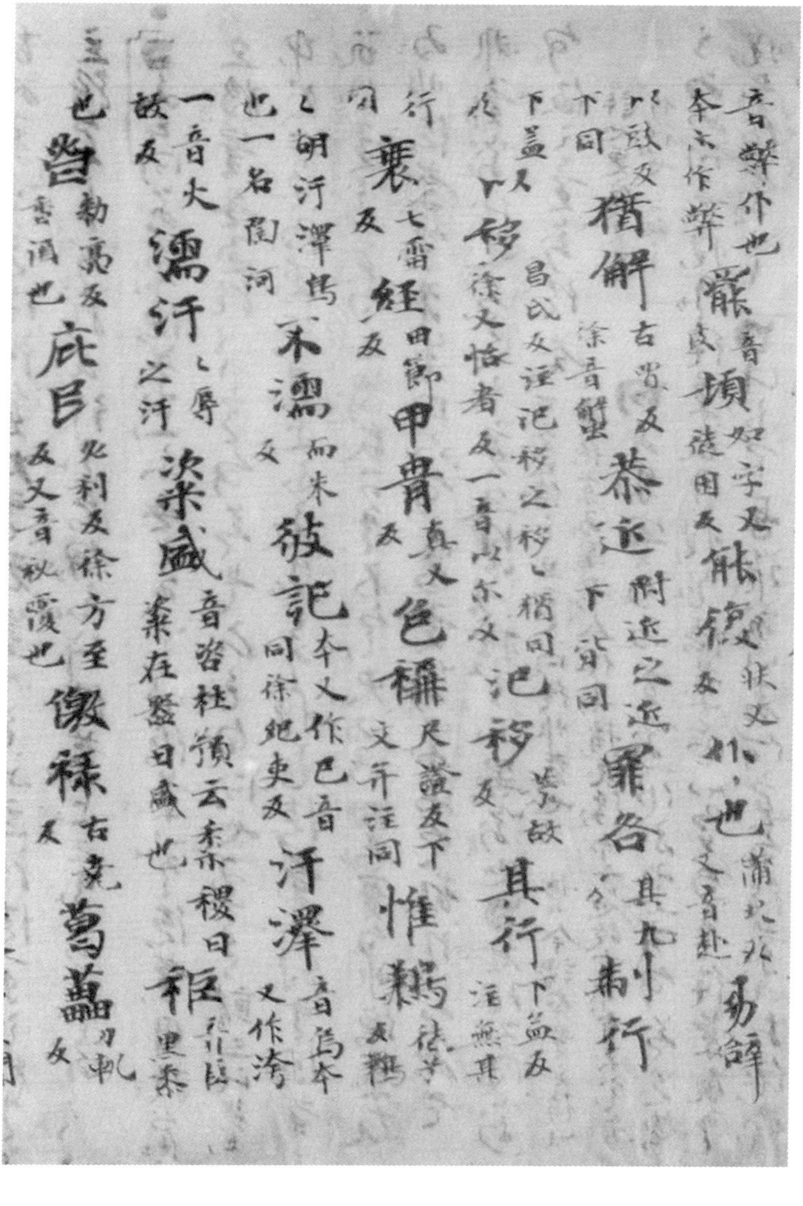

音弊仆也本亦作弊 罷音皮 頓如字又徒困反 熊 䫉狀又反 扑也蒲北反又音赴 動辭

以鼓反下同 猶解古買反徐音蟹 恭遜附遜之遜下皆同 羅咎其九 劇行

下孟反 下移徐丈怡者反一音以尔反 昌氏反注迤移之移猶同 迤移丈反 苦鼓 其行下孟反注無其

行同 褎七雷反 經田節反 甲冑直又反 色穪尺證反下文并注同 惟鶉徒丹反 鶉

之明汗澤焉 不濡而朱反 敂記本又作色音同徐 紀吏反 汗澤音烏本又作洿

也一名閻洞 濡汗之辱之汗 粢盛音咨杜預云黍稷曰粢在器曰盛也 桓

一音大故反

主也 昝勒高反 香酒也 底巳北利反徐方至反又音秋 霞也 傲祿古叐反 蔦蘲力軌反

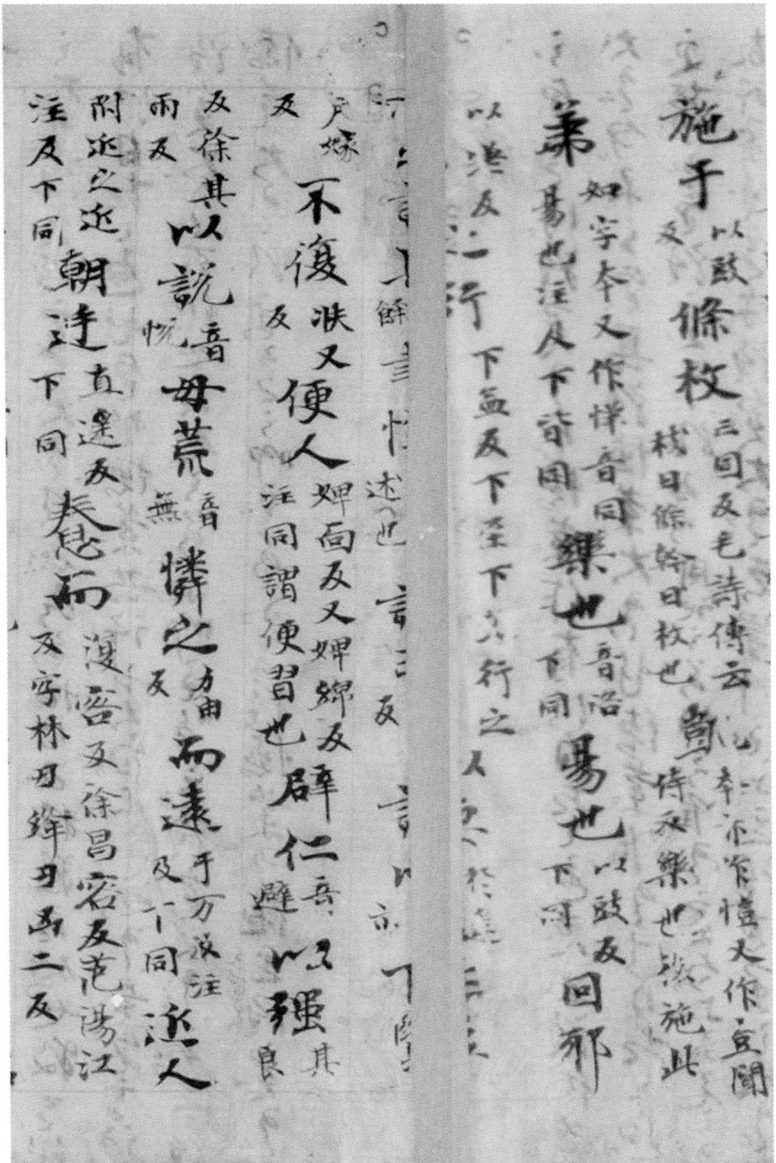
施于以豉反條枚亡回反毛詩傳云枝曰條幹曰枚也鄭以本亦作愷又作宜閒侍承樂也然施此
弟如字本又作悌音同易也注及下皆同樂也音洛下同易也以豉反下同回邪
以淺反之行下孟反下至下六行之人……於……
……言……述也言……反言以京下……
戶嫁反不復扶又反便人婢面反又婢緜反注同謂便習也辟仁音避以疆其良反
及徐其雨反以說音悅毋荒音無憐之力田反而遠于万反注及下同遂人
附近之近注及下同朝達直遙反下同叅而復音又徐昌容反苞蕩江反字林丑降丑勇二反

奢而音驕朴而逆角反詐諼況袁反詐也妄也以贄音至相施如豉
反下文同令其力呈反縫巧苦教反又如字而蔽必世反王又音弊夲數色角
反未厭於艷反彊旨其兩反注同責稅申銳反不勝其敝也
音升注也注同敝音弊猶任如金反僭七感反恥賁芳貴反注同不傳
大專反辭別彼列反下不別同惟戚如字戚畏也讀者亦依尚書音畏也不謹
音無爲君于僞反大畜勑六反下同彖勑亂反共音恭本亦作恭以女
音汝注同則讕本亦作諂勑斂反藏之如字鄭解詩作臧云善也易退以豉反下及注易

同以遠于万反為吾人于僞反出竟音境下同不要於遙反注同
言為于僞反其繈其良反舊其兩反不辟音避難乃旦反朝達直遙反
則慎本亦作古眘字不復扶又反唯天子音雖出注不易以鼓反
鷧之字林作鶅七吝反妻之居良反鶊之上倫反賁之音奔注同餘行
下益反下父弁注同賻焉音附其賁芳貴反能饋其位反皆辟音避如體
徐音禮淡以大敢反又大暫反徐徒闞反注同醆悲官反酢七故反用餤音談徐本作藍
音盥口讋音餘燃也注同則衣於既反則食音嗣皆為于僞反歸訖

音悅文始 怨苗音 所惡

悅反注同 為路 晏乞

作悅 和說 音悅 反 信憺

下同 服反 無芳 身音 矣憺

開 音 夏至 別乎 牲羚 旦乙

徐 反 敗列 音令 齊盛

作 戸嫁 反 亦作

音 本 易富 以啟反 人專 文專反

在遂 君長 應之 應董 懷地 字又作溺

也 丁丈 反 又 大廣

緇衣第卅三 鄭云善其好賢者之厚故述其所稱名也緇衣鄭詩美武公也劉獻云公為尼子所作也

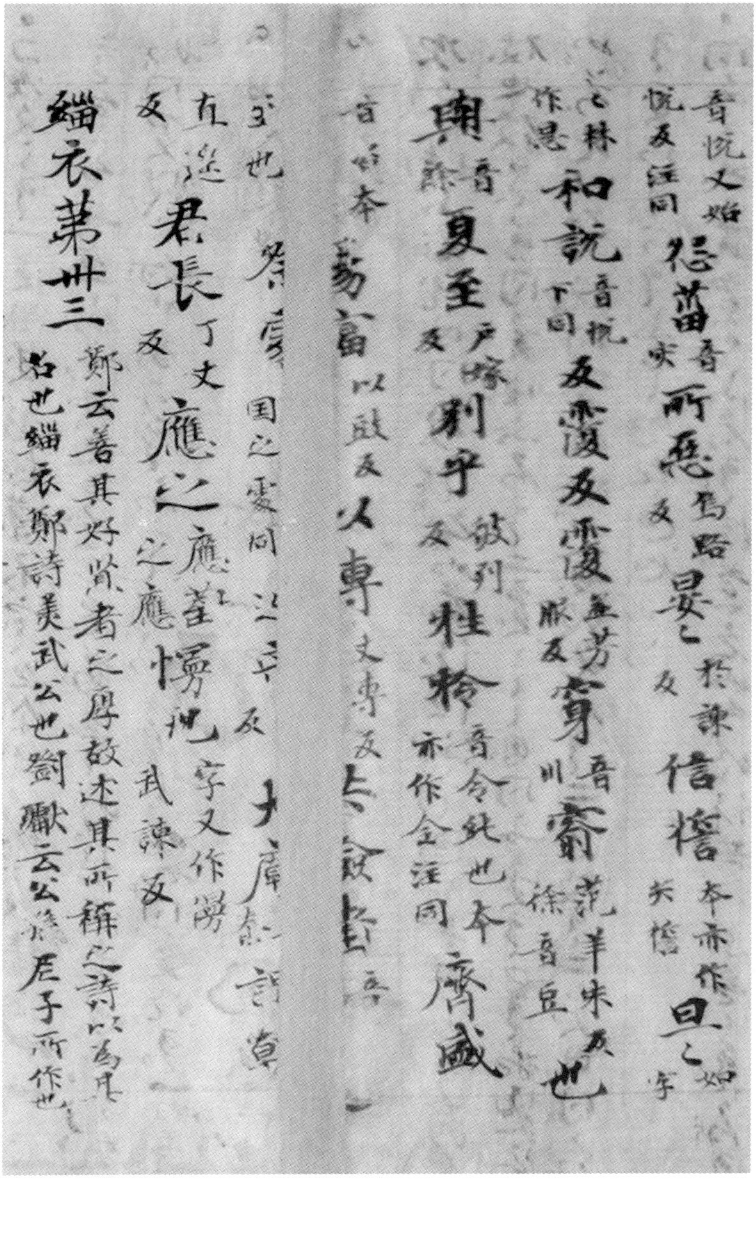

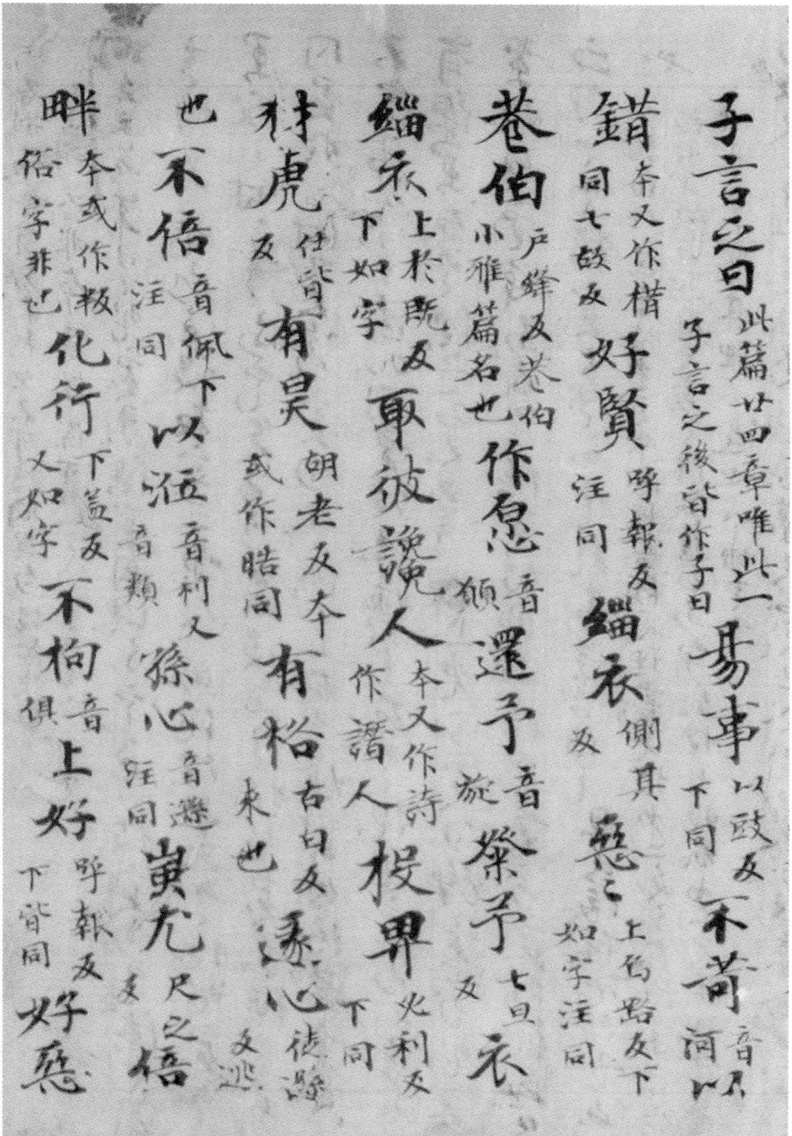
子言之曰此篇廿四章唯此一子言之後皆作子曰　易事以豉反下同　不苛音河以几
錯本又作措同七故反　好賢呼報反注同　緇衣側其反　惡惡上烏路反下如字注同
巷伯戶絳反巷伯小雅篇名也　作愿音願　還予音旋　粲予七旦反　衣
緇衣上於既反下如字　取彼譖人本又作詩作譖人　投畀必利反下同
豺虎仕皆反　有昊明老反本或作皓同　有梏古白反來也　遜心徒遜反迯
也　不倍音佩下注同　以涖音利又音類　孫心音遜注同　蚩尤尺之反　倍
畔本或作叛俗字非也　化行下孟反又如字　不拘音俱　上好呼報反下皆同　好惡

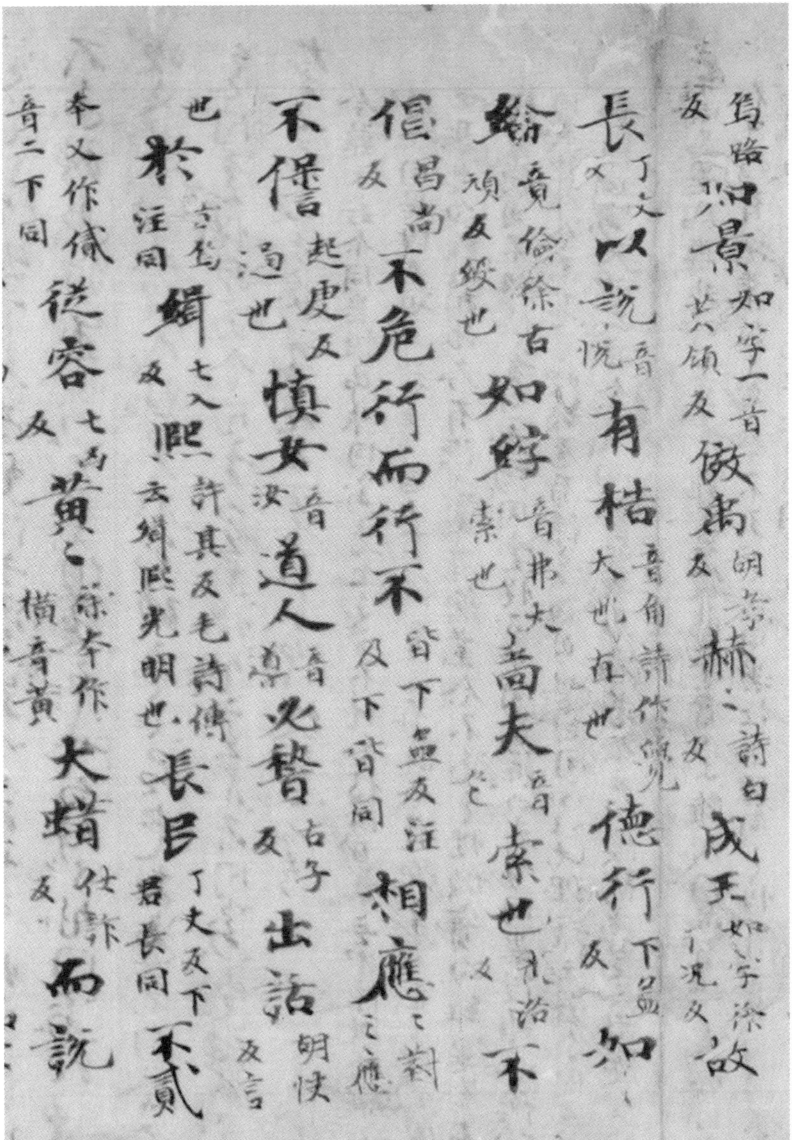
爲路反 如景 如字一音其領反 儆禹 明等反 赫赫 詩曰 成王 如字徐于況反 故
長 丁丈反 以說 音悅 有梏 音角詩作覺大也直也 德行 下孟反 知
綸 竟倫徐古頑反綬也 如綍 音弗大索也 畜夫 音素 索也 … 不
倡 昌尚反 不危行 而行 下孟反注及下皆同 相 息亮反 應 應對之應
不儹 起虔反 過也 慎女 音汝 道人 音導 必稽 古兮反 出話 明快反 言
也 於 音烏 注同 緝 七入反 熙 許其反毛詩傳云緝熙光明也 長民 丁丈反下君長同 不貳
本又作僭 從容 七容反 黄黄 音黄本作橫 大蜡 仕詐反 而說
音二下同 反 橫音黃 反

《經典釋文》書影

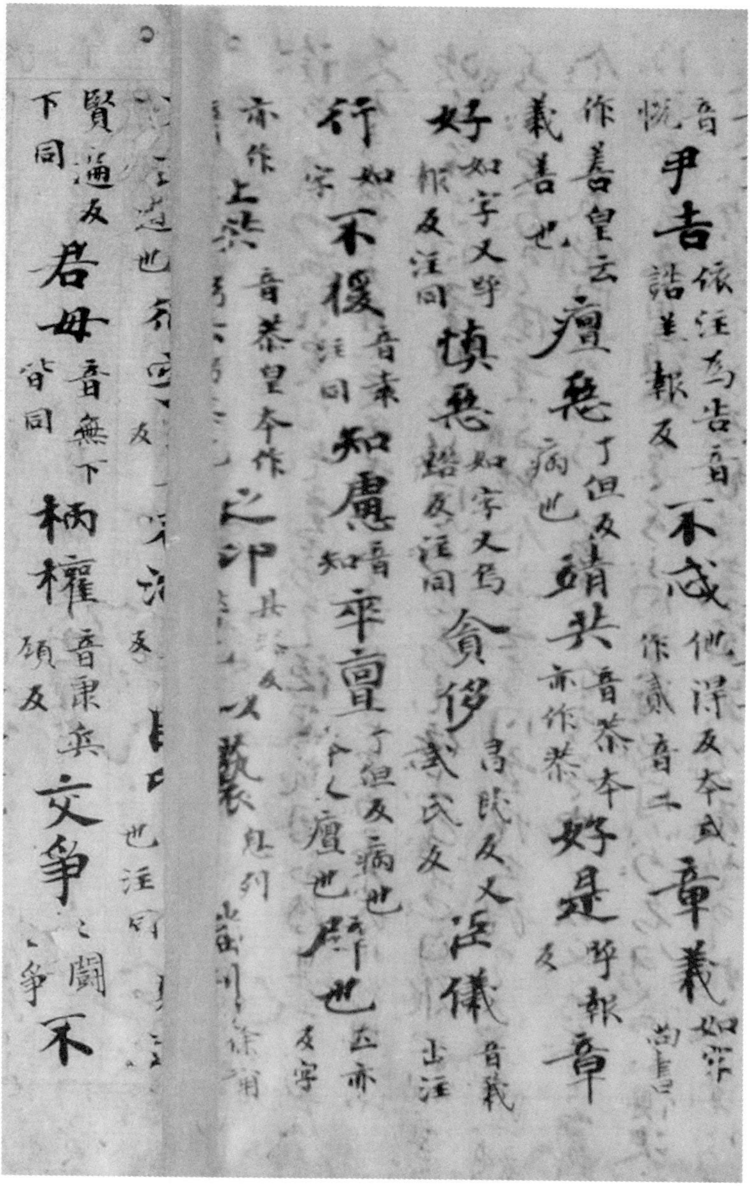
音悦 尹吉 依注為告音誥並報反 不忒 他得反本或作貳音二 章義 如字尚書
作善皇云義善也 癉惡 丁但反病也 靖共 音恭本亦作恭 好是 呼報反 章
好 如字又呼報反注同 慎惡 如字又烏路反注同 貪侈 昌氏反又尺氏反 [illegible]儀 音義 上注
行 如字 不復 音伏注同 知慮 音智 知 平亶 丁但反病也 亦作癉也 [illegible]也 五亦反字
亦作 上共 音恭皇本作 之邛 其恭反 以[illegible] [illegible]
[illegible]
賢遍反下同 君母 音無下皆同 柄權 音秉兵領反 文爭 之鬭之爭 不

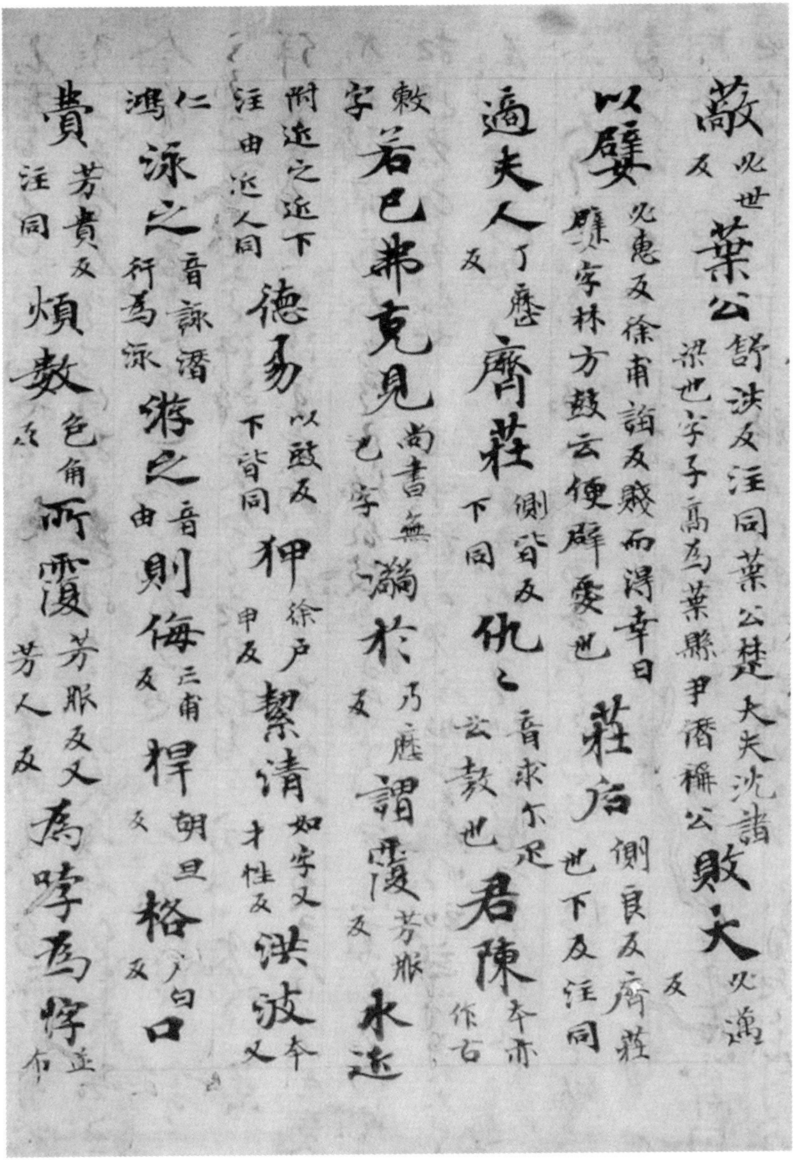
蔽必世反葉公舒涉反注同葉公楚大夫沈諸梁世字子高爲葉縣尹僭稱公敗大必邁反
以嬖必惠反徐甫詣反賤而得幸曰嬖字林方豉云便嬖愛也莊后側良反齊莊也下及注同
適夫人丁歷反齊莊側皆反下同仇仇音求亦足訟敖也君陳本亦作古
敷字若已弗克見尚書無已字溺於乃歷反謂覆芳服反永遂
附遂之遂下注由遂人同德易以豉反下皆同狎徐戶甲反絜清如字又才性反洪波本又
仁鴻泳之音詠潛行爲泳游之音由則侮亡甫反捍胡旦反格戶白反口
賁芳貴反注同煩數色角反所覆芳服反又芳人反爲哼爲哼亦本

《經典釋文》書影

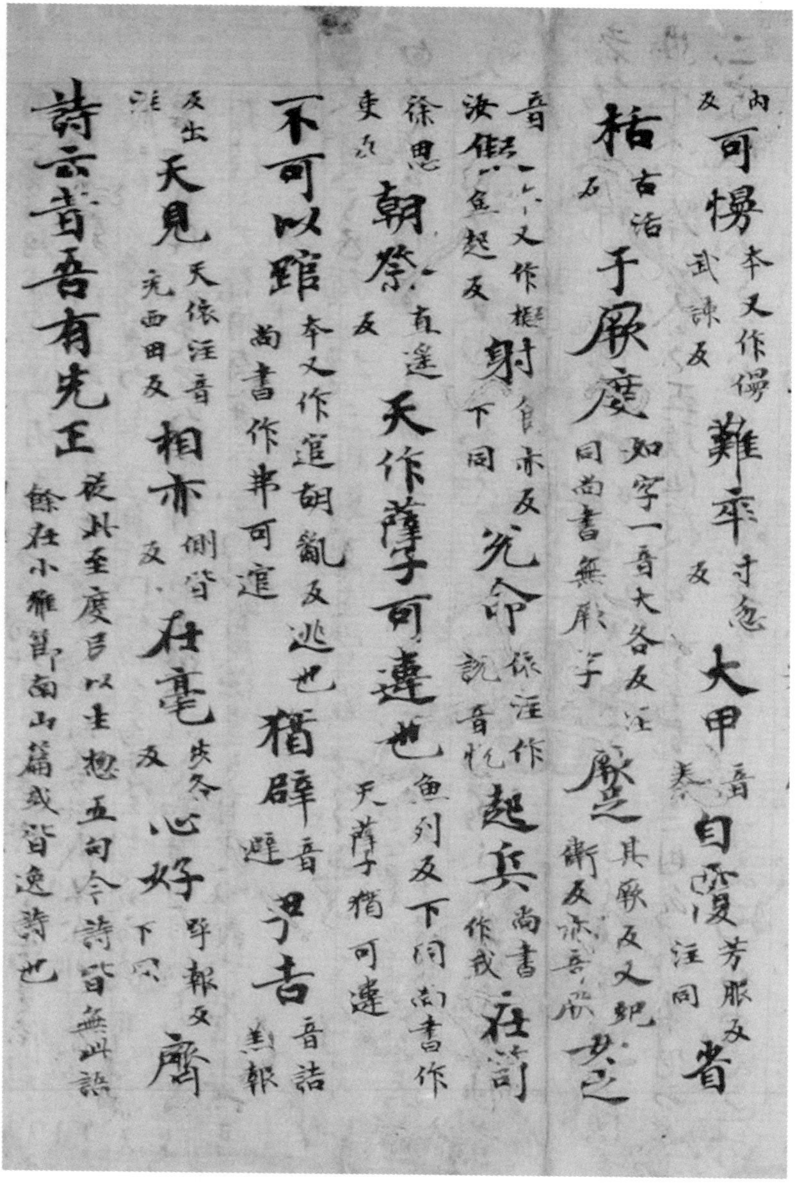

內反可愓本又作愓武諫反難柰寸急反大甲音泰自覆芳服反注同者

栝古活反于厥度如字一音大各反注同尚書無厥字厭之其厭反又於衛反亦音厭厭之

音〻〻〻文作擬汝〻魚起反射食赤反下同先命依注作訖音忔起兵尚書作戎在笥

徐思吏反朝祭直遙反天作孽可違也魚列反下同尚書作天孽猶可違

不可以逭本又作逭胡亂反逃也尚書作弗可逭猶辟音避尹吉音誥古報

反出注天見天依注音先西田反相亦側皆反在亳步各反心好呼報反下同齊

詩云昔吾有先正從此至度言以上揔五句今詩皆無此語餘在小雅節南山篇或皆逸詩也

旦清舊才性反一云此詩協韻宜如字上先正當音征誰能秉國成毛詩無能字卒勞
力報反注勞來同詩依字讀君長丁丈反勞來力弃反者與音餘君雅音牙注同尚書
作牙也夏曰戶嫁反注同尚書無曰字資冬資依注音至尚書作咨連上句云怨咨祁寒巨伊
反徐巨尸反是也字林上尺反行無下孟反下行有格同比式如字六又法式也是故一本作是以
精知如字一音智注同汜愛芳劒反虞度待洛反一同能好呼報反下皆同
其正音政下有鄉許亮反注畢貞布内敫門古堯反

□□卷卅五 居參之礼所由也

雞斯 依注為笄縰笄音古子反 縰音色買反徐所綺反也 徒跣 悉典反 扱 初洽反 上衽

而鴆反又而 甚反注同 惻怛 丹達反 傷腎 市忍反 乾肝 並音 干也 焦肺 孚廢反

水漿 本亦作漿 子羊反 糜 本又作糜 亡皮反 粥 之六反字林与 六反云淖糜也 以飲 於鴆

反 食之 音嗣 去冠 起呂反 邪巾 似嗟反 栢頭 本又作貊 亡皓反 五藏 才浪

反 心脾 婢支反 夫悲 音扶 相應 應對之應 而斂 力豔反下同 日柩 其又反

志懣 亡本反又音滿 范音悶下同 殷殷 於謹反 如壞 音怪字林作𣪊音同 辟踊 婢尺

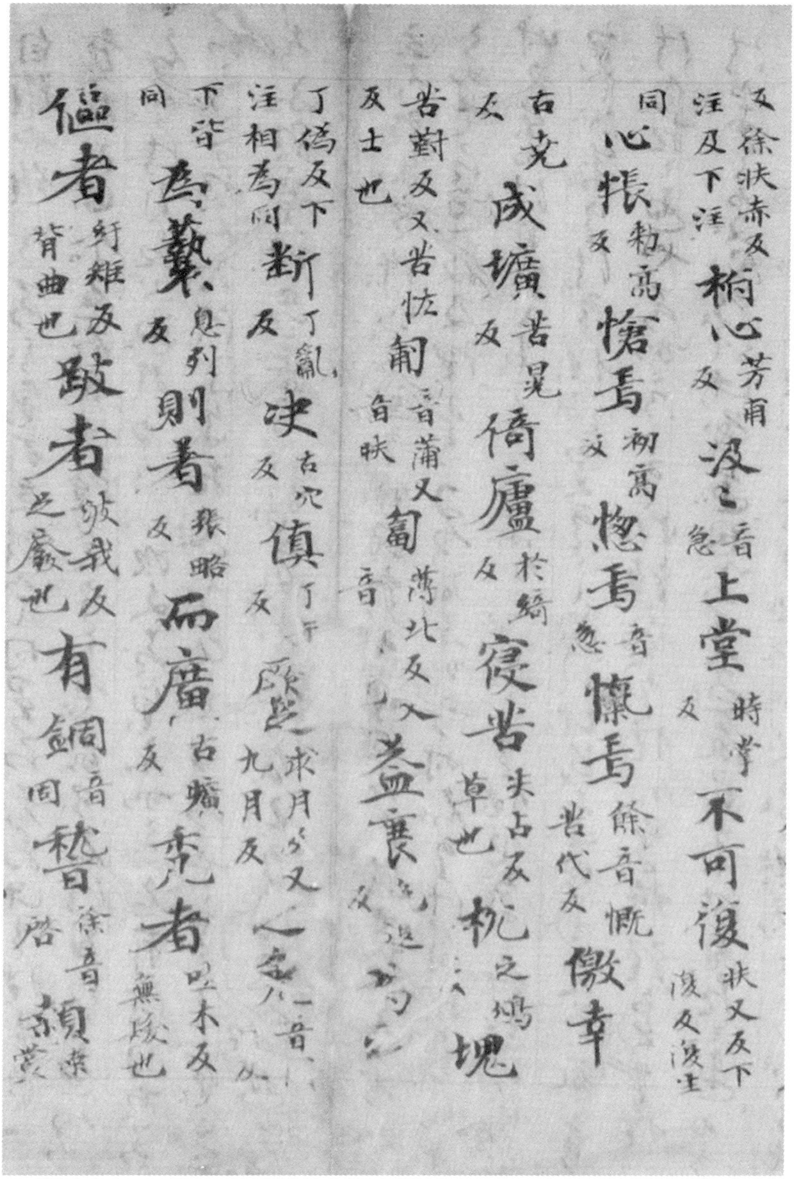

反徐狀赤反注及下注 裲心芳甫反 沒音急 上堂時掌反 不可復扶又反下復反復生

同 心悵勑高反 惽焉初高反 惚焉音忽 慨焉餘音慨苦代反 僾章

古充反 成壙苦晃反 倚廬於綺反 寢苫失占反草也 枕塊之鴆反

苦對反又苦忕反士也 匍音蒲又自昳 匐薄北反又音 蓋囊

丁僞反下注相爲同 斷丁亂反 決古穴反 瑱丁千反 蹷求月反又九月反 一音

下背同 爲蓺息列反 則著張略反 而廣古曠反 禿者吐木反無髮也

傴者紆矩反背曲也 跛者波我反足廢也 有錮音固 稽音啓 顙桑黨

反 何爲 于偽反盡篇文注並同 不緦 音絲謂緦服也 未冠 古亂反 苴杖 七餘反
削杖 悉若反 體羸 劣皮反 辟尊 音避 之處 昌慮反下同 不遷 其慮反
服問第卅六 鄭云善其問以知有服而遺其所變易之節也
傳曰 此引大傳文也 有從 如字范才用反 爲其 于偽反注及下皆同 齊衰 音咨下七雷反後並放此 厭 於涉反下同 服差 初佳反又初宜反下同 有期 音朞下又
注皆同 累重 劣彼反或劣偽反 以上 時掌反 澡麻 音早 斷本 丁管下反

同人免音問下及注大圭古呈反為元上如字下吐外

□反□□反□□恚亂反□□為殤在緦

皆同不繆音傳君為于偽反後經文皆同注諸侯為天子下注亦為此三人士為國君同

遠嫌于万反鬠外音祈大子音泰下及注同適婦丁歷反下同月大

賢遍反驂七南反乘繩證反所不為丁偽反下為其母同伸君音申錫

衰思麻反無免絰音勉去也下無免絰並注皆同徐音問免非雖朝直遥反

有稅吐活反注同吐活反又始銳反罪多本亦作辠按辠正字也秦始皇以其始皇字改為罒非也

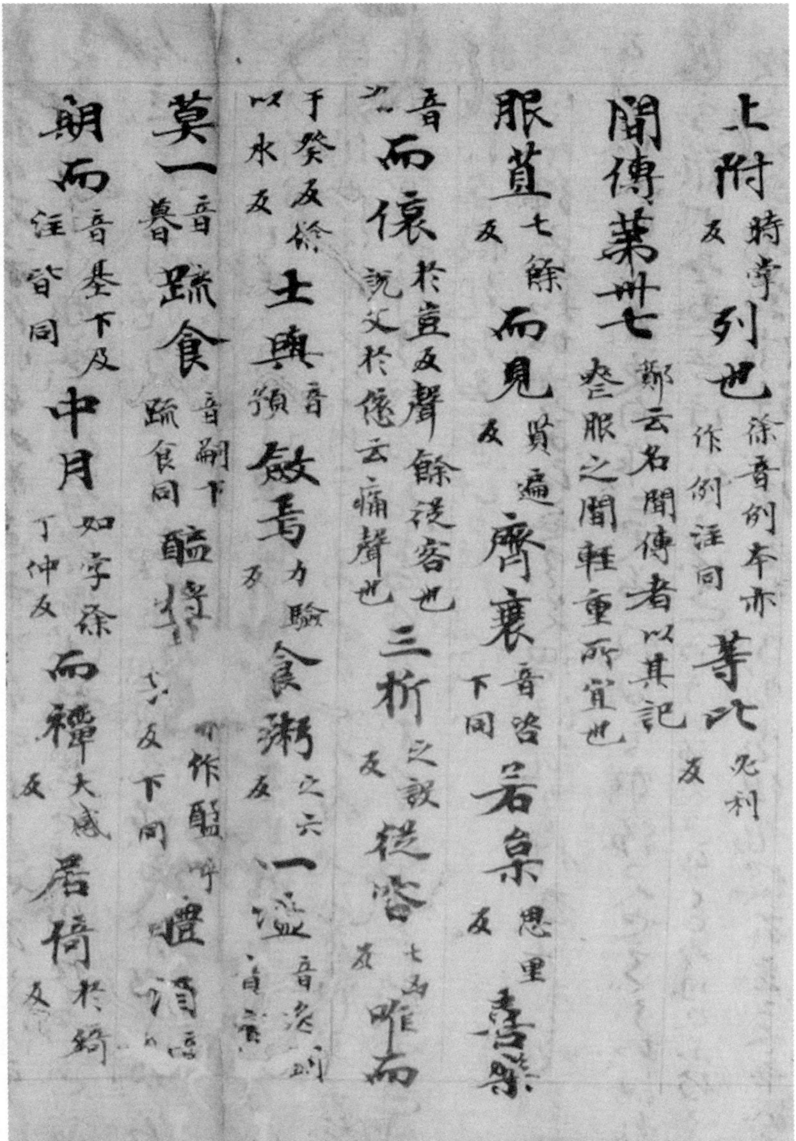
上附時亭反列也孫音例本亦作例注同等比必利反
聞傳葉卌七鄭云名聞傳者以其記吝服之聞輕重所宜也
服苴七餘反而見賢遍反齊衰音咨下同苫枲思里反[illegible]
音而偯於豈反聲餘從容也說文於悠云痛聲也三折之設反從容七凶反唯而
于癸反以水反士興音頊斂髮力驗反食粥之六反一溢音逸[illegible]
莫一音暮疏食音嗣下疏食同飯[illegible]反下同或作飯字醴[illegible]
朝而音基下及注皆同中月如字孫丁仲反而禫大感反居倚於綺反

寑本亦作寑 苫失占反 枕之鴆反 塊苦對反又苦怪反 不稅吐活反 芐户嫁蒲苹

也 翦子淺反 林苛徐士良反 桯張桯反 楯音盾 去其起呂反下去麻同

其縷力主反 之差初佳反後放此 爲母于僞反下注爲後同 三重直龍反注三重

同 縓徐七戀反 繑徐音橋忱趙反 要絰一遙反 素縞古老反又古報反注同 而

纖息廉反注同黑經白緯曰纖 去一起呂反下同 四糺居黝反下同 一股音古 辟男

音避 朝服直遙反 素紕婢支反謂 紛芬云反 忱始銳反 綅徐息廉反又音侵

麻葛重直龍反注及下注不言重言重者同 主爲于僞反 長中丁丈反

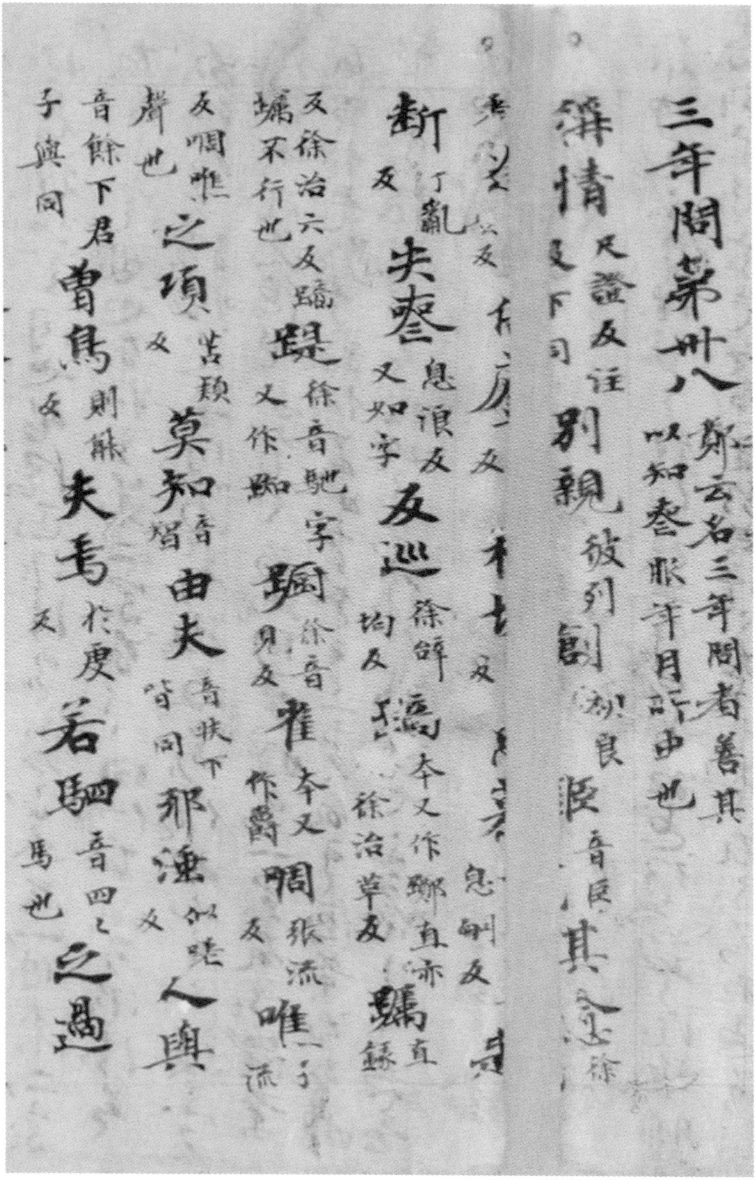

三年問弟卅八 鄭云名三年問者善其以知眷服年月所由也
稱情 尺證反注及下同 別親 彼列反 創 初良反 瘉 音庾 其 徐
[illegible]反 [illegible]反 [illegible]反 [illegible] 息例反 [illegible]
斷 丁亂反 失喪 息浪反又如字 反巡 徐辭均反 [illegible] 本又作鄉直亦反 徐治革反 躅 直錄
反徐治六反 蹢躅不行也 踶 徐音馳字又作踟 [illegible] 徐音[illegible]見反 雀 本又作爵 啁 張流反 噍 子流
反 啁噍聲也 之頃 苦穎反 莫知 音智 由夫 音扶下皆同 邪淫 似嗟反 人與
音餘下君子與同 曹鳥 則緜反 夫焉 於虔反 若駟 音四四馬也 之過

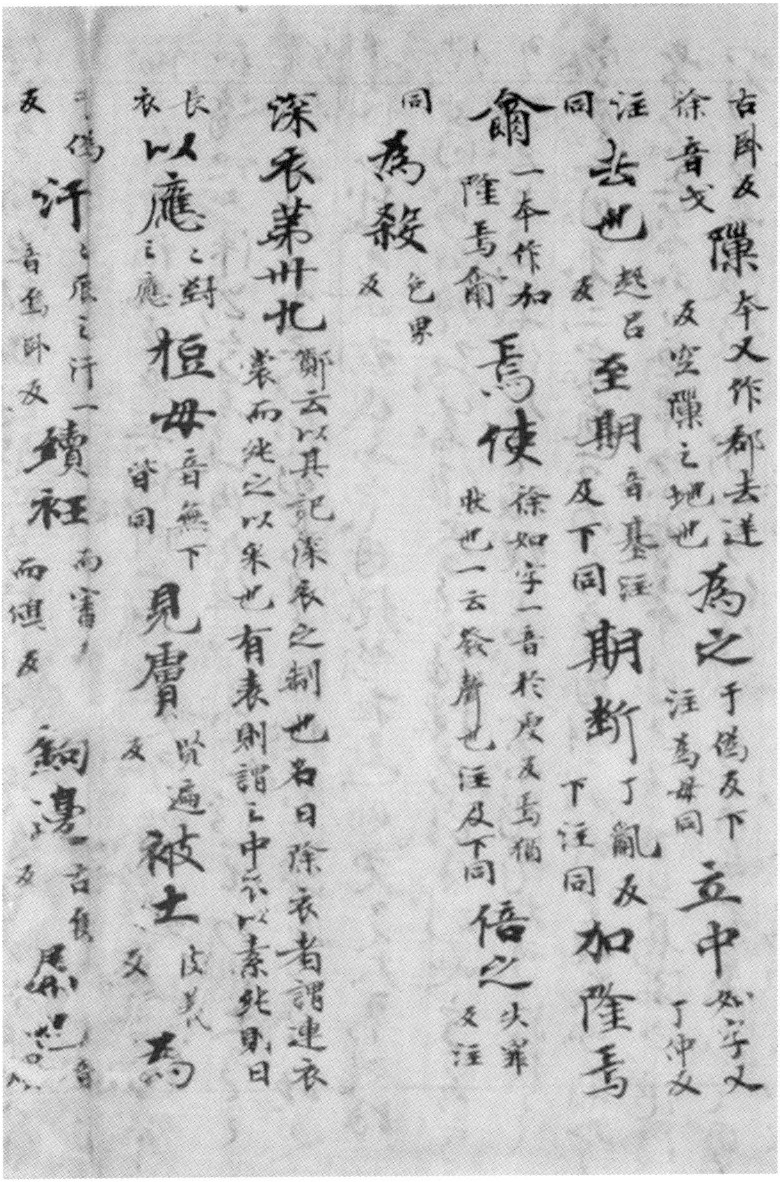
古臥反徐音戈 隟 本又作郤去逆反空隟之地也 為之 于偽反下注為毋同 立中 如字又丁仲反
注同 去也 起呂反 至期 音基注及下同 期斷 丁亂反下注同 加隆焉
爾 一本作加隆焉爾 焉使 徐如字一音於虔反焉猶狀也一云發聲也注及下同 倍之 步罪反注
同 為殺 色界反
深衣第卅九 鄭云以其記深衣之制也名曰深衣者謂連衣裳而純之以采也有表則謂之中衣以素純則曰
長衣 以應 應對之應 桓毋 音無下皆同 見膚 賢遍反 被土 皮義反 為
于偽反 汗 之很之汗一音烏臥反 續衽 而審而鴆反 鉤邊 古侯反 屬

下背同咢嚎許橋反要一遙反注同縫扶用反下注同袷之本又作祫音洽連

肘竹九反當掖本又作腋音亦袂之弥世反袪去曰袂反詘丘勿反為鼿

烏亂反毋厭於甲反徐於涉反下同髀必婢反徐方婢反一音皮始反厭脅許劫反當

無丁浪反又丁郎反注同為中丁仲反又如字以應之對之應下皆同之殺色界

反袂圜音圓胡下下垂曰胡曲袷音劫交領也下注同及踝胡瓦反

謂襞音辟跟也音根下齊音咨緝也緝也七入反著[illegible]音御

本又作御一音五郎反志與音餘擯相息亮反完且音丸不費芳貴反注

同 苦衣 於既反 易有 以豉反 鍛 丁亂反 濯 直角反 紐之 詡九反又

以閑反後皆同 朝祭 直遙反 以上 時掌反 大母 音泰太文母祖文母也

以饋 明對反 袂緣 悅絹反 廣谷 古曠反 錫 徐劉以

衰遰僩日畢下日錫、 投壺第十

鄭云投壺者主人与客燕飲講論才藝之禮也別錄人

吉事亦賓曲禮上篇也皇云与射為類宜屬嘉禮或云宜

屬賓 卷第十九

禮 投壺 之器名也以矢投其中射之類也 奉矢 芳勇反下及注皆同徐扶音如字下奉中芳勇反

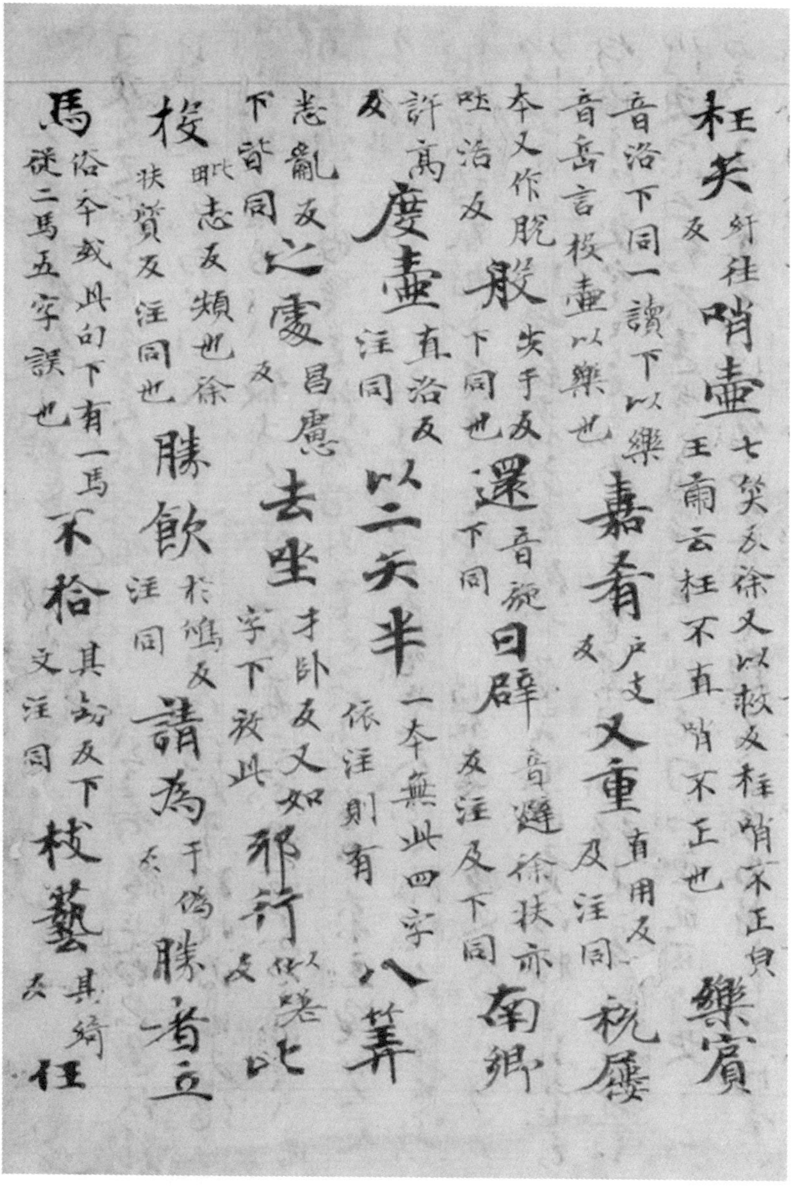

枉矢紆往反哨壺七笑反徐又以救反梢哨不正皃王肅云枉不直哨不正也欒賓
音洛下同一讀下以樂音岳言投壺以樂也嘉肴户交反又重直用反及注同税屨
本又作脫吐活反般步干反下同也還音旋下同曰辟音避徐扶亦反注及下同南鄉
許亮反度壺直洛反注同以二矢半一本無此四字依注則有八筭
志亂反下皆同之處昌慮反去坐才卧反又如字下放此邪行似嗟反比
投毗志反頻也徐扶質反注同也勝飲於鴆反注同請為于偽反勝者立
馬俗本或此句下有一馬從二馬五字誤也不袷其劫反下文注同枝藝其綺反任

為而杖反將子匠反帥色類反為樂音洛裡長吏杖反閒篇
一閒閒廁之閒注同大師音泰拾更古衡反下同請數色主反注同為純
音全下及注同鄭注儀礼如字云純全也為奇紀宜反下同遂以奇筭告
一夲此句上更有﹅勝者司射五字則縮色六反直也其它音他勝與音餘下勝與同
尚枝其綺反行觴式羊反字或作觴同皆跪其委反奉觴芳勇反下
注奉觴同賜灌古亂反敬養羊尚反注同猶飲於鴆反下餘不勝同谷直
如字又持吏反請為于僞反去其起呂反其坐如字又卧反注同籌

室中 直由反 五栦 方于反 鋪四栢 晉鳥反又 礼藝裹
芳夫反

常慶 昌慮反 箪長 直高反 壺頸 古井反 徐為反
反 汪同 汪同 其群反

其以 栦 躍而 羊略反 圜围 音圓去倫反 綃嵩其胄
反 反 反

于八 以 上夜反 母去昆 起呂反 母無 好吾反
反 音無下

四表 無反敖乚憁也 偹立 舊名浦來反 若是者
乚胃 年𤑶 直吏反 為其 于偽反 憮敖 五報反又
也 反 五差反 傲世 五報反

正鄉 許高反 梁立樓 李戒作豪 作𩜌 薄交反
反 赤音樓 鄉哷
為藝

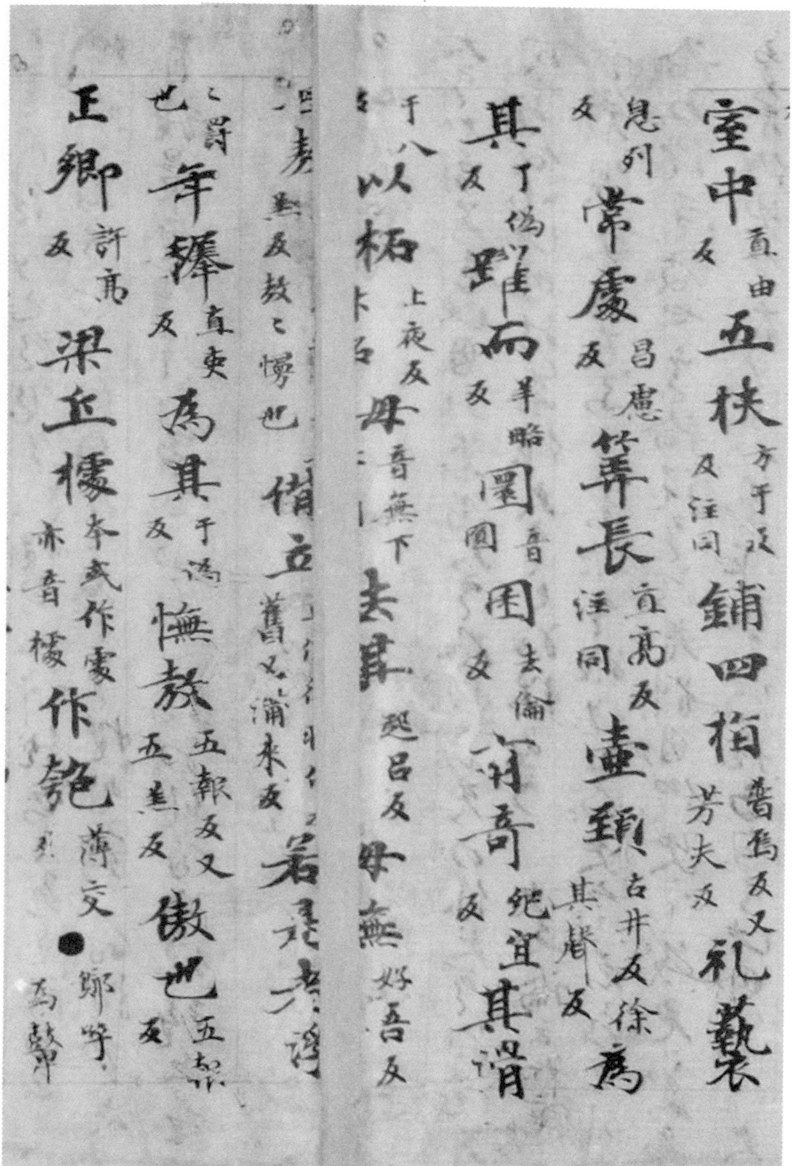

也其聲下其音乂鄭呼為鼓也其聲高圜者音圓鼙
榍乚蛩吐礙反其音鏜乚蛩吐郎反
薄迷反庭長丁丈反注同及冠古亂反皆與音預
儒行第卌一行音下孟反鄭云以其有道德之所行也儒之言優也和也和也言能安人能服人也此注云儒
行之作蓋孔子自衛反魯之時也
服與音餘少居詩召反注同衣於既反注所衣也衣少所居同逢掖上如字下音亦逢掖大掖也
長居丁丈反注同冠章甫古亂反注而冠焉冠長所居同章甫殷冠也單衣本又
作禪音丹儒行下孟反下乃行同也遽其據反卒也急也數之色主反下同更僕

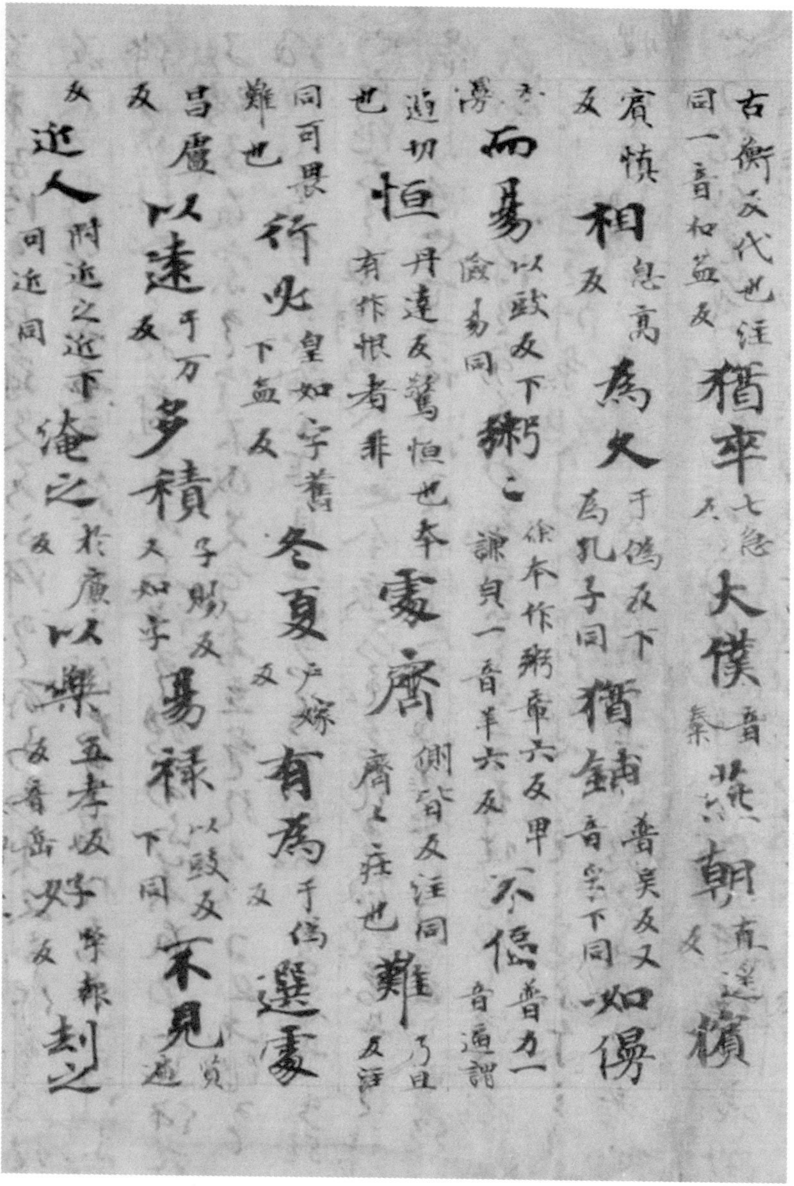
古衡反代也注同一音和益反 猶卒 七忽反 大僕 音泰 朝 直遙反 續
賓慎反 相 息亮反 為文 于偽反下為孔子同 猶鑄 音呉反又音下同 如傷
湯本 而易 以豉反下儉易同 粥之 徐本作粥啇六反甲諒貞一音羊六反 不偪 普力一音逼謂
道切也 恒 丹達反驚恒也本有作恨者非 處齊 側皆反注同齊莊也 難 乃旦反注
同可畏難也 衎必 皇如字舊下孟反 冬夏 戶嫁反 有為 于偽反 選處
呂盧反 以遠 于万反 多積 子賜反又如字 易禄 以豉反下同 不見 賢遍反下
反 近人 附近之近下同近同 淹之 於廉反 以樂 五孝反音岳 好 呼報反 刲之

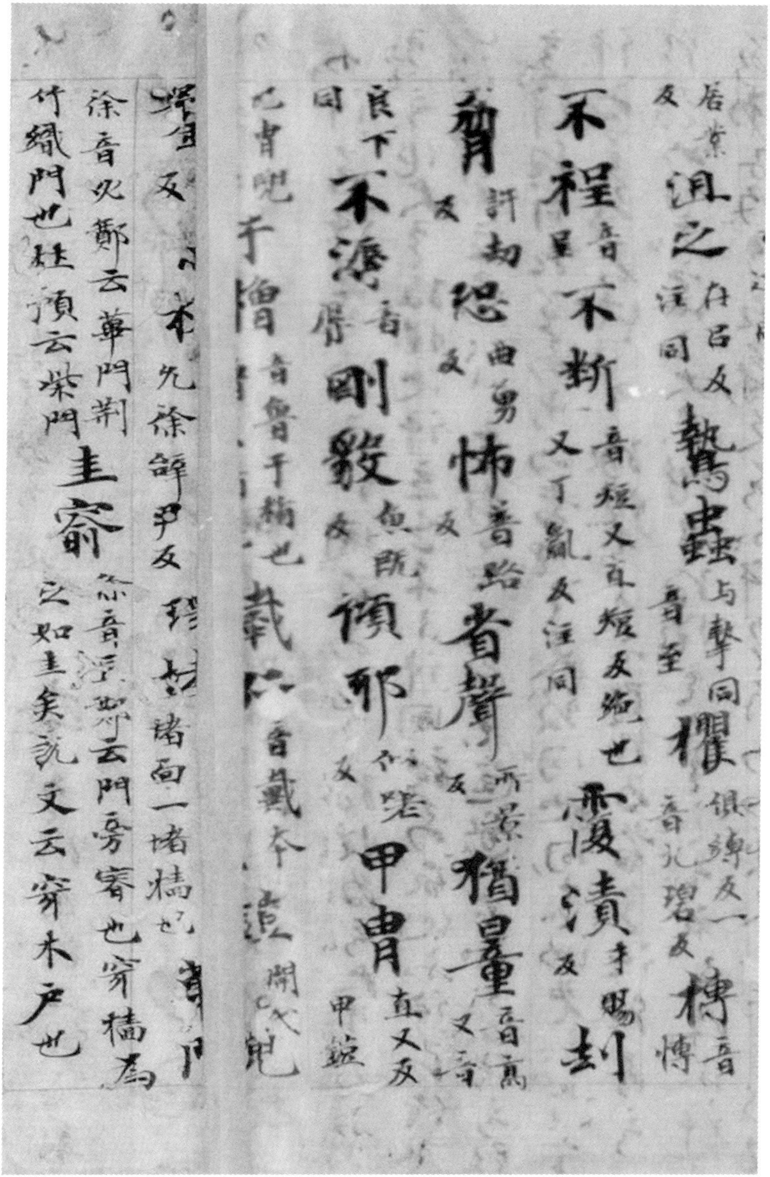

居京反 沮之在呂反注同 鷙蟲与摯同音至 攫俱縛反一音九碧反 搏音博

不程音呈 不斷音短又直短反絕也又丁亂反注同 霞瀆反 手賜 封

脅許劫反 怨由男反 怫音路反 者聲所景反 稍量音亮又音

良下同 不溷音恩反 剛毅魚既反 隕耶反 甲冑直又反甲鎧

下同 己曾兜 干櫓音魯干楯也 戴仁音戴本 遠闕 兒

環堵反 本先徐辭尹反 環堵諸面一堵墻也 篳門

徐音必鄭云篳門荊竹織門也杜預云柴門 圭窬徐音豆又音俞鄭云門旁窬也穿墻為之如圭矣說文云穿木戶也

郭璞三蒼解詁云門邊小竇也音臾左傳作竇柱預云圭竇小户也上鋭下方狀如圭也蓬户步工反蓬户以蓬為

户也甕烏弄反牖音酉以甕為窗也并日必政反注同以諂本又作謟恥檢反穷

檣音川君應之對之應與暬古子反注同合也為楷苦駭反法也式也弗

稷音秉列也取也注及下同弗推昌誰反進也舉也注同讒諂仕咸反有比毗志反徐

扶至反責至依注為仲音申憂思息嗣反篤行下孟反上通騎常反又如字

注同寬裕羊樹反去已起呂反不遠于万反又如字不辟音避下同辟

怨於元反又於願反推賢而進達之舊至以絕句皇以達之連下為句

患難乃旦反 任舉如字徐音據 有澡音早 靜而如字徐本作諍音爭

麤本又作麁七奴反 翹之祁饒反 世治直吏反注同 不沮徐慈呂反注同

獨行下孟反注及下注同一音如字 脫之吐路反 怙㳙丁路反 懷己

于怙反又音怙 近文附近之近 砥音脂又音旨 厲力世反 分國如字 錙側其反八兩為

錙說文云六銖也 銖音殊說文云權分一黍之重也 賢知音智 並立如字又步頂反本亦

作竝 則樂音洛又音岳 相下戶嫁反 不猒於豔反 其行皇音衡舊下孟反

大方絶句 立義絶句 志行下孟反下注儒行同 毀謗布浪反 孫音遜

椄以輒反又如字　分散方云反徐甫問反　之施始豉反　序邑呂亦反　隕于敏反　獲本又作獲同户郭反徐同隕獲困廹失志貌　充詘求勿反徐同徐丘勿反充詘喜失節之貌

不閔眉因反徐同愍也　不累劣僞反徐同係也一音力追反　長上丁丈反　不閔本亦作愍武謹反病也　不爲于僞反　命儒命名也　妄常鄭音亡〻無也上亡尚反塵妄也

相詬呼候反徐音遘恥也　靳故居覲反杜預云戲而相愧爲靳也　行如下孟反

大學舊音泰劉直帶反　則近附近之近　其知如字徐音智下致知同也　在格古白反
所好呼報反　國治國治並直吏反下同　毋自音無　如惡惡上烏路反下如字
臭昌救反　如好好上呼報反下如字　自謙依注讀為慊徐苦簟反厭也
閒居音閑　厭然讀為黶烏徐又烏簟反厭然閉藏皃　揜其於檢反
其肺芳廢反　肝然音干　言厭也於琰反一音於泆反　體
胖步丹反大也注反下注同　顯見賢遍反　淇音其　澳本亦作奧於六反本又作隩一音烏報反
菉竹音綠　猗猗於宜反　有斐芳尾反一音匪文章皃　如磋七河反　如琢丁角反

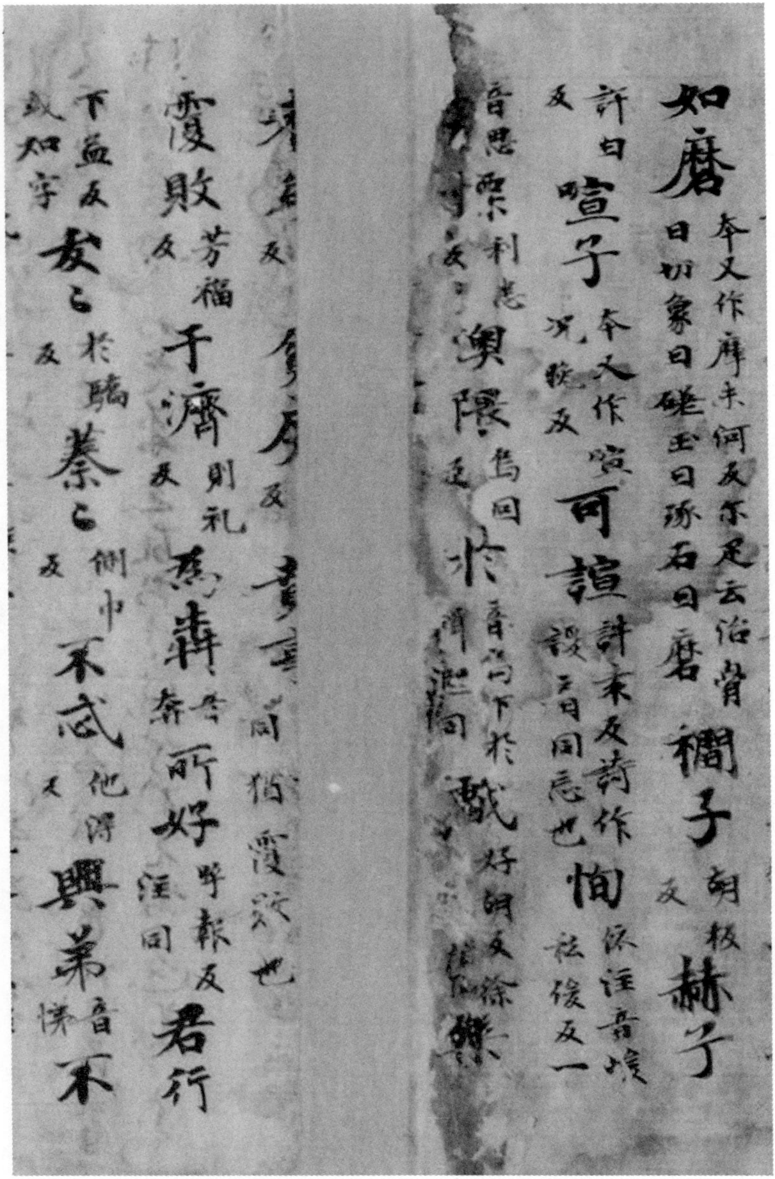
如磨 本又作摩末何反爾足云治骨曰切象曰磋玉曰琢石曰磨 僩子 胡板反 赫子
許白反 喧子 本又作咺况晚反 可諠 許袁反詩作諼 恂 依注音峻 私俊反一
音思 慄 利悉 澳 隈 烏回 於 音烏下於 戲 好胡反
覆敗 芳福反 于齊 則禮反 為犇 音奔 所好 呼報反注同 君行
下孟反 孝= 於驕反 弟= 徒帝反 不忒 他得反 興弟 音悌 不
或知字

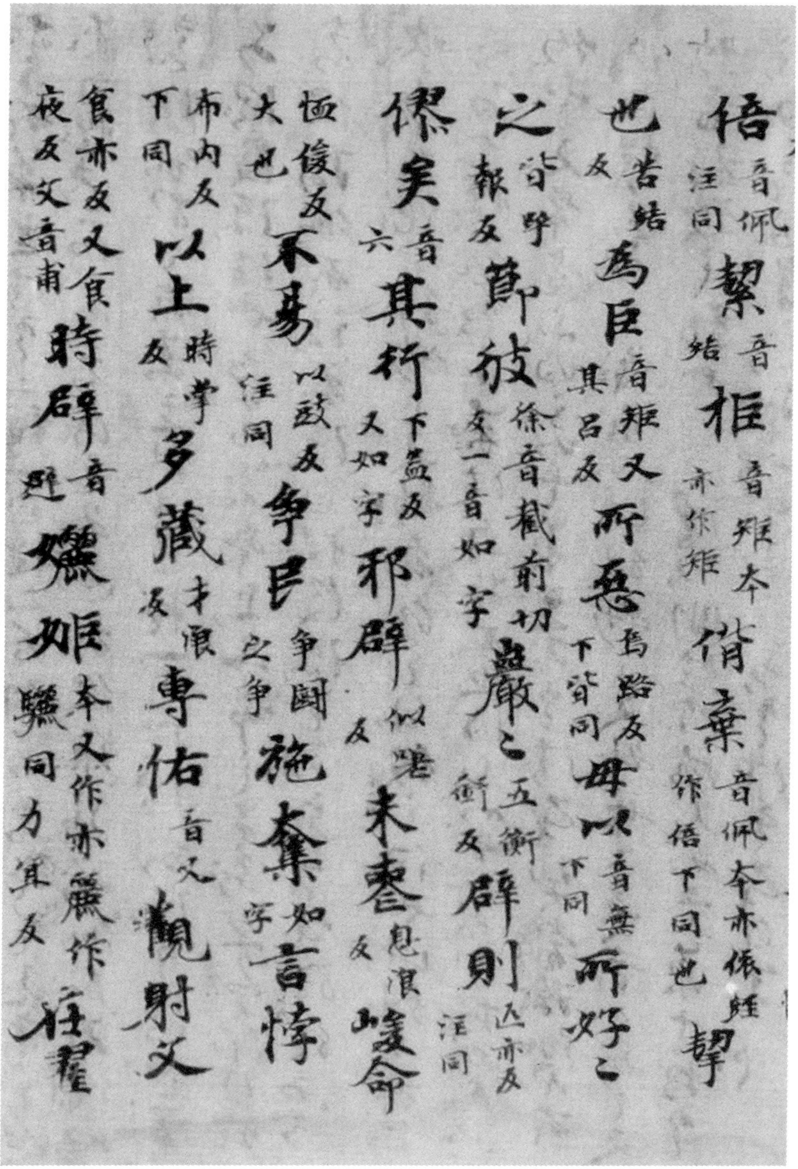

倍音佩注同 絜音結 柜音矩本亦作矩 偝棄音佩本亦依經作倍下同也 挈
也告結反 為臣音矩又其呂反 所惡烏路反下皆同 毋以音無下同 所好之
之呼報反 節彼徐音截前切又一音如字 巖巖五銜銜反 辟則匹亦反注同
僇矣音六 其行下孟反又如字 邪辟似嗟反 未喪息浪反 峻命
恤俊反大也 不易以豉反注同 爭民爭鬭之爭 施奪如字 言悖
布內反下同 以上時掌反 多藏才浪反 專佑音又 觀射父
食亦反又食夜反父音甫 時辟音避 媢嫉本又作疾亦作嫉 同力其反 痊

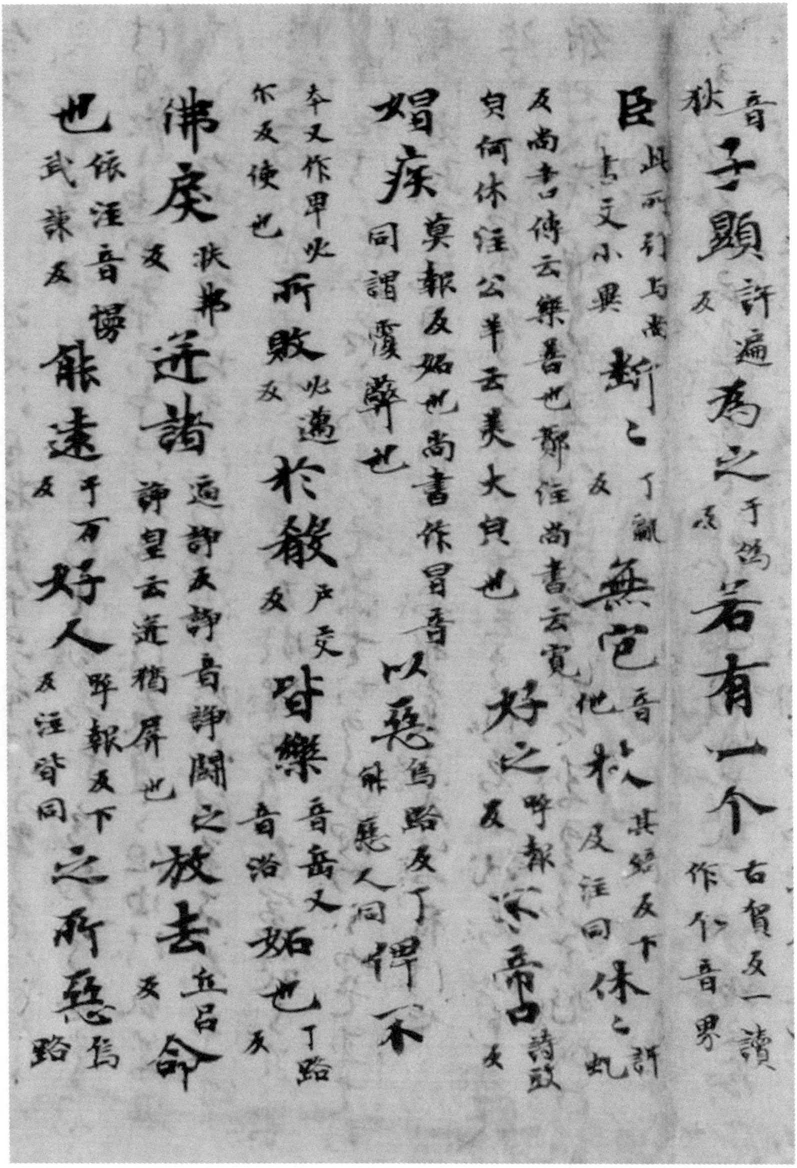
音秋
子顯許遍反為之于僞反若有一个古賀反一讀作个音界
臣此所引與書文小異斷之丁亂反無它音他杖人其兩反下注同休之許虯反
反尚書傳云樂善也鄭注尚書云寬貞何休注公羊云美大貞也好之呼報反不啻詩豉反
娼疾莫報反妬也尚書作冒音同謂覆蔽也以惡烏路反下惡人同俾不
本又作畀必尔反使也所敗必邁反於殺戶交反背樂音岳又音洛姤也丁路反
佛戾扶弗反迸諸遍諍反諍音諍鬭之諍皇云迸猶屏也放去丘呂反命
也依注音慢武諫反能遠于万反好人呼報反下注皆同之所惡烏路

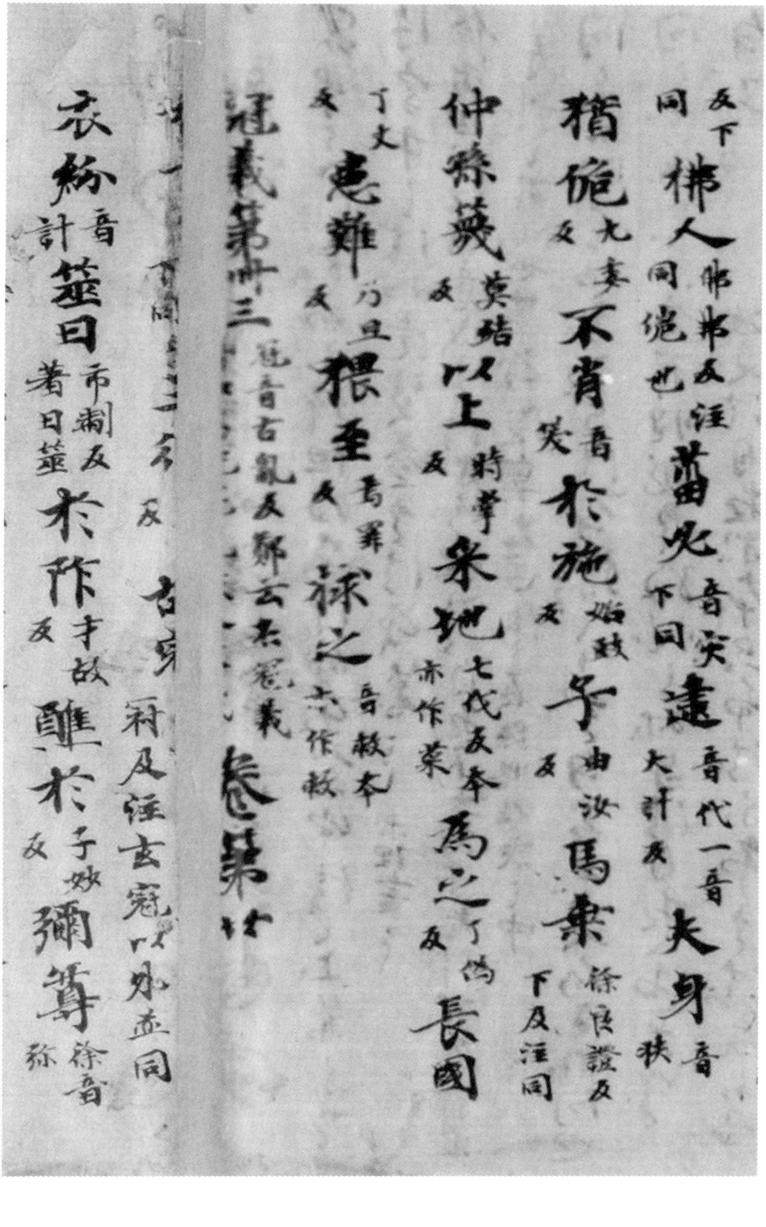
反下同佛人佛弗反注同佛也菑兇音突下同遠音代一音大計反夫身音扶
稽脆七妻反不肯音笑於施始豉反予由汝反焉棄徐良證反下及注同
仲孫蔑莫結反以上時掌反采地七代反本亦作菜為之于偽反長國
丁丈反惡難乃旦反猥垂言睡反禄之音赦本亦作赦
冠義第卅三冠音古亂反鄭云名冠義卷第廿
[illegible]反古亂冠及注玄冠以外並同
衣紒音計筮日市制反著曰筮於作才故反雖於子妙反禰尊徐音祢

適子丁歷反不醴音礼見於賢遍反下皆同晉贊本又作贊音至卿
大夫卿先生孟音香注於朝直遙反為人夫詩尚反之行下孟反下
同重與音餘孝弟音悌可以治直吏反不敢擅市戰反
昏義第卌四鄭云婚義者以其記娶妻之義內教之所由成也
昏者一有作昏禮者婚礼用昏鼓娃典上作昏字將合音閤如字徐之好呼報反
納采七在反擇也請期七領反徐音情又莛几音廷使者色吏反所
傳直專反醮子子妙反之迎達敬反下以迎同男先悉薦反子

以逗 如

來命本或作子來又命誤也 聟字又作壻又作聓悉計反女之夫也依字從士從胥俗從知下作耳

拜賀大見反 櫻鑁音雖 合如字徐音閤 蚤徐音誰破鄒為沐也說文作蚤云蚤也字林凡敏

反以㚇蚤為鬠男有而本說文又云 而酳徐音胤又任覲反 酳酢音咋

讀若赤舄几几也 如冠古亂反下文始於冠同 離輿音餘 先道音導 之别彼列反下同 朝聘

直遙反 沐浴音沐音欲 俟見賢遍反下及注皆同 執箒音煩一音汝虞反器名也以葦若竹為

之其柄如笤帚之以青繒以緘棗栗腶脩也 棗栗音早小木尺云棘實謂之棗俗作棗之也 段脩丁亂

反本又作鍛並同脩脯也鍛也鍛脯加薑桂曰腶脩何

休云婦執腶脩者取其斷斷自脩飾之也 贊醴

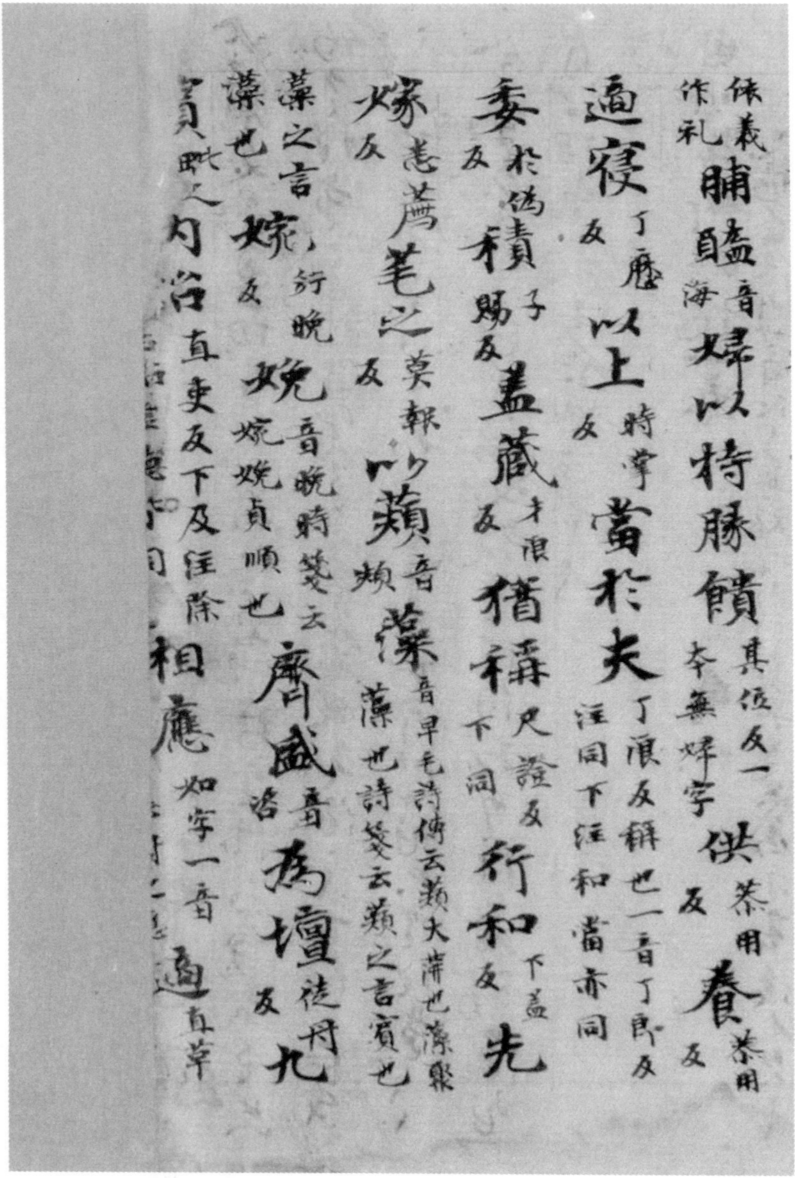

依義作礼 脯醢音甫海 婦以持勝饋其位反一本無婦字 供茶用反 養茶用反

適寢丁歷反 以上時掌反 當於夫丁浪反稱也一音丁郎反注同下注和當亦同

委於偽反 積子賜反 盡藏才浪反 稸積丑證反下同 行和下孟反 先

燧恚反 薦芼之莫報反 以蘋音頻 藻音早毛詩傳云蘋大蓱也藻聚藻也詩箋云蘋之言賓也

藻之言澡也 婉紆晚反 娩音晚時箋云婉娩貞順也 齊盛音咨 為壇徒丹反 丸

貫耿之 肘谷直吏反下及注除 相應如字一音 適直革

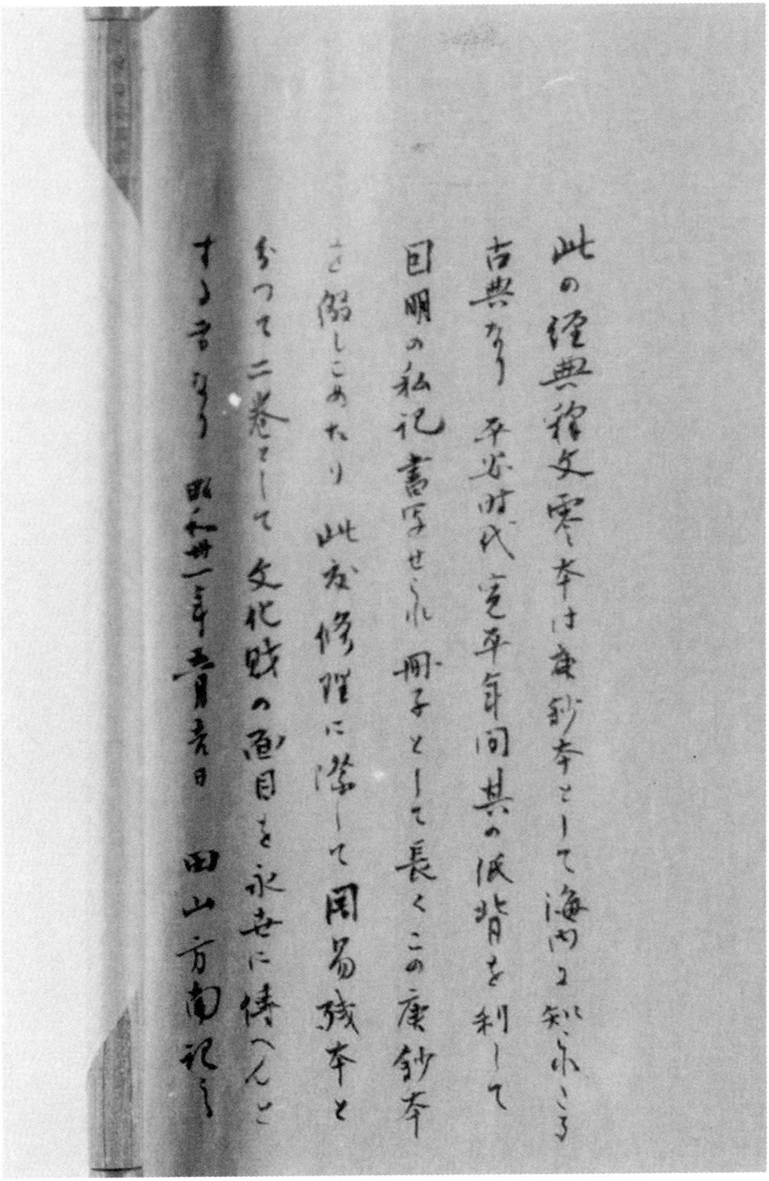
此の經典釋文零本は唐鈔本として海内に知られたる
古典なり　平安時代寛平年間其の紙背を利して
因明の私記書写せられ冊子として長くこの唐鈔本
を隠しこめたり　此度修理に際して因明残本と
なつて二巻として　文化財の面目を永世に傳へんと
するものなり　昭和卅一年五月吉日　田山方南記す

第一部　古鈔本《講周易疏論家義記》殘卷

一 殘卷綜述

《周易》是中國古代典籍中的一塊瑰寶。它既是一部占卜書，也是一部思想内涵極其豐富的哲學典籍。自古以來，它不僅對中國人民自身的政治文化生活産生了廣泛、深遠的影響，對朝鮮、日本等週邊國家的政治文化也曾發生過不可估量的深刻影響。

《經典釋文·序録》寫道：

《周易》：雖文起周代，而卦肇伏犧，既處名教之初，故《易》為七經之首。《周禮》有三《易》，《連山》久亡，《歸藏》不行於世，故不詳録。

宓犧氏之王天下，仰則觀於天文，俯則察於地理，觀鳥獸之文，與地之宜，近取諸身，遠取諸物，始畫八卦（或云因河圖而畫八卦），因而重之為六十四。文王拘於羑里，作卦辭。周公作爻辭。孔子作《彖辭》、《象辭》、《文言》、《繫辭》、《説卦》、《序卦》、《雜卦》十翼。班固曰：孔子晚而好《易》，讀之韋編三絶，而為之傳。傳即《十翼》也。①

一般認爲，司馬遷《報任安書》中提到的西伯拘而演《周易》之説或是可信的，然而其中也有不

① （唐）陸德明撰《經典釋文》，上海古籍出版社，一九八五年。《十翼》前二字原爲墨釘。

少疑點。至於《序録》提到的「卦肇伏犧」等説法，也只能説作者是在重複着《周易・繫辭》②、《史記》③等記録下來的世代相傳的古老傳説了。一九七三年馬王堆三號漢墓出土的帛書《周易》與上個世紀末發現的楚簡《周易》，都爲易學研究提供了寶貴的新鮮資料，從通行本《周易》和新出土資料的内容所顯示的差異可以證明，歷史上確曾有過多種易學著作流行於世。至於《周易》的寫作年代，一向爭訟不斷。宋祚胤在《周易新論》④一書中介紹和論述了西周初年、戰國初年和西周末年的三種説法。從中不難看出，由於年代久遠，資料匱乏，一部真實的易學史至今也尚未被完全釐清。

今本《周易》分經、傳兩部分。西漢時期曾分别流行，後來又合二爲一。經爲六十四卦與三百八十四爻，並附卦辭、爻辭，作占卜之用，稱爲《易經》；傳由上彖、下彖、上象、下象、上繫、下繫、文言、説卦、序卦、雜卦等十篇組成，統稱爲「十翼」，即《易傳》。它以象徵天（乾）、地（坤）、雷（震）、火（離）、風（巽）、澤（兑）、水（坎）、山（艮）八種自然現象的八卦形式推測自然和人事變化；又以陰（⚋）和陽（⚊）這樣一對基本原則抽象概括變化無窮的事物；又認爲陰陽二氣交感是産生萬物的本源，並提出了「剛柔相推，變在其中」、「無平不陂、無往不復」等許多富於哲理的重要觀點。歷

---

② 《周易・繫辭下》：「古者包犧氏之王天下也，仰則觀象於天，俯則察於地，觀鳥獸之文，與地之宜，近取諸身，遠取諸物，於是始作八卦，以通神明之德，以類萬物之情。」

③ 《史記・周本紀》：「帝紂乃囚西伯於羑里」，「其囚羑里，蓋益《易》之八卦爲六十四卦」。《史記・日者列傳》：「自伏羲作八卦，周文王演三百八十四爻而天下治。」

④ 宋祚胤《周易新論》，湖南教育出版社，一九八二年。

史上，易學研究經歷了複雜的過程。六朝時期，王弼引老莊注《易》，他以「得意忘象」、「得象忘言」爲宗旨，掃除了漢代流行的象數易，從而開創了一代易學新風，對後世影響很大。「天行健，君子以自强不息」等代表《周易》積極向上精神的名句，至今還在鼓舞着人們努力不懈，永遠向前。

今天，人們對《周易》的評價雖然褒貶不一，但是否認易學在我們祖先的思想文化發展過程中曾發揮過有益的作用的想法並不符合歷史事實。自漢代以來，《周易》被列入儒家經典，甚至名列羣經之首，無論是從積極還是消極方面來看，它的影響都不可低估。二十多年前，筆者曾在東京大學大學院上過池田知久教授的易學講座，當時以鄧球柏著《帛書周易校釋》爲教材，上課時不僅逐字逐句地探討了易學的内容，甚至演習了用蓍草占卜的方法。當然用意是明確的，那就是從中學習、體會和探討中國哲學的深層内涵。通過學習，讓大家對《周易》的内容和思想有更進一步的瞭解。由於《周易》的内容並不單一，特别是在《十翼》之中，除了「子曰」之外，還飄溢着道家等其他學派思想的氣息。因此，把《周易》看作是中國古代多種思想文化相互交融、逐漸匯集形成的或許更妥當吧。

古鈔本《講周易疏論家義記》殘卷的基本情況

興福寺所藏《講周易疏論家義記》殘卷，是一部記述諸家注釋《周易》内容的古籍。現爲卷軸裝，高二七・九公分，長一八三八公分，由三十五張紙黏貼而成。書名係已故著名漢學家狩野直喜教授⑤參照該殘卷第十卷題名「講周易疏論家義記釋咸第十」推定的。作者不詳。從殘卷涉及的內容判斷，其創作年代當在六朝晚期。據有關資料介紹，殘卷抄寫於八世紀末⑥。從原件可以看到，其背面抄有字跡清秀的《因明纂要略記》和《四種相違斷略記》。那是寬弘七年寺僧截斷了《講周易疏論家義記》後抄寫上去的。關於這一歷史情況，《講周易疏論家義記》殘卷背面即《因明纂要略記》處有如下漢文記録：

> 天禄二年（九七一）十月七日，興福寺釋真興私記耳。是則只為身事，非敢盡理，後人異解嘲而已。
>
> 寬弘七年（一〇一〇）庚戌七月廿六日寫了。東大寺三論宗僧宿夐之本。寔一本祕藏不出寺外，窺尋網緣竊所書寫也。雖自非其器。為學此道後者而已。（異筆）濟明之。⑦

此外，狩野在一九三五年出版的《京都帝國大學文學部景印舊鈔本》第二集漢文說明中作了如下介紹⑧：

> 舊鈔本《講周易疏論家義記》、《經典釋文・禮記釋文》殘卷，奈良興福寺所藏。相傳二書東

---

⑤ 狩野直喜（一八六八—一九四七），日本熊本縣人，號君山、半農人。著名的中國哲學和文學研究專家，生前爲京都大學教授，被譽爲京都漢學的奠基人，有《支那學文藪》、《中國哲學史》等專著傳世。

⑥ 奈良六大寺大觀刊行會編《奈良六大寺大觀第七卷 興福寺一》補訂版「解説」，堀池春峰執筆，岩波書店，一九九九年。

⑦ 根據本人筆記並參照有關資料整理。

⑧ 本書所引狩野直喜觀點均見《京都帝國大學文學部景印舊鈔本》第二集文字說明。爲避免繁瑣，以下不一一出注。此外，狩野還有一篇題爲《奈良時代抄本周易疏及經典釋文考》的演講稿，後收入《支那學文藪》（みすず書房，一九七三年），亦可參考。

大寺舊物，天禄（九七〇至九七三）、寬弘（一〇〇四至一〇一二）間，興福寺有僧真興者淹通釋典，尤通因明。著有《四種相違義斷略記》一卷、《因明纂要略記》一卷，後人合編題曰《因明相違斷纂私記》，一時風行，紙價為貴，偶東大寺僧某欲寫之，即出所藏舊鈔二書，裁割卷子，顛倒表裏，裝作一册，迻録其上。是以《釋文》每葉兩邊失一二行，後以真興故為興福寺所收，傳至今日云。

夫《講周易疏論家義記》，隋唐二《志》、《佐世書目》以下未見著録，實為天壤間孤本；《釋文》則鈔本之先於宋刻者，以予所知，近年敦煌石室所出僅有《周易》及《尚書》殘卷，今並之而三，亦足以稱驚人秘笈，而均坿於真興書而傳，則抱殘守缺，彼徒亦不為間接無功經藉，未得以妄割裂舊書為詬病也。

以上文字雖寫於七十多年前，至今仍然是我們瞭解、研究《講周易疏論家義記》和《經典釋文》兩種殘卷的重要參考資料⑨。爲了釐清《講周易疏論家義記》殘卷的性質和内容，在參照狩野研究成果的基礎上，筆者對殘卷作了反復的梳理。現將有關情況綜述如下：

（甲）文字

一般地説，殘卷文字大致清晰可辨，但亦有字跡潦草或一字多體，疊字符號不清等現象，誤字、

---

⑨　敦煌石室所出《釋文》殘卷，除狩野提到的《周易》及《尚書》殘卷外，當還有一部《禮記釋文》殘卷。該殘卷與興福寺所藏鈔本殘卷雖同屬《禮記釋文》，却非相同部分。前者屬《經典釋文》卷第十一《禮記釋文》之一（參見張金泉、許建平《敦煌音義匯考》，杭州大學出版社，一九九六年）。後者則屬《經典釋文》卷第十四《禮記釋文》之四。

脱字、衍字等情況嚴重，再加上原文或引文欠缺嚴謹，給内容辨析帶來很大的困難。單從字體來看，無作无（又常與「元」字相混）； 礙作碍或㝵； 得作淂； 復作澓； 咎作各； 飾作餝； 淵作渕； 剛作罡； 濟作済； 辭作辞或詞； 遁作遯； 萬作万； 確作礭等等。筆者雖對原件進行了文字辨别、整理和點校，却仍感到没有十分的把握。只能抛磚引玉，以就教於大方之家。

（乙）殘卷的形式和内容

如前所述，書名是從殘卷「釋咸第十」之題名推定的。乾卦和咸卦分别是《周易》上下經之首。前者以創造宇宙萬物的天地開始，後者則以人倫發端的男女關係説起。由此似可想像，既然有「釋咸第十」，那前面就似應有「釋某第一至釋某第九」，後面也應有「釋某第十一」及之後的若干部分。《周易》共有六十四卦，而殘卷却僅留下釋乾、釋噬嗑、釋賁、釋咸、釋恒、釋遯、釋睽、釋蹇及釋解凡九卦的内容。而且，各卦解説字數極不平衡，呈現了一種極不自然的現象。對此，狩野寫道（原爲漢文）：

> 但見其獨詳於釋乾，噬嗑以下則較為簡略，一書之體不應如此。疑係節録，非其全文。又鈔胥無識，文字譌奪，無行無之，其難讀甚於《釋文》，是可惜也。此書釋義分設科段，布置詳整，如網在綱，有條不紊，頗類釋家疏論體，而書中往往用佛經中語。孔穎達《周易正義・序》云：江南義疏十有餘家，皆辭尚虛玄，義多浮誕，若論住内住外之空、就能就所之説，斯乃義涉於釋氏，非為教於孔門也。夫易道廣大，無物不包，兩漢以降，老莊於魏晉，佛於宋齊梁陳，一時風氣所漸，學者援二氏説易，而易義大亂，亦勢所不免。今見於此書，縱不為釋家所編，其受影響則

更不容疑，沖遠所謂非為教於孔門者，殆斥此類歟。

著名易學專家黄壽祺曾根據狩野以上文字撰寫了一篇短文，收載於其所著《易學群書平議》，並於文後寫道：「日本學者狩野直喜嘗跋是書，論列頗詳。此擷其要著于篇。」⑩

從結構來看，殘卷底本應是完整的一部書。不過，原件是全抄本還是節録本，却難於判斷。從紙張的殘損情况來看，原件的分量肯定要多於現在能看到的内容。殘卷内容既涉及傳統儒學，也有大量引《老》、《莊》或引道、佛用語釋《易》的内容⑪。可是，從各種角度分析，筆者以爲與其説這是釋家或受釋家影響之人所作，倒不如説是受到當時日益盛行的三教一致論思想傾向影響的、隱姓埋名的道教人士之所爲。

對殘卷題名「講周易疏論家義記」，究竟應該如何解讀？一般的理解可能是講《周易》注釋中的「疏家義」和「論家義」。不過，在瞭解了殘卷的具體内容和用語後就會發現，實際上在這個題名中已隱含着「疏家」、「論家」、「義家」注釋的信息。毋庸置言，「論家」指解釋佛教經典之人。而「疏家」和「義家」就難於簡單下定義了。因爲從廣義來説，與儒、釋、道三家經典、經文的注釋恐怕都有關係。按題名的排列順序是「疏」、「論」、「義」。可是，在具體内容中各家分别被直接提及的次數却是「疏家」一次、「論家」五次、「義家」八次。這究竟意味着什麽呢？從字裏行間可以看到作者對

⑩ 黄壽祺（一九一二—一九九〇），霞浦縣鹽田人，易學研究家，曾任福建師範大學教授、副校長。撰有《易學群書平議》（張善文點校，北京師範大學出版社，一九八八年）等大量易學著作。

⑪ 關於佛學用語，請注意殘卷中的「境智」、「境智相冥」、「境智相即」等詞彙。

「疏」、「論」、「義」都不排斥，也没有表現出强烈批判儒、釋、道中哪一家的情緒，而是採取了一種比較折衷、平和、寬容的態度，儒、釋、道三家思想兼蓄並收，具有清晰的六朝晚期的玄學特徵。

此外，殘卷中還有一些諸如「境智」、「應跡」、「妙本」等的提法和議論，這或許正是反映了不斷吸收其他學派之長以壯大自己的力量，從而逐步走向成熟的道教的某些傾向。今天，這些用語從唐初以注釋老莊聞名、對道教的發展有顯著貢獻的道士成玄英⑫所持有的某些思想，以及唐玄宗《老子注》⑬中似乎都能找到一些影子。

一九六〇年六月和十月，藤原高男曾發表過兩篇論文：《講周易疏論家義記中的易學性質》和《關於江南兩派義疏家的研究》⑭。如標題所示，第一篇討論的是殘卷易學的性質問題，第二篇討論的是江南兩派義疏家的問題。這兩篇論文是作者深入研究《講周易疏論家義記》的姊妹篇。其主要思路是在盡最大的努力論證狩野提出的孔穎達關於「江南義疏家」及「斯乃義涉於釋氏，非爲教於孔門也」等觀點。不過，在關於殘卷的易學性質問題上，藤原第一篇和第二篇論文的結論似有很大的不同。前者認爲《講周易疏論家義記》是在南北朝時代由「儒學、老莊學、佛教學」三學兼修者構

---

⑫　成玄英，生卒年不詳，唐初道士，陝州（今河南陝縣）人。貞觀五年（六三一）應召入京師，加號西華法師。精於《老》《莊》，兼蓄佛學，是唐初重玄學派的代表人物。著有《南華真經注疏》（尚存），以及《老子道德經疏》、《開題序決義疏》，均已佚。近人蒙文通曾輯其佚文爲《校理老子成玄英疏》；還有《度人經注》亦佚，陳景元《度人經集注》中略有引文。

⑬　見《道藏》第十一册收載《唐玄宗御注道德真經》。

⑭　藤原高男：《講周易疏論家義記における易学の性格》，《漢魏文化》創刊號收載，一九六〇年六月；《江南義疏家の二派に關する一考察》，《日本中國學會報》第十二集收載，一九六〇年十月。

築起來的易學，後者認爲《講周易疏論家義記》是屬於並代表「論家」的。從整體來看，藤原的論文花費了不少精力，其中不乏細密的調查和精到的意見，但在結論和對某些問題的提法方面似有待商榷，尤其是關於陸德明排斥「一本」的說法，恐非事實⑮。

（丙）關於殘卷的價值等若干問題

至於殘卷内容的價值，正如狩野所指出的「經注文字有與今本不同，往往合於《釋文》，若其所謂一本者」。具體内容有：

其一，若《乾·大象》：天行健，君子以自强不息。

「强」字，《釋文》出「自强」，《唐石經》初刻「彊」，後改「强」。《注疏》閩監毛本則亦作「彊」。殘卷作「强」，與《釋文》所出原文合。

其二，《噬嗑·九四》：噬乾胏，得金矢，利艱貞，吉。

《釋文》引《字林》云：胏，一曰脯也。子夏作「脯」。殘卷亦作「脯」，説明其有所本。

其三《咸·彖辭》：咸，亨利貞，取女吉。

《釋文》作：取，七具反。本亦作娶，音同。殘卷亦作「娶」。

從以上内容看，狩野所指的「所謂一本者」，並非陸德明直接使用的「一本」，而是廣義上的理

⑮ 從《經典釋文》全書來看，「一本」的用法並不僅僅出現在《周易釋文》，排斥之説是不成立的。充其量也只能説是在大量的資料群中有所取捨。至於對藤原高男論文的討論，請參見本書附録《也談講周易疏論家義記中的易學性質》。

解，包括了另一種概念的「本」（即「原來、本來」之意）。

此外，殘卷尚「有於《釋文》無徵者。」具體内容有：

其一，「若恆亨无咎利」，王注： 恆而亨以濟三事也。

殘卷引王注「以」作「能」。

其二，《繫辭傳》「彖者言乎象者也」，韓康伯注： 彖總一卦之義也。

殘卷釋乾引韓注「一卦之義，作一卦之德是也」。

其三，「至所引子夏《易傳》，馬融《易注》，沈、劉、朱、周四家易説，多前人所未知，足以補馬、黄、孫輯本，裨益學者。是則其可寶貴，亦不特舊鈔之故矣」。

對沈、劉、朱、周等人，狩野還作了些考證，可供參考。

狩野認爲，沈居士和劉先生分別指沈驎士和劉瓛。他們的事蹟可分別在《南齊書》⑯中找見，唐李鼎祚所著《周易集解》也收録了他們的一些易注。

至於朱仰之，事蹟無可查考。不過，《周易集解》中可見其注釋二則：

一爲「人謀鬼神百姓與能」條，朱仰之曰： 人謀謀及卿士，鬼謀謀及卜筮也，又謀及庶民。故曰百姓與能也。

---

⑯ 有關沈、劉的事迹分別見《南齊書》卷五十四和三十九。

二爲「其於地也爲剛鹵」條，朱仰之曰： 取金之剛不生也，剛鹵之地不生物。故爲剛鹵者也⑰。

至於殘卷稱爲僕射的注家，無疑當指周弘正。據《陳書》卷二十四記載，周氏撰有《周易講疏》等專著，並曾於太建五年（五七三）被授予尚書右僕射等職。《經典釋文》作者、「善言玄理」的陸德明，「獨好玄言」的張譏，還有「善三玄，精於論議」，後來過上隱逸生活，年八十二時「靈化」的徐則等人⑱都曾受學於周氏。由此可知，周氏是當時易學界舉足輕重的人物，殘卷收録其易注是完全可能的。只是殘卷中有一處把「僕射」誤寫作「葆則」了。此外，狩野還有如下一些有益的看法（原文爲漢文）：

《正義》乾九二孔疏： 諸儒以為九二當大蔟之月，陽氣發見。則九三為建辰之月，九四為建午之月，九五為建申之月，為陰氣初殺，不宜稱飛龍在天。上九為建戌之月，群陰既盛，上九不得言與時偕極。於此時陽氣僅存，何極之有？ 諸儒此說於理稍乖。

今見此書（指殘卷，下同）釋乾九五云： 天時為配，位於申，在七月，夷則之律也。南呂南任也。陰氣任成諸物也。位於酉，在八月，是坤六五之爻也。釋上九云： 天時而言，無射之律也。位於戌，在九月，陰呂應鐘。該萬物而新陽種也。位亥，十月，坤上六之爻也。由是而推，則初九位於子，在十一月，律中黄鐘。九二位於寅，在正月，律中大蔟。九三位於辰，在三月，律

⑰ 唐李鼎祚《周易集解》卷十六和十七。

⑱ 《舊唐書·儒學上·陸德明傳》：「初受學於周弘正，善言玄理。」《陳書·儒林·張譏傳》：「篤好玄言，受業于汝南周弘正。」《北史·隱逸·徐則傳》：「幼沈靜，寡嗜欲，受業於周弘正，善三玄，精於論議，聲擅都邑。」

中姑洗。九四位於午，在五月，律中蕤賓，均與孔疏所謂諸儒之説合。

《咸卦》孔疏：先儒皆以上經明天道，下經明人事。然韓康伯注《序卦》破此義云：夫易六畫成卦，三才必備，錯綜天人以效變化。豈有天道人事偏於上下哉？案：上經之内明飲食必有訟，訟必有衆起，是兼於人事，不專天道，既專天道，則下經不專人事，理則然矣。⑲此書釋咸云：上經明天道，故以乾坤為首；下經明人事，故以咸恒為首。可見其仍用先儒舊説。韓孔所駁即此矣。

《序卦》孔疏：周氏就《序卦》以六門往攝，第一天道門，第二人事門，第三相因門，第四相反門，第五相須門，第六相病門。孔又引韓説《序卦》之義，不從周氏。案：周氏即弘正，此書所言僕射。而此書釋賁云：此相反門（此書反作返，下同）。釋咸、釋恒、釋遯均云：此人事門。它如蹇之相因門，解之天道相反門，全用弘正六門往攝之説。據《弘正傳》，其授尚書右僕射在陳太建五年，而先儒諸儒周氏之説，經沖遠芟除者，多收在書中，則其成疑在陳隋之間，猶不失為六朝舊帙矣。

（丁）關於殘卷東傳的推測

據興福寺有關資料介紹，從書寫字體推測，本殘卷抄寫於八世紀末。可是，編撰於九世紀末的

⑲《宋本周易注疏》上，三百六十九頁。狩野引文中的「既專天道」，原文作「既不專天道」。

藤原佐世《日本國見在書目録》[20]（即所謂《佐世書目》）以下各類書目均無記載。如果推定殘卷原書創作年代不晚於六朝時期，那麼殘卷鈔本或其祖本傳入日本也當在那以後不太晚的隋唐時期。

綜觀隋唐幾百年間中日之間各方面的交流，無疑都達到了空前的規模，對當時日本的政治、思想、道德甚至風俗等方面都産生了巨大的、深遠的影響。日本朝廷究竟派出了幾次遣隋使，由於中日雙方的歷史文獻記録稍有不同，至今也没有統一的説法。一般認爲，前後一共派出了五次，即六〇〇年、六〇七年、六〇八年、六一〇年、六一四年。其中第一、第四次僅見於《隋書》卷八十一，《日本書紀》[21]未見記載。有唐一代，承繼了遣隋使的光榮傳統，從六三〇年至八九四年間，日方共派出了十餘次遣唐使，攝取了大量的唐文化。例如，七一七年吉備真備[22]和玄昉[23]、阿部仲麻呂[24]等人一起隨遣唐使赴唐留學，十九年後攜《唐禮》、《太衍曆經》、《太衍曆立成》、《樂書要録》等大量中國典籍回國[25]。七五二年吉備真備又以遣唐副使的身份再次赴唐，兩年後攜經典返回日本。此外，玄昉於七三五年回國時帶回五千餘卷的佛教經典[26]。阿部仲麻呂倒是一個特殊的人物，中國名朝衡或晁

⑳ 藤原佐世《日本國見在書目録》，《日本書目大成》收載，汲古書院，一九七九年。
㉑ 《定本日本書紀》，講談社，一九六六年。
㉒ 吉備真備（約六九五—七七五），奈良時代官僚、文人。本姓下道真吉備。
㉓ 玄昉（？—七四六），奈良時代法相宗僧人。俗姓阿刀。七一七年入唐，七三五年歸國並曾入住興福寺，弘揚法相宗佛法。
㉔ 阿部仲麻呂（六九八—七七〇），奈良時代貴族。
㉕ 《續日本紀》卷第十二，《新訂增補國史大系》，吉川弘文館，一九七七年。
㉖ 大庭脩《江戸時代における中国文化受容の研究》，同朋舍出版，一九八六年，第六頁。

衡，在唐土生活了五十餘年，受到玄宗皇帝的厚待，還與李白、王維等人結下了深厚的友誼，並終老於唐。

總之，遣隋使、遣唐使的活動蔚爲大觀，在中日兩國交流史上留下了光輝的一頁。目前，我們雖然没有掌握《講周易疏論家義記》殘卷東傳的具體資料，籠統地説，它在東瀛的出現正是歷史上中日兩國之間頻繁交流的大背景下産生的必然結果，更是悠久的中日文化交流史的具體物證之一。

餘論

據《古事記》記載，應神天皇年代（五世紀前後）《論語》、《千字文》等儒家經典由朝鮮半島百濟國王仁傳入日本㉗。如以當時的實際情況（比如從大陸以及朝鮮半島遷入的渡來人的存在等）來看，某些典籍傳入日本的時間也許還可再追溯得久遠一些。至於作爲儒家經典之首的《周易》一書，很可能就是隨着《論語》等儒家經典一道傳入日本的，即便是在那以後傳入的，估計也不至於太晚。僅以《日本書紀》㉘應神天皇十五年、十六年的記載來看，「阿直岐亦能讀經典，即太子菟道稚郎子師焉」。「王仁來之。則太子菟道稚郎子師之。習諸典籍於王仁，莫不通達」。當時倭王太子學習的

㉗《古事記》關於《論語》、《千字文》等儒家經典傳入日本的記録，無疑十分珍貴。但是也存在一些疑點，如《千字文》當時並未成書，尚不可能傳入日本。

㉘《日本書紀》爲編年體史書，成書於七二〇年。三十卷。以漢文記述了日本神話傳説時代至持統天皇（七世紀末女皇）時期的歷史。一般認爲，其内容多有矯飾。

中國典籍除《論語》之外，似應已包括了《詩》、《書》、《易》、《禮》和《春秋》等諸經典。《日本書紀》繼體天皇七年明確記載，倭王從百濟招聘了五經博士段揚爾。後又請來五經博士漢高安茂代替段揚爾。這些記載更進一步表明五經已是當時日本王公貴族學習的内容。

另據《日本書紀》等有關資料記載，推古天皇十六年（六〇八）有一位叫旻的僧人與高向玄理、南淵請安等人一起，跟遣隋使小野妹子赴隋留學，除了佛學之外還鑽研易學，在隋逗留了二十四年，於舒明天皇四年（六三二）八月返回日本。後來爲蘇我入鹿、藤原鐮足等人講授《周易》。據説他精於祥瑞，舒明天皇九年（六三七）春二月，「大星從東流西，便有音似雷，時人曰流星之音，亦曰地雷。於是僧旻曰，非流星，是天狗也。其吠聲似雷耳」。十一年（六三九）春「長星見西北。時旻師曰：彗星也。見則饑之」。大化元年（六四五）旻和尚與高向玄理同時被任命爲國家博士，大化五年（六四九）兩人一起提出八省百官制方案。大化六年（六五〇）穴户國司獻上白雉説明祥瑞，故改元白雉。白雉四年（六五三）五月旻和尚患病並於次月病亡，孝德天皇（五九七？—六五四，六四五—六五四在位）曾親往探視。《日本書紀》卷二十五記載，孝德天皇曾在大化元年的詔書上説：「易曰：損上益下，節以制度，不傷財，不害民。」[29]可見當時的日本皇室確實已受到了易學的影響。

據寫於天平勝寶三年（七五一）的《懷風藻·序》[30]的叙述，天智天皇（六二六—六七一，六六

㉙「損上益下」四字見《易·益卦》，餘見《易·節卦》。

㉚《懷風藻》，江口孝夫全譯注，講談社學術文庫，二〇〇〇年。

八—六七一在位）時期已「建庠序」，一般認爲這是日本朝廷爲培養官吏而設立大學寮之源頭。可是，六七二年圍繞天智天皇之後的皇位繼承問題，在大友皇子及其叔父大海人皇子之間發生了激烈的爭鬥，史稱壬申之亂。結果前者自戕，後者勝出即位，是爲天武天皇。受這次事件之影響，「建庠序」的舉措似乎並没有得到真正的落實，直到七〇一年制定了大寶律令後才得以具體確立。大寶律令今已不存，據推測其内容當與七一八年完成的養老律令大體相同，因爲後者是在删訂前者的基礎上形成的。當時設立的大學寮以儒家經典爲教科書，主要學習内容爲明經道，使用的《周易》爲東漢鄭玄和魏王弼注本㉛。

以上這些都説明了一個事實：《周易》很早就傳入了日本，而且在日本人的思想形成過程中曾發生過重要的影響。今天從《日本國見在書目録》記載的數十種與《周易》有關的典籍，可以窺見九世紀以前《周易》在日本流傳的盛況。

至於《講周易疏論家義記》殘卷是否曾在日本易學流傳過程中發揮過應有的作用，因無記録，情況不明。不過，有一個情況值得我們注意，興福寺原爲藤原氏家廟，而藤原氏始祖藤原鎌足本人就是旻和尚講授《周易》的熱心聽講者之一。由此看來，對《周易》的熱愛在藤原氏家族中應是有傳統

㉛ 部分内容參考今井宇三郎《易經・解題》，明治書院，一九八七年。

的。這可在藤原不二等所撰《家傳》中得到證實㉜。由此想來，本殘卷能够長期深藏于興福寺或與之有密切關係的東大寺塔頭寺蓮乘院㉝之中似乎也是可以理解的了。只是後來寺僧關心的重點發生了變化，真正懂《易》的人漸少，原有的易學文獻便無人問津了。再後來，因長期不對外示人，只是一味地當作古物深藏於寺中，久而久之便鮮有人知道所藏文獻的具體内容，甚至忘却了它的存在。有關資料顯示，自從在兩種殘卷的背面抄寫上因明著作之後，因明著作成了被重視、被保護的主要對象，《經典釋文》倒變成次要的了，而《講周易疏論家義記》殘卷則被誤以爲是《經典釋文》的一部分，不再被人單獨提起。直到上個世紀二十年代，狩野教授爲了拍攝《經典釋文》書影，才發現了隱藏於其中的秘密。一九三五年由羅振玉資助出版㉞的《京都帝國大學文學部景印舊鈔本》第二

㉜　藤原不二等爲鐮足次子。奈良時代任右大臣。曾參加編纂大寶律令，並完成養老律令的制定工作。先後把女兒宫子嫁給文武天皇爲妃，光明子嫁給聖武天皇爲皇后，爲藤原氏家族的繁榮打下了基礎。平成京遷都之際，興建了興福寺。謚號文忠公、淡海公。《家傳（鐮足傳）》，《群書類從》第五輯收載，東京續群書類從完成會，昭和五十五年（一九八〇）一月。

㉝　蓮乘院係與興福寺相比鄰的東大寺塔頭寺院，造立於天文二十四年（一五五五），現已不存。明治初期以前，兩種殘卷曾收藏於此。詳見《東大寺雜集録》卷十一等資料。

㉞　羅振玉（一八六六—一九四〇），祖籍浙江，著名考據學家、金石學家。辛亥革命爆發時，以清朝遺民自居，與王國維等避居日本，從事學術研究，期間與京都著名漢學家内藤湖南（一八六六—一九三四）等人過從甚密。一九一九年回國，住天津。九一八事變後，參與策劃僞滿建國活動，曾任僞滿檢察院長等職。但在研究國學，保存典籍，特别是在保存敦煌文獻方面做過不少有益的工作。關於其資助出版一事，參見一九二二年《京都帝國大學文學部景印舊鈔本》第一集狩野直喜序以及一九三五年《京都帝國大學文學部三十週年史》。

集出版，收録了兩種殘卷書影以及狩野的解説、校記等，《講周易疏論家義記》殘卷才得以重見天日㉟。田山方南在整理鈔本時，於昭和三十一年（一九五六）寫下了如下手記：

此《經典釋文》零本是以唐鈔本聞名海内的古典文獻，平安時代寬平年間利用其紙背書寫《因明私記》，長期與此唐鈔本裝訂在一起。此次整理把《周易》殘卷分開，編成兩卷，使文物的面貌得以永世流傳。㊱

由此可知，《講周易疏論家義記》殘卷直到一九五六年才與《經典釋文》殘卷分開，單獨保存。在漫長的歲月中，殘卷藏而不露，自然鮮爲人知，更遑論一般對它進行深入的研究和利用了。不過，作爲唯一幸存的天下孤本，雖然殘損嚴重，因屬千年古物，又爲我們保留了當時易學研究的一些歷

㉟ 關於《講周易疏論家義記》和《經典釋文》的保存經過，河野貴美子《興福寺藏〈經典釋文〉及び〈講周易疏論家義記〉について》（《汲古》第五十二號收載，二〇〇七年十二月）一文作了如下歸納：自兩種殘卷的背面於寬弘七年（一〇一〇）被抄上因明著作後，大約在十一世紀末至十二世紀初歸濟明持有；長亨二年（一四八八）十月中旬，東大寺僧英憲修復鈔本，並附上了封面；天文三年（一五三四）正月二十八日，英憲去逝。其後不久歸上生院僧人淨實傳存；天文二十四年（一五五五），後收入蓮乘院經庫；享保三年（一七一八）六月二十七日，由蓮乘院僧性空收存，並由性空附上了識語；明治初期（一八六八年～　）因神佛判然令（廢佛毁寺），蓮乘院被廢。之後，由興福寺藏存；明治四十三年（一九一〇）八月二十九日，根據古社寺保存法，指定「《四種相違斷纂私記》一册，背面有《經典釋文》斷篇，紙本墨書」爲國寶。大正十三年（一九二四）左右，狩野直喜在攝影中發現《講周易疏論家義記》的書名。昭和三十年（一九五五）二月二日，根據文化財保護法，指定「《經典釋文》斷簡一卷，紙背《因明私記》」，「《講周易疏論家義記》斷簡一卷，紙背《因明私記》」爲重要文化財。次年三月～五月，隨着文化財保護法的頒佈進行修整，並把兩種殘卷分開裱裝。

㊱ 根據日文稿譯出。原文見本書所收鈔本書影最後一頁。

史情況，自有它無可替代的資料和歷史價值。如果把它看作是在早期中日兩國文化交流高潮中東傳的古文獻之一，當不至於大錯吧。

由於種種原因，中國典籍歷代都有不少流失，没能完全保存下來。《講周易疏論家義記》殘卷，作爲一部不見於隋唐書目著録的六朝古籍，在流落東瀛千幾百年後，能够以影印的形式返回故土，這是一件多麼值得慶幸的事情啊。

筆者的主要工作是挖掘、整理這些資料，並在初步研究的基礎上公之於衆。至於如何評價殘卷的内容，那是讀者的自由。由於水平所限，在文字辨别和標點、注釋等方面都存在一些不盡如人意之處，切望大家批評指正。

二　殘卷釋文

論曰：无①體也，无體之謂也。《繫辭》云：易无體，神无方②。故能使无象。象而无象，周流六虚，終而復興，終日變化，亦无變化之相。故論曰：易盡爲道變以極，是理也。而有爲因於无爲，變化因於虚沖。故莊生云：天地与我並生，万物与我同根③。老子云：同出而異名；又云：衆妙之門也④。故若以事易爲言，欲見太易⑤言理；或以化爲象，

① 除個別例外，本鈔本「無」字均作「无」，今保留。陸德明《周易音義》：无，音無。《易》内皆作此字。《説文》云，奇字「無」也。通於元者，虚无道也。王育説天屈西北爲无。

② 《繫辭上》原文：……故神无方，而易无體。鈔本中《繫辭》、《象辭》、《彖辭》等之「辭」字多作「辭」，又作「詞」或「辞」等，今統一作「辭」。

③ 莊生即莊子。引文見《莊子·齊物論》原文：天地與我並生，而万物與我爲一。另外，鈔本中「萬」、「與」均作「万」、「与」，今保留。

④ 「老子」，鈔本誤作「孝」。引文見《老子》第一章。

⑤ 「太易」見《列子·天瑞》：夫有形者生於無形，則天地安從生。故曰有太易，有太初，有太始，有太素。太易者，未見氣也。

將顯无象之象。但此體用表裏，事理格量，議理設詞，太易之理始乃見矣。上《繫》云：聖人之意，其不可見耶？聖人立象以盡意⑥。然則聖設象假號乾坤者，將使捨別万象，披釋玄理；弱喪之徒，知歸本理者也。

第三釋結義。

夫太易之理，本自豁然，乾坤之象，因誰而興耶？上《繫》云：易有太極，極生兩儀，儀生四象，象生八卦⑦。論曰：太易无外，故能生乾坤。有內，故能生万法之象。可謂能生之理，必因自生之業。自生之業，必因能生之功。故自生之生，亦非自生所生。能生之能承，永非能生之能，並无宰主。因曰无爲，本无生理。何物因生？孔子《易傳》云：有之用極，无之功顯⑧。自无之有，還之於无。《莊子》云：上

---

⑥《繫辭上》原文：子曰：書不盡言，言不盡意；然則聖人之意，其不可見乎？子曰：聖人立象以盡意，設卦以盡情僞，繫辭焉以盡其言，變而通之以盡利，鼓之舞之以盡神。

⑦《繫辭上》原文：是故，易有大極，是生兩儀，兩儀生四象，四象生八卦，八卦定吉凶，吉凶生大業。

⑧引文「有之用極，无之功顯」，似應出自韓康伯注。見魏王弼、晉韓康伯等《周易注》（四庫本）卷十一。

不資於无，下不依於有。不知所以然而然，忽然而生⑨。故曰：自然之生也。且易无體者，通生无礙也。神无方者，造象无方也。故太易之理不當爲體⑩，只非无有應生之理，亦非是有无生之道。故天地之生，万法之興，並是无，當生与无生之理，而有之也。體用相論，義家不同。諸家云：无用，用而不用，不用之用，而无用也。此家之……（斷卷）

事爲譬武王伐紂之象，雖有兵革之資，无異禪讓之理。故開應而言，直是飛龍在天。據感而秤普，是利見大人者也。天時爲配，位於申，在七月，夷則之律也。陽正法度，陰氣使正吕，則南吕，南任也，陰氣任成諸物也。位於酉，在

---

⑨「上不資於无，下不依於有」一文出處不明；「不知所以然而然」等語，《莊子·達生》、《秋水》、《田子方》等篇中可見類似文例。

⑩「不當」，原作「不不當」。

八月⑪，是坤六五之爻也。

第六釋上九。上九：亢龍有悔。舊説劉先生⑫等云：故譬聖德之人⑬而成亢龍之誡，有類周公之才，使驕且悋，其餘不足觀也。今義不然⑭。何故？亢心成悔，故言窮之灾也；又云：知進而忘退，知得而不知喪，俱是⑮凡愚之行，那得爲聖之誡乎？自古至今，无道愚主如有傑紂之類，直譬而已，祇足爲戒耳。天時而言，无射之律也。陽氣究物，使陰氣畢剥落之，終而復始，无猒之義也。位於戌，在九月，陰

---

⑪《漢書·律曆志上》：夷則：則，法也，言陽氣正法度而使陰氣夷當傷之物也。位於申，在七月。南呂：南，任也，言陰氣旅助夷則任成萬物也。位於酉，在八月。顔師古注：夷亦傷。「八月」上，鈔本原衍一「在」字，今删。

⑫劉先生，當指劉瓛（約四三四—四八九）。瓛字子珪，小名阿稱。南朝齊沛國相人。陸德明撰《經典釋文》注解傳述人中引《七録》云作《繫辭義疏》。《隋志》、新舊《唐志》均載劉氏著有《周易乾坤義》（《唐志》作《周易乾坤義疏》）一卷、《周易繫辭義疏》二卷等。詳見《南齊書》。

⑬「聖德之人」，原作「聖德之之人」。

⑭「不然」，原作「不熊」，據文意改。

⑮「俱」原作「但」，依文意改。查「俱」字義文，本鈔本共出現四十多次，除四次寫作「俱」字外，餘均寫作「但」字。爲避免繁瑣，以下直接依文意改作「俱」，不一一出注。

呂應鍾，該万物而新陽種也。位亥，十月，坤上六之爻也⑯。第三釋用九義。六爻竟釋，合義用九。用九：見群龍无首，吉。《子夏傳》云：用九，純九也。馬季長⑰云：用九，用純九之道也。夫九者，開陽之目，設表陽德之名。陽攝陰用，太和能通。故別稱聖而陳用九之義。論家⑱云：純陽者，是天象之德，天象之德，復爲万物之源。故以剛健⑲爲體，无滯是用也。案此用九，即有二義：第一境，第二智⑳。境智之義，如文外釋而略明，境體嘗通其義。乾有四

---

⑯《漢書・律曆志上》：亡射：射，厭也，言陽氣究物，而使陰氣畢剥落之，終而復始，亡厭已也。位於戌，在九月。應鍾，言陰氣應亡射，該臧萬物而雜陽閡種也。位於亥，在十月。顔師古注引孟康曰：閡，臧塞也，陰雜陽氣，臧塞爲萬物作種也。「戌」，鈔本誤作「成」。

又「陰呂應鐘」，陰呂即陰六，指十二律之六呂。《漢書・律曆志上》：律十有二，陽六爲律，陰六爲呂……呂以旅陽宣氣，一曰林鐘，二曰南呂，三曰應鐘，四曰大呂，五曰夾鐘，六曰中呂。

⑰馬季長，即馬融（七九—一六六），右扶風茂陵人，歷任校書郎、議郎、南郡太守等職。曾注《周易》、《尚書》、《老子》等。

⑱一般指解釋佛教經典之人。

⑲「剛健」原作「罡健」，今統一爲「剛健」。

⑳佛學用語中，「境」爲心意對象之世界，如塵境、法境、色境等；智爲梵語「般若」的意譯，即「智慧」之省略。指超越世俗虚幻的認識，達到把握真理的能力。「第一」的「第」鈔本原作「弟」。

德，體即太和，理點四象，易和智配焉。故聖智者，自用乾象之德，可謂九用之人也。夫群龍者，冥理之辟㉑聖也，故有咸應之理矣。釋曰：若以用九之道而見群龍之心，俱言无首之心，是吉之道也。群龍之心雖復无異，應中之迹誠是多端。乾九四自有或躍之象，坤上六亦致龍戰之禍㉒。百姓見事未達其理，誹謗聖迹輕猒應道。故更陳用九之心，而暢群龍之理㉓。世上仁者，尚无淩物之情。冥理群聖，豈有爲首之

……（斷卷）

後人注解，相從卦類而説之。王弼留此乾坤二卦，猶不分配者，欲存其本，柄見其義，且復乾坤教本，欲異雜象者也。

第三釋彖辭。三重。第一釋名德，第二釋四德，第三釋聖人體此德。案第一釋名，又判四重。第一釋

㉑「辟」通「譬」。

㉒《易・乾・九四》：「或躍在淵，无咎」。《易・坤・上六》：「龍戰于野，其血玄黄。」

㉓「理」原作「里」，依文意改。

名，第二釋歎名，第三釋成用，第四釋相冥。第一釋名。

彖曰，《繫辭》云：彖者言乎象者也。王注㉔云：彖言二象之材，而論四德之意。韓曰：彖揔一卦之德㉕。然則彖别卦象之意，開釋象中之理者也。故断暢爲義，開覩是意耳。

復案《略例》㉖云：夫彖者何也？統論一卦之體，明其所由之主者也。夫衆不能治衆；治衆者，至寡者也。故天地不能制動，制天地之動者，貞夫一者也。故衆之所以得咸存者，主必致一也。動之所以得咸運者，原必无二也。物无妄

㉔ 當指王弼注。王弼（二二六—二四九），字輔嗣，三國魏山陽人。參見《魏志·鍾會傳》。著有《周易注》、《周易略例》、《老子注》以及《周易大衍論》等，前三種傳於世。王弼傳世著作中，除《周易略例》及韓康伯注中略有引文外，一般無《繫辭》注，此處所引王注内容爲他處所未見。

㉕ 指韓伯（三三二—三八〇），即韓康伯，詳見《晉書·韓伯傳》。據《周易注》、《周易注疏》記載，韓康伯注：彖總一卦之義。鈔本此處「義」作「德」。孔穎達疏：夫子所作《彖辭》，統論一卦之義，或説其卦之德，或説其卦之義，或説其卦之名，故《略例》云：彖者，何也？統論一卦之體明其所由之主。由此可知，鈔本原作「彖松一卦之德」之「松」字，當爲「捴（即揔、總）」字之誤，故據改。

㉖ 《略例》原作《例略》，即王弼著《周易略例》。以下「夫彖者何也……衆而不或」爲《略例》節録引文。

然，必由其理。統之有宗，會之有无。故繁而不亂，動而不或。品制万變，宗主存焉。彖之所尚，斯爲盛矣。然則物非二宗，象唯一會之有无。故理生滅變化，物非妄然耳。然釋曰：論家云：彖家之意，此有大旨。夫有象非自像，无物非自无。故有无非自顯，空虛亦无功。言理則泰虛之沖，論道則變化之體。可謂穿空索理，鑿虛詅道㉗，卦象之理，依象而顯也。故仲尼之筆，《十翼》之首。《繫辭》亦云：觀其彖辭，則思過半矣。曰者，辞也，詅理之訓也。《齊物》云：夫言者非吹也。言者有言。義家云：吹者与愧同類也㉘。言下詅理之目，而此理愧然，无物之物。故所言之教，亦同不言之教。今言曰者與彼无異，故詅

㉗「詅」，《廣韻》：郎丁切。《廣雅·釋詁三》：賣也。若以此義解，文中五處，文意均難通。或許可能是「論」之誤字。

㉘「義家云：吹者与愧同類也」出處不明。《莊子音義》「大塊」釋文：司馬云，大朴之貌。衆家或作大槐。班固同。今鈔本作「愧」，或爲「塊」字之誤。若果然如此，文意則類似如下郭象注「大塊噫氣其名爲風」文：大塊者，無物也。夫噫氣者，豈有物哉。氣塊然而自噫耳。物之生也，莫不塊然而自生，則塊然之體大矣，故遂以大塊爲名。（見郭象《南華真經注》，宋刻影印本，中華書局，一九八七年）此處所謂「義家云」的內容，或許可能是以上郭象注的意引。如以上推測無誤，鈔本中所謂義家當含郭象。

理之辞也。

……（斷卷）

别歎，今義云捴歎。今也何者？乾是虚家之通名，元爲沖之捴目。故大哉。歎首大和美未言，雖前後歎，理唯一耳。而元是万物之初，大字當義；貞爲四德之終，和訓符理，及元既受大，其餘可通。利貞被和，豈止於玆乎？俱先非釋乾，而明元德者，同。雖假象之，若指明之理，有意此也。則乾一卦釋名略開，其訓二則，元德得顯，俱是乾家之神功。故先釋元德，而後乾體耳。俱乾家之德，故稱乾元。

第三釋德成用。万物資始，沖德无爲，神功无爲，神功无名。本自湛寂，體終絶始，俱變化之理，生滅之象，直在涅内，脱无出外。故因物終始，强名元德。既假元名，復物資元，資元始之物。故言万物資始也。然則資始之物資終，物有始終，元有何功？故《道經》云：始，母之稱，同出異名。同故不異，玄之又玄。今言元德，玄之又玄之德也㉙。第四相即義，乃統天。理象曰乾，事狀言天，設名不同，理即无二。復有元㉚德，别歎其美。故三物之體用㉛，論有别耳。故今則不然，混而爲一。何則？天是色相之名。陰陰爲形，乾爲窈冥之象，无窮爲目。《道經》云：窈冥則是冥窈，恍忽則是惚恍㉜。《莊子》云：天之蒼蒼，其正色耶。又云：天地者万物之摠名也㉝。穆夜㉞翻云，積空成色耳。釋曰：乾之與天，本非二色。若青若玄，直是返化耳。本无返化，而有返化。故曰，同法无爲，而无不爲也。今言元㉟

㉙ 文意見《道德經》第一章。「今言」，鈔本原作「令言」。

㉚ 「元」原作「无」，依文意改。

㉛ 原作「體客」，依鈔本中「體有體用」、「體用无二」等語推定爲「體用」。

㉜ 《道德經》第二十一章原文：恍兮惚兮，其中有物。窈兮冥兮，其中有精。

㉝ 「莊子云」，原作「在子六」。引文前句見《莊子·逍遥遊》原文，後句見郭象《南華真經注》：「天地者萬物之總名也。」

㉞ 穆夜，疑指王穆夜，即王叔之。引文出處不明。《莊子音義》中可找見王注《逍遥遊》兩條，證明王氏確曾注《逍遥遊》。詳見拙著《莊子音義研究》第二章有關内容。

㉟ 「元」原作「无」，依文意改。

德，俱是此象之理，理无二像。故更生万像之象；象无二理，故復有万幾言理耳。問統唯統領之名，即是相即之義，何以即名爲釋耶？答：雖云四德，太和爲體，乾之与天俱是義目。故以統天爲顯，相即言義也。若……（斷卷）

第二釋四德。正明亨德㊱，随次三重。第四釋相即義。第二釋亨。雲行雨施，品物流形㊲。乾家之亨，本自通生无礙㊳，无雲行雨施，庶物流形生長，生而无宰，通而无主，法尔之理，玄亨之功，无爲无所不［爲］㊴耳。能亨任性，自尔與元同德，普通諸象也。

第三釋利德，大明終始，六位時成。乾家之利，何所不

㊱ 此處「亨德」及以下「釋亨」、「乾家之亨」、「玄亨」之「亨」原文作「享」，今統一作「亨」。

㊲ 「雨施」，原作「而旋」。

㊳ 「无礙」之「礙」字，鈔本原作「㝵」、「㝵」、「碍」三種，今統一作「礙」。

㊴ 依文意補「爲」字。

利？裁成終始，何功之有？故云：不言所利，大矣哉㊵。夫物之事爲終始，爲體，時之爲用，六位成極。故四時佚運，六位交替。莫匪自尔之利，並因冥利之功。譬物首尾，不過大位，麁細昧明，利德无滯，既有大明，復致時成。故能與元同體，普利大器也。

第四釋貞德，時乘六龍，以御天。乾德變化，各正性命。乾家之貞，本自能正。時乘六龍，冥幹六氣之變化，以御天象，玄正万法之云。爲乾道變化，靡物不造，異性命者，各正理分。故云草木不等，華葉各異，一切唅靈，莫匪神造，是乃乾道之所返化。貞德之攸㊶幹，正也。俱言正者，直是太易之理。復云：乾道是爲變化之城，氣有升降。故譬六龍。龍氣有時，故云位相平息義也。是元德在首，統天爲功。貞德在末㊷，御天爲

㊵「不言所利，大矣哉」，見《易・乾・文言》。

㊶鈔本中「攸」字常誤作「彼」，依文意改。以下不再一一出注。

㊷「末」原作「未」，依文意改。

用，物有初尾，理自平均，與元同功，共乾不異。故有能正之理也。

第五釋四德相即義。保合太和，乃利貞。夫大者普周之大，利者无礙之和。所謂太易云理，亦翻自然之道也。太易故无所不和，太和故无彼不易，能易故靡所不生，能和故靡所至。是元和而和，万法一和，无生而生象。一生令論四德，保合太和，理既如此復宜然。故謂太和之理，聖智之所冥。太易易門，万法之彼由。《道經》云：玄之㊸

……（斷卷）

義所論万法，並在太和之理耳。但乾元者，歎德之首，大哉開道。利貞者，顯理之終。太和免趣，是大之言，廣大之辞。能抱太和者，冥和之訓，能和太易之事，四德各保合太和而已耳。

第六釋聖人體四法義。首出庶物，万國咸寧。夫首出

㊸ 缺損文字當爲：玄之又玄，衆妙之門。見《道德經》第一章。

之義，通有二種。第一僕射㊹等疏家義云：首出庶物者，境也。四德之道，首出庶物耳。何者？前後而取，體居物前。故謂之首。廣使而論，道在物外。故謂之出。體此道者，是天下之主。故言万國咸寧也。第二論家不在，然何故？三玄之宗，義家雖多，上有太易之理，下有自然之道，名有二種，其理一道也。故論道者不在物外，亦无出義，若言出入，則非道體耳。且說智之句，令任境體，那得釋智乎？讀文方之有，亦一礙也。今釋云：前明四德，如釋爲境，今明智體，首出庶物耳。何者？所冥之理，雖云无礙，聖智獨出先冥，此理智聖冥，故還照感應之理。万國問主，咸被安寧之化，故万國咸寧耳。是首者統領之之訓，出者離群之目。雖復境智不異，案知爲論也。

㊹「僕射」原作「葆則」。可與後文另一處提及的「僕射」相互爲證。「僕射」指當時《易》學名家周弘正。《陳書》卷二十四記載：弘正有《周易講疏》（十六卷）等專著，並曾於太康五年（二八四）被授予尚書右僕射等職。陸德明爲其弟子。

第四釋象，三重。第一釋境智相配。第二釋六爻象。第三釋用九。案第一釋境智，又制二别。第一釋境，第二釋智，釋六爻，随爻六重義。第一釋境。象曰：天行健。夫彖者，断别卦意，總[45]釋事理，故言過半之詞也。象者，像模卦意，復通其旨，追合彖意也。断别事理，莫深乎彖，故彖辭在前；象模之議，莫明乎象，故象辭在次。《略例》[46]云：象者亦出意者也。盡意莫若言象，盡象莫若言生於象。故可尋言以觀象生於意，故可尋象以見……（斷卷）

也。論曰：天地即蹄，答者是也。因象而論，天行健也。何往古來今天行无窮，若非剛健之行，那得无窮之象？良由无爲之德，而成无武之行。維云有累之名，不異乾道之意。故象家云：天行健也。然則言天則可忘

[45] 「總」原作「揔」，據文意改。

[46] 《略例》，原作《例略》。《略例·明象》原文節録如下：夫象者，出意者也。……盡意莫若象，盡象莫若言，盡象言生於象，故可尋言以觀象；象生於意，故可尋象以觀意。

乾，言乾即可忘天。爲則剛健，剛健則无爲；斯乃本易之理見矣。

第二釋智，君子以自强不息。君子之名，通號德上。故初九无位並稱君子也。君子之行，體道不息，自然而然，无物相興，湛寂不動，乘遊變化。故言自號不自也。然則唯非天道之健行，並有君子自强之理，故問冥會不息之義。何者？由物而强，物義有間，理性自强，强无間息，是謂自强之道耳。

第二釋爻，則有六重，随次可解，與彖同例。

第一㊼，潛龍勿用，陽在下也。陽氣潛藏，待節發見。君子隱下，俟幾應出，氣譬時幾。故言陽在下也。

第二，見龍在田，德施普也。陽氣開升，潤施周普，聖人應見，德化遍施，氣譬教化。故言德施普也。

第三，終日乾乾，變覆道也。終日乾乾，功理善幾，或躍或退，

㊼ 第一至第六内容，見《易·乾·象》原文：潛龍勿用，陽在下也。見龍在田，德施普也。終日乾乾，反復道也。或躍在淵，進无咎也。飛龍在天，大人造也。亢龍有悔，盈不可久也。另外，「第二」原作「第一」，據文意改；第四「无咎」之「咎」原作「各」或近似「各」字，與「咎」之古體相近，今均按文意統一爲「咎」。

冥照不二，君子之動，返覆皆道者也。

第四，或躍在淵，進无咎也。氣有升降，迹有進退，擬議巧理，與時消息，躍不在果。故言无咎。

第五，飛龍在天，大人造也。飛龍在天，權變得行，聖人應位，道化造施，九五天位。故言大人造也。

第六，上九，亢龍有悔也。直言天氣，革而乘伏，過亢之行，理窮不退，特而尚盈。故動而有悔者也。

第三釋用九義，告用九，天德不可爲首也。夫用九者

……（斷卷）

證此六爻之意也。

第五釋文言，三重。第一釋名，第二釋體，第三釋四番，釋文義。第一釋名。文者，文餝爲義。言者，明理爲訓。故言文言也。俱彖者断釋内德，象者像模外行。二辭之體，前已見質。故文餝之義，必自前體。故第三爲文言耳。然則乾坤二象，俱有文言，雜卦中无文言。有何耶？義意雖多，略言四種。第一，乾坤是詮理之

本，法象之源，其道除⑱遠，當有文餝之義也。

第二，乾坤者，易之門户，衆理廣藴，必須文言餝顯其理也。

第三，乾坤者，假象之初，感應之開，故有文言廣釋其理也。第四，乾坤者，理數之隺，雜卦之本，義含多端，正是文餝其義也。若至《繫辭》捴釋大意，彖、象、文言三辭在前，説、序、雜卦三辭在後，自居其中，通攝七辭，廣演太道，故言《繫辭》也。

第二釋體，案此文言釋義四番。京房⑲云：第一説德，第二説位，第三説氣，第四頌德。即法四時也。王注云：第一令以天氣明之前後，二番別无所言。劉先生云：乾，文言意凡有四番。第一，正解言下之旨，第二，只明人事之狀，第三，只明天明時之行，第四，此旨妙際，復有藴義，復爲一章，捴叙

⑱ 此字存疑。

⑲ 京房，即西漢今文《易》京氏學的開創者李君明（前七七—前三七）。東郡頓丘人。曾官至魏郡太守，後下獄死。據《隋書·經籍志》記載，京氏易學著作有十餘種。今大多已亡佚，僅有《京氏易傳》三卷及清輯本《周易京氏章句》等傳世。

其致。故坤之文言，復如此例。案乾可解略，不重説耳。今案劉氏《别録》自有其次，第一依文釋德，第二因配釋人，第三案氣釋天道，第四别章廣結。乾第一番又判七重。前釋卦德，後明六爻。又乾第一釋辭，又判二分。前釋四德，後明聖行，乾前四德，隨次四段。第一釋元德者，謂元者，善之長也。《子夏傳》曰：元[50]……（斷卷）

德，資生之理，理開於元，元之爲善，衆善之肇。故云善之長也。然則，元是理性之始，遍通万象，元爲爲善。故云善之長也。第二釋亨[51]德者，謂亨者嘉之會也。《子夏傳》曰：亨，通也。万物資始自體，能通所通之法，亨理相會。故亨者，嘉之會也。且无生那得通？无通那得生？能所生，冥會誠嘉之理，故言嘉之會也。

[50] 「元」下尚有一字，殘缺不識。

[51] 「釋亨」及下文《子夏傳》之「亨」，鈔本均作「享」，今統一爲「亨」。

第三釋利德者，謂利者義之和也。《子夏傳》曰：利，和也。是利益有功，和爲和洽无礙。義者，擬議得方之辭，万法得方，无所不可。故言大利義之和也。俱自然之利，利而不利。太和之理，和而无和。大方之之而无方耳。

第四釋貞德者，謂貞者事之幹也。《子夏傳》曰：貞，正也。庶物生體，必須自然之正。万法問體，莫非太正之正。乾家之貞，本以太和爲心曲生，即乾幹有功而无主，唯是沖正之理，非是即上之幹也。

第二別釋聖行。凡有四句，境有四德。故聖有四智。第一釋仁，第二釋禮[52]，第三釋義，第四釋貞。第一，君子體仁，足以長人。仁主東方，德配生育，是謂即目賢者之境也。至仁之體，與極同體，一日万幾，寂然不動。《道經》云：天地不仁，万物芻狗。聖人不仁，百姓芻狗[53]。故生而不有，長

[52] 原作「礼」，今整理統一作「禮」，下同。

[53] 《道德經》第五章：天地不仁，以萬物爲芻狗。聖人不仁，以百姓爲芻狗。

而不宰，是謂至德之仁也。今[54]欲顯至仁之仁，故聖以人體之，始乃足以長仁者。夫世上之仁，盡是未足爲仁也。

第二，嘉會足以合禮。禮主南方，德配盛長。禮别尊卑，樂和其正，心是賢者之境也。至禮之體，與極同用。故以聖合體之，將見足以合禮之禮之情也。且若无嘉會，那得合禮？故嘉會之禮，万法會禮之理。故言合禮也。聖人无心，何

……（斷卷）

義爲功，並是賢者之業也。而至義之方，與元同體，无所不義，誠是和義之德也。《莊子》云：彫鏤万物[55]。是不爲義，寔是太和義也。

第四，貞固，足以幹［事］[56]。即信主北方，万物閇藏，立信之體，信是太功，亦是賢者之脩也。而至信之體元即不信，

[54]「今」，原作「令」，據文意改。下同。

[55]《莊子·天道》原文：辨雖彫万物，不自説也。

[56]「事」字，據《易·乾·文言》原文補。

聖人體之，信通万即。故以《中孚》云：信及豚魚57。又云：天何言之？四時行焉，百物生焉58。大人之信也。

問：境智冥會，本自相即，何故别稱相配耶？

答：五常之性，性在理中。故《道經》云：窈兮冥兮，其中有信59。義家云：信猶在此，餘德可解耳。而有爲之業，迹上之行，直謂極用，偏習无已。故排撜迹上之行，而顯舉理性之體。故答陳境智之狀，使會无黑之旨耳。

問：五常之性配有五行之德，何故脱一而見四德耳？

答：五性之理當備五德，而教旨小異。通有二種。

第一舊通云：禮典60闕主，而取賢者之智。《易經》闕智，而顯聖人之懷61耳。何故？禮典俱是有爲。故以主爲貴，所

57 「豚魚」，原作「勝魚」，見《易·中孚·彖》原文：豚魚吉，信及豚魚也。據改。

58 「天何言之」句，見《論語·陽貨》原文：天何言哉？四時行焉，百物生焉。天何言哉？

59 《道經》第二一章：窈兮冥兮，其中有精。其精甚真，其中有信。鈔本「兮」原作「予」，據改。

60 「禮典」，原作「禮曲」，據文意及後出「禮典」改。

61 「懷」，原作「壞」，據文意改。

以主主中央，奇王四季，不與他才同例。故同闕而爲顯也。《易經》釋元則无爲，爲體智主万行，无所不知。故更略智名，普通四德，還是顯體之義。故唯指四德，智用可見矣。

第二通境有四德，五行无闕。聖體四德，五常无闕。境智相冥，唯統此義。且天不言哉，四時行焉。參天兩地，何復闕焉？故配者四像，而顯无爲懷之，又見无智之智耳。

……（斷卷）

至万生象之後，物无忘然，猶有四德之用。故强二野點虚沖義，判四名耳。今論智體復是豁然，智无所知，何物名智，直致感應權化之曰百姓，因幾尚見四德之聖也。故妙本爲言，境智尚无境智之象，應用而論此有境智之用。今案應迹而顯妙本，故言君子行此四德者，故曰：乾，元亨利貞也。且因智而言道，因道而言智；道智未始一，智道未曾二。境智之會既有此理，那得

不言君子而顯境體乎？所以此有故曰之稱耳。

第二釋爻，六重。設置問答，断簡其義。

案初九爻，判三重。第一直問答，第二答三雙六句廣釋，第三證結。第一直問，初九：潛龍勿用。何謂也？象象巳已明，未盡其旨，文言餝辭，重暢爻情。若非問答，見二見義，猶賒聊設問，趣而興其答，故言何謂也。

第一直⑫答略成問意，

直答義。子曰：龍德而隱者也。《十翼》之中，更无餘人復稱教主之名，重號子曰者，將欲丁寧其義，明示釋情也。是俱龍德之人，隱而未見者也。夫感應之理隱見，非我居潛之，曰随理而隱者也。正答第一雙，不易乎世，不成乎名，直一據體名而明潛義。上句釋

⑫「直」原作「真」，據文意改。

體，下[63]句解名也。夫居應之義，與理相符。答：若離潛地與幾相違，故不爲世俗之所推移也。正是時泰則泰，時否則否，與世偕運，於无私情。故曆見之質，不易乎世耳。下句釋名，隱見言嘿帝率由理名，堯舜周孔莫匪幾名。故即由理興迹，應本見自非，或名道是降目耳。故……（斷卷）

第二二雙正解心行。遁世无悶，不見是而无悶[64]。略言心行，則有二義。上句釋進退之象，下句明興癈之形。光釋上句，既應感地義，當頭舉而理會，尚賒體潛而已，物謂之遁理心无爲。故言遁世而悶也。次明下句，夫見聖之曰百姓盡當随許，而時猶未熟不見固是，而乃至爲无，至心无心随，勿爲德和悶[65]情，然則不求遁者，自有肥遁之樂，不響是而是者，无住而非是者也。

---

[63]「下」原作「不」，據文意改。

[64]二「悶」字原作「間」，據《易·乾》改訂。

[65]「悶」，原作「問」，據文意改。

正答第三雙，樂則行之，憂則違之。止明行上之用，則有二闕之義。上句釋應，下句明問。釋上句意，樂之與否，唯開幾葉，有幾有葉⑯，聖人因行爲化，會物樂化神功，任時是行。此是開應而應否之狀也。次明下句，影響之興，逐物自生。物不向鏡，鏡赤无照，是復憂之，俱應速問而辟之，是□□而後，感而復應，是而无藏者⑰也。

第三釋證結，確乎不可拔，潛龍也。案結之句復有義。第一釋理，第二明體。上句釋理者，至理无迹，動寂无二。故可動之理，舉天地而難問應寂之道，開六合而叵見。故言確乎在，可枝者也。下句明體，聖智无礙，唯道即智。故云：神則道，道即神也。若然者，在潛不可拔，見居不可强問，嚴重之象，確然莫動，潛龍之體

⑯「葉」通「業」。此兩「葉」字寫法稍異，似有意避中間的「世」字，或可視作避唐太宗諱名。

⑰「藏者」原作「藏者者」，依文意删一「者」字。「藏」同「藏」，例見《雲笈七籤》卷一百十一：「藏我華龍鱗」。

也。

第二釋九二，則有五重。第一直問答，第二明言行，第三明心形，第四明德，第五歎德。

第一直問，九二：見龍在田，利見大人[68]。何謂也？直問之義。□□□□□□□□□□□□□□□(半字難辨，斷卷)故稱本人復言正中也。

第二釋言行。庸言之信，庸行之謹。義判二別，正明言行。《中庸》云：庸，猶常也[69]。常用之言，不言爲教，常行之行，无爲爲即。故无言而言，常用而有信，无爲而常爲，而行謹。故得中常影響无替耳。《中庸》亦有此言：庸德之行，庸言之謹。然則，言是百行之樞機，故彼言爲德耳。若案言爲論，《中庸》云：君子語大，天下莫能載焉；語小，天下莫能破焉[70]。若有言之信，有行之謹，即

[68] 「九二」，原誤作「九三」，據《易·乾》原文改。

[69] 《禮記·中庸》鄭氏注及《論語·雍也》何晏注。

[70] 「語小」，原作「語少」。據《禮記·中庸》改。

理相違，不足信謹耳。並指无爲而暢，聖人行也。答中第二釋心行，閑耶存其誠，善世而不伐[71]。聖心之體本非耶。正既无心，想誰由而生，但據應而論，直似有誠而无耶也。故裁所見擬□□心光耶。故言是閑有誠，故謂是存耳。閑猶防也，存猶置也。《中庸》云：誠者，天之道也。誠之者，人之道也。夫誠者，不勉而中，不思而得，從容中道，聖人也。誠之者，擇善而固執之者也[72]。又云：唯天下至誠爲能盡其性，能盡其性則能盡人之性，能盡人之性則能盡物之性，則可以贊天地之化育，贊天地之化育，則可以與天地參矣。故此九二本自在誠，贊天地之化，而有善世之功，至理滅迹，而无伐善之心也，伐者自稱其功耳。

答中第四釋德，德博而化。上德不德，何所限量？神化

[71]「閑耶」，原作「閣耶」。「閣」誤，「耶」、「邪」相通。

[72]「不勉而中」、「固執之者」，原作「不免而中」、「國執者」；據《禮記·中庸》改。

天功，何化之有？《中庸》云：苟非至德，至道不凝焉⑬。配迹爲論，非无大人之德。據應而言，故有德博之化。中

……（斷卷）

田，獨此九二引證《易》曰者，何也？釋□无位之聖德極，此爻高美，等於九五圓滿。故於飛龍，故同稱大人，亦云君德。只非翼情理通，易道更引教目，確定至理。故稱《易》曰，丁寧其德也。問：大人之體，理无功名，位與不位，同曰大人，是其義耳。而利見之道，那問同乎？答：若如仲尼，俱是應教之聖，非當帝皇之位，直言君德者，俱是有德而无位也。且值多必當一心天下之教，感於仲尼在應之迹，以教爲宗，咸聖之體不遇也。理見聖蒙化，豈非大利乎？

第三釋九三，有五重⑭。第［一］⑮直問答。第二答四意，一則德

⑬「凝」原作「擬」，據《中庸》原文改。

⑭「五重」，原作「五童」，據文意改。

⑮原無「一」字，據文意補。

業，二則幾義，三則順義，第四无咎。第一直問，九三：君子終日乾乾，夕惕若，厲无咎。何謂也？更陳上□欲召答義。爻有各意，文句不等。答中第一釋德業，君子進德脩業。乾乾夕惕，誠恒⑯之義。誠心必致進德。聖人尚脩乾乾之惕，而致進德之理者，況不及之人乎。无咎者，善補之功，而爲脩業之行者。況乎凡賢之業皆有悔悋之心，本惕无理，直以不慢爲誠，不動爲德，自然是業，俱以能會爲德業也。答中小別，追結上意，忠信所以進德也。君子之行，遵行无異，忠則天地之正，信即四像之運。但此別稱者，非无其義也。九三君子應在革運，至誠不息，精義入神，將登皇極，欲化常守。故旁，故開進脩之道，而顯德之功也。

答中第二，捴合脩辭立其誠所以居業也。雖復至人，居无爲之事，行不言之教，而影響之用非无其像。故

⑯ 恒，《五音集韻》：常職切，專也。

……（斷卷）

違之。故行之善者，莫過於辞德之美者，莫過乎誠。既有二道，所居業之理，故言脩辞德之美。次外立誠定内，然後可謂居業之行者也。

第二答正釋幾。知至至之，可以與幾也⑦⑦。釋幾，知至至之，大體已出文外。此有開句，但可略言也。《繫辭》云：幾者，動之微，吉之先見⑦⑧。故論曰：動曰動者之微，不動者之微則異，不動之无吉者之先，則同善家之理，可謂自虚而行，有居寂而之動者也。所以不行虚而至，不疾而速，是其義耳。故若非冥理聖智之照，那問相與使至其事乎？故九三之智乃冥。此理照理之至，相與會至也。但上「至」釋理之至，下「至」明使至所之至，所以

⑦⑦ 今本《易》原文無「以」字。

⑦⑧ 「動之微」原誤作「動之之微」，見《繫辭下》原文：幾者，動之微，吉之先見者也。

知至之智，可與幾也。《繫辭》以殷之末世周之盛德⑲，

……（斷卷）

云：損文王之三年，益武王之未壽。論者云：文王若是慈父，亦不令於慈；武王若是孝子，且不令於孝。五經家於此未通耳。故論此理者，俱據感應之理，乃始得詳也。論曰：若文王不經王季之末⑳，則積善之功有賒㉑。故秦伯致歡幾之遁，若武王不受三年之命，則革殷之事致闕。故受聖孝之錫命，豈非知至之理，使至无爽哉。是孝慈之道出自家之中，感應之理在於万姓之幾。案此爲義，誠爲大孝也。若无其理，聖智不能爲時，雖復聖人之摧，不能改壽之方便耳。

---

⑲ 一九三五年京都帝國大學文學部影印本中無「知至……盛德」一行。原因是一九五五年在正倉院把鈔本改回卷軸裝時，重新展現了原來因折疊分別被紙張蓋住的十幾行文字，而京大影印本的出版是在改裝以前。

⑳ 「末」原作「未」，據文意改。

㉑ 「賒」原作「䝉」。

答中第二後别，知終終之，可以存義也[82]。夫物有其宗，事有其體。故言理則有應，理則有應之事言事，即

……（斷卷）

有造事之理，事理融通无礙。可利万代者善□□。

上「終」釋理終之終，下「終」明使終之終。知理之首能難其終。武革天下，文軌大同，豈非知之理終而知使終乎？故言可以存義也。

第二答是故居上位而不驕，居下位而不憂。答中第三大段嚌歎行德，第一歎行，第二嚌心。上句釋行，云居上位而不驕者，正據下體之上，而无綾下之行也。《中庸》云：居上位，不綾下，蓋是義耳。俱聖人无心，何有驕約之行？唯指順事之狀，略言外行也。句釋心居下位而不憂者，正據心儒而釋，釋无憂樂之想。《中

[82]「存」原作「在」，據文意改。

庸》云：在下位，不援上[83]。注家曰：援謂牽也，知理至之會明，而定之位與幾□，遊□□□□也。夫九三□□□□上，凡行足是可驕，據上體□□□足，凡□□□□□驕不知是驕，據憂不知是憂。无知而知，无爲而順，冥理終始，不與物化，豈非體道之行哉。故略難行心之異也。

第四蓋答釋故乾乾，因其時而惕，雖危无咎也[84]。答中第四釋无咎義，此二竟。第一理无咎，第二事无咎，第二釋事无咎者，謂文王西伯當殷逆政諸侯之宍時，作脯醢而乾乾不息，恩時而惕，可言免事，不致大凶。故可謂雖危无咎矣。

第二理无咎者，謂既云知至知終，能至能終。故可以與幾，可以存義。推居牖里之坐，唯演易道爲娛者，豈非

---

[83] 「援上」，原作「授上」。《禮記·中庸》原文：在下位，不援上。據改。下「援」字同。

[84] 本句「故乾乾」原作「結結乾」，「惕」原作「暢」，「危」原作「免」，據《易·乾·文言》改。

理中之心，无往而非道逍遥者也。故據理而言，本无其……（斷卷）

□□□□□動□□□□□□□□□□之情也。

第一答以爻動義。進退无恒，非離群也。夫位有定科，上[85]下爲言，爻指人體進退爲語，上既言常，下亦无恒，乘時摧遷。故言无恒也。若擬象爲論者，或躍進在淵爲退，行雖无恒，志在順群耳。但此群義，當有二動，第一正是群龍无首之道，乍躍乍飛，並順群龍之義。第二復是同幾之群，或進或退，止以万姓，爲群之心也。《禮記》云：堯舜湯武此四君子者，時也[86]。既云時者，聖人无唯[87]順幾中之群。

第三答約業釋心，君子進德脩業，欲及時也，故无咎。夫積善者是進德，□方應感者，爲脩業之道。君子无此，

---

[85] 以上三行，京大影印本中無。

[86] 《禮記·禮器》原文：禮，時爲大，順次之，體次之，宜次之，稱次之。堯授舜，舜授禹，湯放桀，武王伐紂，時也。

[87] 依文意「无唯」似應作「无爲」。

其道不廣。乾乾不息，欲及時也。夫時也，夫時者万姓可⑱

……（斷卷）

□□□□□□□□□□極善□□□□□□□□□⑲

據聞見大理亘顯，故或躍爲像在淵，爲行會理之日，非

凡彼視，躍非所反，藉飛爲言耳。此言飛者，正是空

中迹之義。故《人間》云：聞有翼者飛，未聞无翼者飛

也。又云：不行者易，行而无迹者難也⑳。今曰九五有翼

能飛，行而无迹。故譬飛龍，自然登天之象也。第一答，

釋感應。子曰：同聲者相應，同氣者相求。感應之體已出

文，此中略明難易之例也。夫同聲同氣，雖是无誠，聲

是輕速相感爲易，氣易遲弱相感爲難，而超然相

感，二法一例。俱聲无質而有響，故可言相應，氣无聲而

⑱ 以上兩行，京大影印本中無。

⑲ 京大影印本無此行。

⑳ 《莊子・人間世》：絶迹易，无行地難……聞以有翼飛者矣，未聞以无翼飛者也。郭象注：不行則易，欲行而不踐地，不可能也。无爲則易，欲爲而不傷性不可得也。「又云」以下出處不明，語意似出自上引《莊子》及郭象注。

有體，故可言相求。應求之義，略有難易。故易者在前者，在後同爲无心也。

第二雙，水流濕，火就燥㊴。因處相感，自有難易，同雖无心无其例，水流則易火就小，雖各随其次，相接成章，但水火㊵並是陰陽，陽之□自體，動求必向屬類。故捴舉感應之數也。第三雙，雲從龍，風從虎。答第三有心无心，相感之例，應有難易之汲，龍騰致雲，其感小易，虎坐吕風，其應可遲。是龍之與虎同曰神獸，虎之摧變，不如龍之神化，風之逐虎，亦殊雲之随龍也。但前陳三雙六句，開斯感應之種者，有心无心，一功万法，不出感應之理，亦有所感之由，略言其理，將顯大義者也。廣出大外。㊶

第四雙，正釋感應理體。［聖］人作，而万物覩㊷。有心相感，感家之體，

㊴「燥」原寫作俗字「𤋀」，見《龍龕手鑑·火部》。
㊵以上兩行，京大影印本中無。
㊶「廣出大外」四字原爲雙行小字。
㊷原無「聖」字，據《易》原文補。

感應之理，万法盡然。今日之宗，唯據凡聖爲體也。故聖人者不作，見已若應，作者則有万物同覩⑮之理。雖有得覩之義，誠是希有之理。故在感應之極也。俱釋作義，作幾，此有二種。第一家通聖人之作，作在妙本，本无聖者

……（斷卷）

第二家云：若論本地本无作義，案應爲教，故言作耳。若言作者，誠是感家之由，由在可見之理。故万姓問覩。豈非應中之作乎？今義不别，並通其理。何者？本地不異，應化動作无異妙本。故理智之作若本，若應无作之作，唯據教爲言耳。而賒切爲通，非无成章之意。故案應爲言万姓問之時，故應中之作是義切矣。然則作字與動因同義也，俱據此九五極論感應者，九五天位，聖人應人地。《繫辭》云：天地之大德曰生⑯，聖人之太寶曰位。義家云：无生无以被德，无位无以宣化。今以大聖之

⑮「覩」原作「都」，據文意改。

⑯「云」原作「六」，「天地之大德曰生」原作「天地之德大德曰生」，據《繫辭下》改。

德，而應中正之位。自非百姓問覩，並及无識万物，故以極論其義也。第二結句，本乎天者［親］上，本乎地者親下，［則］各從其類也㊼。夫物姓（性）㊽參差，千動万類，大意爲判，唯有二重。第一神靈之物，盡是舉首指天，故親上者也。第二无識之法，皆是返根植地，故言親下者也。故聖人之應，雖復盡化興感之體，必從其類，所以感聖之理，唯據万姓（性）爲體，不以万物爲用者也。第六釋上九義，問答如前。案答三別。第一明无位民；第二明无輔義；第三明悔義。第一直問，上九曰：亢龍有悔。何謂也？夫物者其極，事有其歸，若喪極歸，必致其悔，今過亢无歸，故有悔焉。第一答釋无位民義，子曰：貴而无位，高而无民。爻位上九，故可言貴。陰陽不定，故言无位。自下登上，故可言高。當位无輔，可言无民。爻備此惠，忘而爲亢，雖有天下之貴，復非天下之主也。第二合釋上義。賢人在下位而无輔也。正在皇極，唯稱聖德，若在臣職，直號貴臣。故堯帝在位之時，舜禹雖聖，略言賢臣

㊼ ［親］、［則］二字依《易·乾》原文補。
㊽ 「姓（性）」爲鈔本原文，下同。

而已。今言无輔之義，即有遠近之闕。第一文武並在臣職，表⿱䜌十[99]士之義，而坐幾之聖，別脩其位。第二殷有三仁，下有賢臣之名，而次不辱身，並有避義固理，位未曾慢從，然則既失聖賢之心，永癈爲主之統，雖有黎民之上，可謂各位而无輔也。

第三釋悔義，是以動而有悔也。夫皇者之義，万姓爲既失三從，動必有悔，悔而无改，自窮之數也。文言第二番，純明人事，七重云爻□□□□□□□□□□□□□□□□□（文字殘損難辨，斷卷）但見在田，極暢聖教，教援幾從，故言時舍也。終日乾乾，行事也[100]。上之主撫作化之民，冥不釋照，照非舍冥，神用无懃，朝夕乾乾，所謂行事之象也。惑躍在淵，自試也。物情猶豫，盡望在理。順威而躍，將觀有事。上試愚主，下應幾情。故言自試也。飛龍在天，上治也。順幾而應，凡非彼知，故言飛龍。天青青之作，仍稱在天。昨在下職，今擅上化。故言上治也。

---

⑨⑨「⿱䜌十」爲「率」之古體字，下同。

⑩⑩「也」下尚有二字，不識。

亢龍有悔，窮之災也。既處極位，擅行亢驕[101]，事理並盡，復亢不退，居則无安，動即有悔，必窮之災也。第七釋用九義，乾家之心用九義。乾家之心用九顯理，坤家之誠用六示德。故重釋其理，丁寧其事。乾元用九，天下治也。初段爻辭云用九，見群龍。故攸澤者，正是案境而見智體也。今文言云乾元用九者，何也？通元曰之與九，俱是乾處之德，假名詮理，自有□咸之目耳。文言初章云：君子行此四德者，故曰，乾元亨利貞。然則客言君子别有用九之義也。故此言乾元用九，二名不異，相即元二，是一義也。一通云：夫九者是德上之名，復標陽爻，猶有智上之目。故言九者，即是聖智也。若然者亦有客言，君子唯行四德，四德不行，君子境智相冥之理，時致未冥之際耳。故《繫辭》云：神即道，道即神[102]；又云：神无方，易无體。若論此義，即是可謂神智无有别境之體，境理亦无别智之用。故言智周万物，道濟

[101] 此處「驕」字，與《老子》甲本「驕」字古寫體相近。

[102] 「神即道，道即神」一語，似出自《繫辭上》「易與天地準，故能彌綸天地之道……一陰一陽之謂道……陰陽不測之謂神」之文意。

天下而不過⑩,範圍天地之化,曲成万物而不遺耳。俱象象並云:无首爲吉。文言此章,天下治也,既是境智相即,所明之理,於乎見義者也。

文言第三番七重,俱案天氣而明之,注家同義。七重⑭釋次隨文可解。潛龍勿用,陽氣[潛]藏⑮。陽氣升降,□節而行,聖人隱見,隨幾而行,設辟爲吉。故云潛藏之義。見龍在田,天下文明。陽德發登,遍照天下。大人應見,文教太通,各幾蒙化。故言天文明也。

終曰乾乾,與時潛偕行,乾道□□陰陽□□聖人體□□(多爲半字,殘損難辨)

……(斷卷)

德因見大義也。飛龍在天,乃住乎天德,位證天德,應道之極。前章人事則言上治,此言天德,相可表義耳。

亢龍有悔,與時偕極,陰陽佚興,人道无常,譬彼殷家

⑩「而不過」原誤作「不而過」。

⑭「七重」原作「七里」,依文意改。

⑮「潛」字,依《易・乾・文言》補。

氣理並極，自非迹情。故言偕極也。乾元用九，乃見乎天則。人事章云：天下治也。天氣章云：見乎天則者，同。雖无爲，設辭有義。人事之中唯治爲體，天道之軍俱則要，此章相則表彼義，言无爲爲治故耳。

問：前後章俱明卦辭，而不道用九之義。在中二章唯明用九，尚闕卦辭之説，何耶？答：劉先生、朱仰之[106]並通此義，唯以相乎明義耳。今義不然，第一章是論道之初，第四章爲弱事之末。故闕用九之義，而論爻辭之意，可也。第二第三二番，在寔爲事理之腹，故不可爲闕，用九之誠耳。若如卦辭早顯其義，在與不在更无大妨耳。既无太明此體，終屬所宜尔□□義，言之可也。第四□□□□，結上所□有此[107]者。文言三番義尚未究，超對彖家近簡，三番凡所蘊集廣令其義。第一釋德，第二釋爻，就前釋德，又判二

[106] 朱仰之，生卒年未詳，唐李鼎祚《周易集解》所引《易》家之一。

[107] 以上兩行，京大影印本中無。

别。自「乾元」下至於「大矣哉」，直釋四德成名之伏。第二自「大矣哉」至於「天下平」⑩⑧，重歎上意，仍釋卦爻各意之象也。就前二别先釋四德，後釋歎利貞結讚。前釋四德二别，上明元亨。乾元者也，始而亨者也。夫元者乾家之德，故言乾元也。彖曰：万物資始。而後釋亨德耳。又言此章超對彖辭，廣合其義也。乾家太沖，理唯虚寂，本元終始。何德生元，因法自生。故言爲始耳。然受元始之理，始義在物。理施有初之物，强名爲元。既是因物成名，並有通生之功，故言始而亨者也。但亨訓是通，通在通用，通用始義爲别。别冠事首，始别通始，通即始通，故言元……（斷卷）

物之情性每唅利貞，故言利貞者，性情也⑩⑨。《道經》云有名

⑩⑧「自乾元下至於大矣哉」及「大矣哉至於天下平」所指内容，見《易・乾・文言》原文：乾元者，始而亨者也。利貞者，性情也。乾始能以美利利天下，不言所利。大矣哉。大哉乾乎？剛健中正，純粹精也。六爻發揮，旁通情也。時乘六龍，以御天也。雲行雨施，天下平也。

⑩⑨「性情」原作「性性」，據《易・乾・文言》原文改。

万物之母是也。第三小别結歎。乾始能以美利利天下，不言所利。大矣哉。乾家之利本非利，象元爲之利美利，既无宰主都无名，相不言之利，然□玄功。故歎曰大矣哉。俱脱元守平顯无異。《道經》云：同出異名，玄之又玄是也。第二重歎上體，又體又判二别，先明乾體，後釋爻用。又案歎體復判二别。先歎乾名，後釋正體。第一歎體，大哉乾乎，大哉也者，凡所稱之辭，極廣之言也。夫至理感迹不當稱大，是大者之義不如乾家之妙廣，而欲顯太易之理，直寄譬釋之歎也。是淵釋其體，設歎名上也。

正釋乾體，剛健中正，純粹精也。設論乾體略有四象，第一剛健，第二中正，第三純粹。凡此三象，正指境體。第四釋精者，蓋是智體也。第一剛健者，唯指力象而爲標目耳。万像之象，莫勝乎无爲之力。變化之勢，无過乎自尔之力。乾家无爲，无爲而无不爲，不爲而爲，則是剛健之勢也。何者？體賢堅難碎謂之剛，身立无臥謂之健。沖寂難破，堅横莫碎，故謂剛健也。第二釋中正者，正也。是匡万法，各正理性，不偏爲訓，无所不正，自正之正耳。《莊子》云：乘天地之正，以遊无窮者，且惡乎待哉⑩。義家云：天地者，本无生理，亦无不主不當之理，是謂天地之正。此所言正，則是太易之理。故言不當之正耳。夫中者沖也，亦云中也。《老子》云：谷中神之所居也。《莊子》云：是非无偶謂之道之道樞，樞中向其中，謂之環中⑪。昔時席皇之所冥遊之□也。然則万法无形，老子之中是非莫偶；莊生之中主是自然之中。故壺子曰：吾不出於我宗，我宗者自然之中⑫。故中正一雙表理體，强名无爲，而言中正耳。第三純粹者，粹是本精□□□□□□□□□□□□□□（缺損半字難辨）……（斷卷）

⑩《莊子·逍遥遊》原文：若夫乘天地之正，而御六氣之辯，以遊無窮者，彼且惡乎待哉？

⑪見《莊子·齊物論》原文：彼亦一是非，此亦一是非。果且有彼是乎哉？果且无彼是乎哉？彼是莫得其偶，謂之道樞，樞始得其環中，以應无窮。

⑫壺子，《莊子》、《淮南子》以及《列子》等古籍中可見其有關事蹟。《莊子音義》：壺子，司馬云：名林，鄭人，列子師。「吾不出於我宗，我宗者自然之中」一句，可參見《莊子·人間世》列子與壺子對話的内容。

《經》云：一與不一，三生万物。生者无主。生而不有[113]。《莊子》云：道生之一，一而不一，教言无及，指而不雜，是謂自純之一也[114]。略像乾體，則有六字三句，理无究竟之義。教門如此之是境體，所謂乾家之心，太易之理者也。第四釋者，蓋是智體也。《道經》窈兮冥兮，其中有精[115]。義家同云：神靈之本，理性之體。《繫辭》云：本有精靈之性，繼之者善也。故論家云：外典不論聖人問道之神，亦无學業之等。直言生而知之者聖也。而既言繼之者善也。習故。又云：万代[116]以還，習陰生一常，故能遊世數之陰。因此可云：夫謂聖智者，本非自然爲冥者。復是積習，是繼而成万善之道者也。其外典太宗，理性爲體。性之爲性情，不在於无，亦不在

---

[113] 引文似與《道德經》第四十二章、第三十四章、第二章的如下内容有關：「道生一，一生二，二生三，三生万物。」「万物歸焉，而不爲主。」「万物作焉，而不辭。生而不有。」

[114] 今本《莊子》無此文句。

[115] 見《道德經》第二十一章。

[116] 「代」原作「伐」，據文意改。

有，中正之理，則是性體也。故三玄論⑪⑦云：理則自然之境，性則自然之智。或謂太易，或謂太和。復稱自然，復稱无爲，真人，神人，至人，聖人，尋論可窮，唯是□□□□□□⑪⑧其極，宗其次在後耳。第二釋爻象情，六爻發［揮］，［旁］⑪⑨通情也。卦譬乾體廣无爲之德，爻喻感應興成所爲之理。故或潛或見，乍躍乍飛，發揮⑫⓪无方，婉然成義。唯有旁通之情，不能正釋卦中之理也。略釋彖辭，時乘六龍以御天。彖釋家貞上章如此，所以重如此説者，物釋君子之德，略引卦德，丁寧其義耳。

結上屬句，雲行雨施，天下平也。上釋品物流形，今説天下平也。彖家釋如，故可言流形之。文言明終，故可言平

⑪⑦《顏氏家訓·勉學篇》云：《莊》、《老》、《周易》，總謂三玄。三玄論，或另有所指。

⑪⑧以上兩行，京大影印本中無。

⑪⑨「揮」、「旁」二字模糊難辨，據《易·乾·文言》原文補。

⑫⓪「發」原作「登」，依文意並參照《易·乾·文言》原文改。

化之美[121]。夫文言者，俱是文餝彖象之意，故重稱上章，而顯无異之體也。第三釋六爻，六重。第一明初九，三別。初釋名義，仲釋時義，後釋句用爲結。第一直稱君子居常之道，君子以成德爲行，日可見之行□□□□□□□□□□□□□□□□□（文字殘損難辨）

……（斷卷）

第二釋順時返行，潛之爲言，隱而未見，行而未成行。雖有君常之體，據應爲言，非无隱見之理。故時潛則謂之隱居，則謂未成。若去應地，惡乎成名。故稱君子者，迹上之名也。第三結句，是以君子弗用也。既有應幾之行，尚未百姓之時體，常居子不能造時。故言弗用也。第二釋九二，自前四句正釋業行，《易》曰下結句在前也。別二雙先釋脩業，後明心行。第一釋

[121]「美」原作「羮」，據文意改。

業行，君子學以聚之，問以辨之[122]。九二之應，以教爲宗，嘗陳學脩而顯其德。故云我非如生而知之者也。若案聖智无學而興，不問而問耳。據教問言无學，何以聚之？故有學問之教也。後別釋行，寬以居之，仁以行之。在約而心，秦求仁而得仁，器宗深遠，天下盡歸，故言寬以居之。且其所學已勞，无所不聚，所問无□□□□□□□□□□□□□□□(字跡模糊難辨)有仁德之心也。第二結句，《易》曰：見龍在田，利見大人。君[123]德也。更引卦辨而證其義，雖卦天位，欲標爲君之德也。第三釋九三，前明後結。九三：重剛而不中，上不在天，下不在田。夫九三之位，當有三難。第一，居重陽之上，而不問其中也。利九，利九在曆，故无勞。九二在田，故定位。俱是九三非可息之地，夕惕如厲，是一難也。第二[124]，飛居天位，而

[122]「問」原作「間」，據《易・乾・文言》改。「辨」，今《易・乾・文言》作「辯」。

[123] 以上三行，京大影印本中無。

[124]「第二」原作「第一」，依文意改。

上不在天，研幾擬事，是二難也。第三，雖居人體不顯其用，是亦三難也。故言聖人有爲之時耳。

後别結義，故乾乾，因其時而惕，雖危无咎矣⑫⑤。雖有重陰之患，既倐臨之幾，業與理冥焉。故无咎也。《中庸》云：至誠无息，能贊天地之化⑫⑥，故言乾乾也，聖人也。心别无憂樂，據迹成義，故言因時而惕也。第四釋九四，重剛而不中，上不在天，下不在田，中不在人。故惑之。惑之者，疑也。夫

……（斷卷）

位君體，九四即用陰位也。故文王從體，臣業而已。用者應動，武王居用，或躍而試之。天下重畫有疑或之心，故聖人順幾而像之也。結釋无咎義，故无咎。夫故者承上繼後之義，既有夫難，順動无私，能幾功理，故問无咎也。第五釋九五，二重。第一釋能從其境。

⑫⑤「其時」、「雖危」原作「其特」、「雖色」，據《易·乾·文言》改。

⑫⑥「贊」原作「替」，據文意改。

第二釋境還无違，在前五別，随次可解。先稱後釋，第一稱體，夫大人者[127]，此稱大人者，所謂利見大人也。將顯其德，先稱其躰而歎之，欲之者釋其功也。第一釋與境體，冥與天地合其德，万法之境，二儀爲大。能合二儀，其至餘可解。俱德者无爲之德，随體在前。第二釋與用，相冥興日月，令其明万象之色二離爲勝，能令二離爲其餘可解。俱云明者，所昭之情，随用在次。第三釋與變化，冥與四時合其序，變化之象，莫大乎四序，能合四時，其餘可解，與運不成。第四釋與鬼神，冥與鬼神合其吉凶，禍福之前必起乎冥黔。故推鬼神而譬之，鬼神合道，其餘可解，末義在後。問：聖人與天地合德者，其義何耶？答：義家多種略稱，略稱三。第一家云：孔子閒居。子夏曰：

[127] 此段以下内容，見《易·乾·文言》原文：夫大人者，與天地合其德，與日月合其明，與四時合其序，與鬼神合其吉凶。先天而天弗違，後天而奉天時。天且弗違，而況於人乎？況於鬼神乎？

三王之德參於天地，敢問何如斯可謂參天地矣？ 孔子對曰： 奉三无私以勞天下。鄭注謂禹、湯、文王也。參天地者，其得與地爲三也，勞者來万象也。天无私覆，地无私載，日月無私照，奉斯三者以勞天下，此之謂三无私。其在詩曰： 帝命不違，至于湯齊，湯降不遲，聖敬曰齊。照假遲遲，上帝是祇。帝命式于九圍。謂九明也。是湯之德也[128]。故天地者，天帝之化，可言合也。此家據經家義而通令德耳。第二家云：《老子》曰： 天地聖人，同曰不仁，以万物爲芻狗[129]。□是无爲之德，故无爲□无……（斷卷）

云： 陰陽，風雨晦明也。今義不異，俱釋德體，體有體用。釋有二種，第一得爲理體，第二教被物爲用，德名之上，理有二義也。

[128] 「閒居」、「奉斯三者」、「湯降不遲」、「昭假」、「是祇」，鈔本原作「問居」、「奉私斯三者」、「降不遲」、「昭暇」、「是植」。據《禮記·孔子閒居》改。

[129] 見前注《道德經》第五章。

第一釋體。《道經》[130]云：天得一以清，地[得]一以寧，神問一以靈，侯王問一以爲天下貞。故所之理天地不異，可謂案體合德也。第二釋用。《道經》云：城中有大也，道大。夫君王亦大，同居一城，四大同心[131]。故言案用德合也，俱上德不德，體用无二，无所得義。而攸論問理今言，今言合德並是不德之德，强名四大之象。因有合德之理，道是无物之象，德亦无象之物也。問：與鬼神合其吉凶者，亦是何義耶？答：鬼神之性无出理家之用，故《繫辭》曰：知死生之説，知鬼神之情[132]。《道經》又云：聖人出世，鬼不爲神，神不爲神，神非傷人[133]。非傷人，非傷人，故可謂鬼神合其吉

---

[130]「《道經》」原作「道理」，引文内容見今本《道德經》第三十九章，但兩者文字多有不同。例如：《道德經》中「地一」作「地得一」，據此補「得」字。又如「神問一」、「侯王問一」作「神得一」、「侯王得一」。《道德經》原文如下：天得一以清，地得一以寧，神得一以靈，谷得一以盈，万物得一以生，侯王得一以爲天下貞。

[131]《道德經》第二十五章：故道大，天大，地大，王亦大。域中有四大，而王居其一焉。

[132]《繫辭上》：原始反終，故知死生之説。精氣爲物，遊魂爲變，是故知鬼神之情狀。

[133]《道德經》第六十章：以道蒞天下，其鬼不神，非其鬼不神，其神不傷人，非其神不傷人。聖人亦不傷人。夫兩不相傷，故德交歸焉。

凶之理也。其木林不万衆，窈冥神理，莫匪投落乎？聖鑒之照，照而順之，那問不合哉？略陳蜀[134]廣開理情耳。先天而天弗違，後天而奉天時。後别釋相從法，廣合上意，略稱天道，其餘可解耳。復今二别，先天者，聖智冥理，照知天厝之前，其事无應也，㾊[135]也。天者事必理後，故言不違耳。後天者，構事之後，理不過事，必從其事。必從其事，故言奉天時也。論道必冥於理，諳[136]未必於從時，此乃所謂聖人无心，唯道爲心。心之攸響，必有成善之利也。奉者奉領之義，雖云无爲義，判爲辭故也。後别結義，況於人乎？況於鬼神乎？舜禹至聖，奉從帝堯之化，況乎百姓日用不知而猶從之也。故捴言於人乎也。至人在世，既云鬼不爲神，神不爲神。神不爲神，神亦不復人聖，亦不傷人。故言況鬼神乎？

[134]「蜀」爲「獨」，見《方言》卷十二郭璞注「蜀猶獨耳。」

[135]「㾊」，見《説文解字》：從疒，夾聲。狹窄，狹隘之意，今作「狹」。

[136]「諳」，見《集韻·覃韻》：「諵」或作「諳」。「諵」，諵阿，語不決。

……(斷卷)

道。故因更明之慎耳。初九:屨校滅趾,无咎。王肅⑬⑦云:屨校滅趾,无咎。王肅[137]云:蹈木没足,足著械也。沈居士[138]云:足所以著屬,而今著械,足以校爲屨,故曰屨校也。居刑之始,不能獨免,乃至聖智設有開象,而足徵而懼,且成旁誡,雖有屨校,可謂无咎。故《繫辭》云重爲嘆美,足成且誡也[139]。九四:噬乾胏,得金矢,利[艱][140]貞,吉。以剛健之德,而居非當之位,若隱而不治,尚有應時之由,下而敢治,則有噬乾之難。故敢由忠信,譬如金矢難貞爲懷,而後得吉也。若至上九稚責

[137] 王肅,字子邕。三國時著名經學家。魏東海郡(今山東、江蘇一帶)人,卒於甘露元年(二五六)。曾著有《易注》、《易音》等大量書籍,今多不存於世。

[138] 沈居士,狩野認爲即沈驎士。沈氏字雲禎,吴興武康人。著有《周易》、《兩繫》、《莊子内篇訓》、《老子要略》等書。詳見《南齊書》、《南史》。

[139] 似指《繫辭下》:子曰:小人不恥不仁,不畏不義,不見利不勸,不威不懲。小懲而大誡,此小人之福也。

[140] 原無「艱」字,據《易·噬嗑》補。

成教，故早改其行，聰不明也。離下艮上，賁[141]。釋義三重。釋名，次第，釋詞。第一釋名，《序卦》云：賁者，文餝之旨也[142]。《序卦》以爲文乘彖家，又云：剛柔相餝之象也。第二釋次第，《序卦》云：物不可以［苟］合而已，故受之以賁。賁者，餝也[143]。此相返門，全任刑罰物必拯，故刑罰之後，道唯有文明之德。故刑罰之後，反有文之德也[144]。第三釋辭五重，卦辭，彖辭，大象，爻辭，小象。釋卦辭三段，釋名，釋德，別辭。第三釋別辭。小利有攸往。僕射[145]等通，夫剛健之性，理宜進求，文柔之躰，事當退止，賁也。文德唯爲沖靜，若其往也，不得大宜。以文靜居，還成嚴行。今

---

[141] 「賁」原誤作「責」。

[142] 「序卦」原作「雜卦」，據《易》内容改。《雜卦》：賁，无色也。《序卦》：賁者，飾也。

[143] 原無「苟」字，據《序卦》補。

[144] 「文」原作「父」，據文意改。下「文德」同。

[145] 此處「僕射」二字清晰可見，可證前文「葆則」當爲「僕射」之誤。

有攸往。故得少利耳。今義小異，直案卦德，略如舊通，㨒⑯別其義，全非如通耳。何則？今案彖辭，各依王注，乾坤相交，剛柔相餝。故成天地之化，而造文餝之世者也。故亨德對於坤家之女，小利譬於乾家之男。男往失位，故小利。女來得位，故得亨。賁世之象，德行在此。

……（斷卷）

講周易疏論家義記釋咸第十⑰

兑上艮下，咸。釋義三重，釋名，次第，釋辭。第一釋名，咸。彖曰：咸，感也。氣類相感，故受感名。第二釋次第。《序卦》云：有天地，然後有万物。有万物，然後有男女。有男女，然後有夫婦。有夫婦，然後有父子。有父子，然後有上下。有上下，然後禮義「有」所錯⑱。此人事相須門也。上經

⑯「㨒」，《集韻·齊韻》：刲，《説文》：刺也。或作㨒。
⑰本鈔本原無書名，亦不署作者姓氏。狩野據此標題推斷，書名當爲《講周易疏論家義記》。
⑱鈔本原無「有」字，據《序卦傳》補。又，鈔本較《序卦》少「然後有君臣；有君臣」數字。

明天道，故以乾坤爲首。下經明人事，故以咸恒爲首。夫婦之物，即是男女相感。男女相感，即是感通咸業，《繫》所謂男女構精是也。

釋辭五重，卦辭，彖辭，大象，爻辭，小象。釋卦辭三重，釋名，釋德，別辭。第二釋德，亨利。夫感應之理，貴在相通，感通之義，以正爲體。俱夫婦之道義在節和，若純感悦好泥致耶。失正之感莫如无應，故誡其亨後復言利貞，以正爲本也。第三釋別辭，娶女，吉。夫婦之道感召爲宗，既成感應之象，故言娶女之吉。

第二釋彖辭七重，釋名，釋亨，釋利貞，釋娶女，捴結，廣解卦，歎德。第一釋名，彖曰：咸，感也。此貢釋訓感，以感召爲義。冥通成理，應以苻接爲體，古字以咸爲感耳。第二釋亨，柔上而剛下，二氣感應以相與，此釋得四亨，由於二體兑柔在上，柔性降下，艮剛在下，陽性上登，二氣相與，則有相與感應之義。剛柔得所，故問亨和也。第三釋利貞，止而悦。此釋問利貞，由於二體，體既能上能悦，故言利貞。止若不悦，則无以咸感，悦而不止則无爲。應令悦而能止，心非佞耶。攸言所利在止，利貞也。王経⑭亦云：　故利貞者，止悦无爲。故能利貞也。

……（斷卷）

慢之行請之節也。節五揔結上文，是以亨貞，娶女吉也。諸釋上義，每當至理，故言是以更疊經文將欲結成者也。

第六釋廣解，分二別。先明天地感義，天地感，万物化生，天地无感，物亦无生。二氣氤氲，相感陶丞，故万物亦有感動，而生无窮也。後明聖人感義，聖人心天下和平，人聖无心有感致應化行。天下万物均平，和則不平，則无偏，聖人應感，攸能得成耳。俱聖人能感而復應，應則和感，感則爲應，攸此言感耳。

⑭　王経（經？），不詳何人。查陸德明《經典釋文·序録》所記注家中有一名王濟者，或許是王濟之誤。王濟，西晉時太原晉陽人，字武子，《晉書》有傳，善《周易》、《老子》、《莊子》，著有《易義》等。

第七釋歎卦，觀其感所，天地万物之情可見矣。乾中所釋，随類能感耳。天地万物，各有所感之義，今言情者，俱是理上之用也。攸言天地万物之情，情即是理，不得已而生者，並是物情也。

第三釋象辭。象曰：甲山上有澤⑮，感。澤性下潤，山體深虛，虛而受潤，事苻通感，且山必通，高澤必降下，此亦感義。君子以虛受人，夫卦擬物礙而不會，虛懷受物，通能而感。且君子无心，常以虛心受物也。

九四：貞吉悔亡，憧憧往來，朋從爾思。初六：感其拇⑮。王注云：未至傷，靜也。六二：感其腓。象曰：雖凶，居吉，順不害也⑮。九三：咸其股，亦不處也⑮。此爲所咸之境不同，彼脩之行不等。故觀其所咸，則知万物之情也。今論九四，居

⑮「甲」字疑衍。

⑮「朋」、「初六」原作「匌」、「初物六」，據《易·咸》改。

⑮「不害」原作「不言」，據《易·咸》改。

⑮「其股」原作「其股」，據《易·咸》改。

二體之際，據一卦之中，上无感於騰口，下无觀於拇腓，俱指心神之道者也。第五釋歎卦，觀其所恒，天地万物之情可見矣。夫所恒之理，唯因无爲，只非天地无爲，並是四時无爲之心。故无爲之理，則是天地万物之情，自然可見矣。大段第三釋象辭，象曰：雷

……（斷卷）

從其思也。《繫》中云：天下何思？同歸而殊塗，一致而百慮。天下何思何慮？日往月來，月往日來，尺蠖之屈以求伸也⑭。然則憧憧者，不定之皃；往來者，隨物之行也。往不定於往，來不定於來。屈不異於申，申不異於屈。恒順佋而无動，本无爲而有感。觀同歸之殊塗，知一致之百慮，然後貞吉，百物所歸。憧憧往來句，從爾思者也。安此一爻，極顯至人遊感之義耳。

震上巽下，恒。釋義三重，釋名，釋次第，釋辭。第一釋

⑭「伸」原作「仲」，據文意改。《繫辭下》有文字與此類似。

名，恒。彖曰：恒，久也。恒之爲義，唯是長久之名，久於其道，忽非改易。故曰恒久也。第二釋次第，《序卦》云：夫婦之道，不可不久也，故受之以恒；［恒］者，久也[155]。此人事相須門也。且語其義者色裏，即受敬之情遲，時咸則恩情之心重敬，如客久涉之義，則難置而不攝感應之理，即睒唯事理乃得恒存，人道之至唯在恒義，故夫婦成感之後，次繼恒久之義耳。

釋辭五重，卦辭，彖辭，大象，爻辭，小象。第三釋卦辭三重，釋名，釋德，釋別辭。第一釋德，恒亨无咎，［利］貞[156]。王注云：恒而亨，能濟三事也。故恒久之義，其美在通，若使隔滯自失恒道。故誡家之法恒通，无咎之曰乃曰利貞，久通得正，恒義純成，故言利貞。第三釋別辭，利有攸往[157]。夫能順恒道自脩貞德，

[155] 原無「恒」字，據《序卦》補。

[156] 原無「利」字，據《易・恒》補。

[157] 「攸往」原作「彼往」，據《易・恒》改，下同。

有道有德始可交涉遠方。故言利有攸往。

第二釋彖辭五重，釋名，釋利，釋德，有攸往，廣解，歎卦。案第一釋名，又分二别。第一直開釋名，第二出其所由。第一直釋名，恒，久也。翻此恒訓乃是長久之名，故言不恒其德，或承之羞也[158]。第二出其所由，並有四重。第一由在二體，第二[159]由在兩象。

……（斷卷）

下震體嚴剛，臨化在上，尊卑得序，陰陽得儀，所以爲恒之道也。

第二釋由在兩象。雷風相與。雷爲法或，風爲教令，是天天使相與治化。雷是長男，風是長女，並德俱長，感爲相與，恒久之義，於此爲盛。第三釋由在二訓義，巽而動，動而不從不可久，順動得從順，相與恒

[158] 「不恒其德，或承之羞也」一句，「不」、「承」原文寫作「于」、「丞」，今據《易·恒·九三》原文改。

[159] 「第二」原作「第三」，據文意及後文「第二釋由在兩象」改。

久。故巽從震動而得恒也。第四釋由在六爻，剛柔皆應，若使六爻不應，俱是凡難以恒久。今六爻皆應，无有偏隔。故其道乃得長久也安。第二釋德，分爲二別。先釋義理，後釋道結。第一釋義理，恒亨无咎，利貞。久於其道也。恒家之通，恒通无咎，通而无咎，復應利貞，既得利貞，故恒久其道也。第二釋通結義，天地之道，恒久而不已也。万法之中，天地大象，天地所以能得長久者，豈非各得道而成，不已之象也。然天地之心，本自无爲而无不爲，非恒久而能恒久，故能得恒而不已耳。第三釋利有攸往。利有攸往，終則始也。既得恒久，攸往皆利，終則冥始，始則冥終。若譬四序，環運无裁，復施竪横，莫匪皆然。故在終不終，在始周流六虚，動而沖寂，與事相冥，不與物離，豈非所往得恒久爲故，能終古恒尒，運照无癈耳。第四廣解三別。第一論體恒久。第二論節恒久。第三論道恒久。第一論體，日月得天，而能久照。夫有象之中，光爲妙體之得，恒久唯依无爲。故日月運行得天之心，无爲无心而能久照耳。第二論節，四時返化而能久成。夫變化之象，序爲勝，法春秋代謝⑯，生長休癈，唯依无爲之理，能保久成之化也。此義案境而釋无爲之理也

……（斷卷）

小而起，故以小男小女正開感應之理。恒是脩恒之業，鮮剋有終。故以長男長女爲恒久之終，極顯長久之道也。且艮之與兑俱爲重滅之法，唯施感理而已。震之與巽並是妙清之躰，同雖有爲，易可會通，相以恒久。故得爲恒久之終耳。易者唯象，象者有像，雖是感應之理，非无其理，勝劣之象久有此例也。君子以立不易方，物皆有恒，不失其性。聖人以立不易其方。其方者，百姓有恒之方也。君子亦以无爲

⑯「代謝」原作「伐謝」，據文意改。

爲恒，无心爲方。故出處言嘿，随時而行，應化之道，不改其方耳。初六：浚恒，貞凶，无攸利⑯。脩恒之業，无物不思，恒道難得，唯譬震巽而已。今忽利六直以恒久之教，既无迴降之心，未曾无爲而居恒，忌而遊性，俱是深恒而謂不失者，雖有上賢之器，非无一過之義，故言貞凶。業非漸藴積至恒道，恒亦非恒，故言无攸利耳。

上［六］：震恒，凶。上六觀彼初六之行，故振恒不脩⑯。居上无恒，豈如失恒而已哉？果有背恒之禍，故言凶，不言无所利，所利者輕故也。

艮下乾上，遯。釋義三重，釋名，次第，釋辭。第一釋名，遯。遯者，退避之名。小人道長，君子遁避，故受遯退之名。據於君子之身而稱遯義，若是小人直稱逃

⑯「攸利」原作「彼利」，據《易・恒》改。
⑯ 鈔本原無「六」字，「振」原作「栣」，據《易・恒》補訂。

亡，不可謂遁也。第二釋次第，《序卦》云：物不可以久恒，故受之以遁。遁名者，退也[163]。此相須門，日月盈與冬夏代序[164]，更相接謝，不可恒存。故功遂身退，不可久存。故因退義以係人事之遁也。釋辭五重，卦辭，彖辭，大象，爻辭，小象。釋卦辭一别，釋名，釋德。第二釋德，亨，小利貞。夫陰長陽退，以遁宅而爲……（斷卷）

而異耳。初九：悔亡，喪馬勿逐，自復；見惡人［无］咎[165]。初九應在睽之時，獨立无位之比，當悔之心實在此時耳。其上下相睽，物情无接，譬言喪馬勿逐，自復；兹乃先咸之甚也。與四同志目擊，道存能照時，情乃得悔亡也。韜光閇迹，與世无爲，雖見惡人，何患之有？故曰无咎耳。九二：遇主于巷，无

---

[163]《序卦》原文：物不可以久居其所，故受之以遯；遯者，退也。

[164]「代序」原作「伐序」，據文意改。

[165]「惡人」原作「要人」，「无」字原脱，據《易·睽》補訂。

咎。九二以陽居陰，六五以陰居陽，俱失本位，並當睽世之職，世是大睽小得往通，臣不奉於主，主不尋於臣，直睽而已，而只非居臣之義。玄有聖賢之道，感應之理必有其會，出於巷中不期而遇，施義爲論可咎而免。故言无咎耳。上九：睽孤，見豕負塗，載鬼一車，先張之弧，後説之弧[166]，匪冦婚媾，往遇雨則吉。上九高心體有明光，居明離之上。臨睽澤之終時，无善幾道未接化。故可謂睽孤也。何者？世既睽時，聖人應問以无應之理，居極睽之地。故言睽孤耳。兑艮爲澤象，又譬爲豕，澤中有豕必負其塗。故見豕負塗，甚是可穢之象。此謂无感之時，无異此之體也。夫聖人无應，世情相睽，恡[167]異多妄興，妄求禍，故福言載鬼一車者，多其恡

[166] 二「弧」字原作「孤」，據《易・睽》改。
[167] 「恡」爲「怪」之俗字。見《玉篇・心部》。

物耳。王注云：見鬼盈車，吁哉可恠也。俱時移甚速，睽理將盡，謫恠道爲一，先張之不解其理，後解之得悟，其應匪寇得婚，二體如通澤體，豕上陰陽調和，唯非得和之美，並有群疑之消亡。故言遇雨吉也。艮下坎上，蹇[168]。釋義三重，釋名，次第，釋辭。第一釋名，蹇者，難也。時世艱難，故名爲蹇。第二次第，《序卦》云：物睽必難生，故受之以蹇。蹇者難也[169]。此相因門，物若大因則无厄難，但由睽庭俱蹇難得生耳。釋辭五重，卦辭，彖辭，大象[170]，爻辭，小象。釋卦辭五重，第一釋名，第二釋利西南衆義則平等，譬之涉難易通无礙。故向涉之方所以爲利。第四釋利見大人義。利見大人，涉難之財……（斷卷）

[168]「坎上」原作「故上」，據《易·蹇》改。
[169]《易·序卦》原文：睽者乖也。乖必有難，故受之以蹇，蹇者難也。
[170]「大象」，原誤作「大大象」。

義。在聖化蒙化之道，宜見大人。大人者，則是應位之聖也。今九五應世並雜大難之中，登之山頂平觀可済⑰之道。凡欲涉者但在得見，若有得見，何妨済阾⑰？王注云：往則済也。往見大人，則有得済之理。故經文利見大人注云：往則済也。第五釋貞吉義。貞吉得位之時，聖化弥廣，應非據正道，外難遍今二四三五，並皆當位各腹其正，是謂済難之時，以済難之時而見能済之主，必由正吉。故言貞吉也。第二釋彖，六重。第一釋名，第二釋利西南，第三釋不利東北，第四利見大人，第六歎卦⑰。案釋名有三意，先訓釋名，中出得名所由，後裒稱蹇致美地。釋名訓義，彖曰：蹇，難也。夫蹇之爲名，正訓於難，譯蹇難則是訓也，中出得

⑰「済」爲「濟」之俗字。見《玉篇·水部》。
⑰「阾」同「嶺」。下文中多次出現，用法常與「險」字相混。
⑰原缺第五。「第六」或許是「第五」之誤，存疑。

名所由，陰在前也。今釋由名相方成義，山見水而能止，水遇山而不流，故成蹇之義，相開二體。俱自内先釋，故言：險在前也。險者[174]，次象在前也。後別哀稱蹇時至美之地，見阾而能上，智矣哉。此釋能免險難之患[175]，由於艮卦之心，若見水而不止[176]，則被其難。見岭而能止者，誠是知理之象，故言知矣哉耳。然則自非除智，熟能如此矣。故設論艮象極一似有智，可行則行，故无所不在，可止則止，故本非蹈難，此義可謂智矣。第二釋利西南，蹇行西南，往得中也。此案坎體平其義，若向平地當免於難。生非其地，那得无患？俱西南之地平无礙，次德若行，往必得中也。然得中之地，物理得利耳。第三釋不利東北義。不利東北，其道窮

[174] 兩「險」字原作「阾」字，據《易・蹇・彖》改。
[175] 「險」原作「阾」，據文意改。
[176] 「止」原作「正」，依文意改。

也。東北艮位是山之象，以次涉山，轉憎其阻路窮……（斷卷）

同老之匈必應來集耳。何者？本是常座歷聖所集之地也。俱治蹇之道必有其節，雖是極聖之智，不能踰越而化。故象曰：以中節也[177]。坎下震上，解。釋義三重，釋名，次第，釋辭。第一釋名，解者，解散之名，蹇世解散稱解義。第二釋次第，《序卦》云：物不可以終難，故受之以解。解之者，緩解之義也。此是天道相返門，否終則泰[178]，難終則解，散極必返天道，固然之理也。釋辭五重，卦辭，彖辭，大象，爻辭，小象。釋卦辭四番，第一釋名，第二釋所宜之處，第三釋无蹇難時吉，第四釋有難者吉義。第二釋解時所宜之

---

[177] 「中節」原作「節中」。據《易·蹇》改。

[178] 「終」原作「絡」，依文意改。

處，解，利西南。夫解難之時，靡所不安，何別西南，特稱善義。俱凡論處所非无其義。西南者坤地；坤地者，正是衆庶之因也。故解難之善，被於衆地，特稱西南，而廣至義且一切无礙，故不言東北，亦有可知耳。第三釋无難時吉。无所往，其來復吉。凡物有起往，必有開事，既无難事，何往之有？俱可靜居无爲，自心返覆而已，自然會吉也。且時復如此，家情安樂。我雖无往，物來何妨言，故至來復吉耳。第四釋有難者吉義。有攸往，夙吉[179]。如攸往者，一往未解之物也。時當太平，天下被解，見則蒙化，理无稽滯。故言或有未解者，早往天官速蒙解命，若是遲者淹留難地，事與蹇同。故云夙吉也。第二釋彖，六重。第一釋名，第二釋利西南，第三釋无難時吉，第四釋有難者吉，

---

[179]「有攸往，夙吉」原作「有假往，風吉」，據《易・解》原文改。

第五廣解，第六歎卦。第一釋名，彖曰：解，險⑱

……（斷卷）

（殘卷終）

文後有數行日文記録。一爲長享二年（一四八八）沙門英憲所記；二爲享保三年（一七一八）沙門性宫所記。

最後一行爲裝裱紀録：「昭和三十一年（一九五六）五月，文化財保護法修理了。」

⑱「險」原作「嶮」，據《易·解》改。

三　殘卷校定稿

論曰：无體也，无體之謂也。《繫辭》云：易无體，神无方。故能使无象。象而无象，周流六虚，終而復興，終日變化，亦无變化之相。故論曰：易盡爲道變以極，是理也。而有爲因於无爲，變化因於虚沖。故莊生云：天地与我並生，万物与我同根。老子云：同出而異名；又云：衆妙之門也。故若以事易爲言，欲見太易言理；或以化爲象，將顯无象之象。但此體用表裏，事理格量，議理設詞，太易之理始乃見矣。上《繫》云：聖人之意，其不可見耶？聖人立象以盡意。然則聖設象假號乾坤者，將使捨別万象，披釋玄理；弱喪之徒，知歸本理者也。

第三釋結義。夫太易之理，本自豁然，乾坤之象，因誰而興耶？上《繫》云：易有太極，極生兩儀，儀生四象，象生八卦。論曰太易无外，故能生乾坤。有内，故能生万法之象。可謂能生之理，必因自生之業。自生之業，必因能生之功。故自生之生，亦非自生所生。能生之能承，丞非能生之能，並无宰主。因曰无爲，本无生理。何物因生？孔子《易傳》云：有之用極，无之功顯。自无之有，還之於无。《莊子》云：上不資於无，下不依於有。不知所以然而然，忽然而生。故曰：自然之生也。且易无體者，通生无礙也。神无方者，造象无方也。故太易之理不當爲體，只非无有應生之理，亦非是有无生之道。故天地之生，万法之興，並是无，當生与无生之理，而有之也。體用相論，義家不同。諸家云：无用，用而不用，不用之用，而无用也。此家之……（斷卷）

事爲譬武王伐紂之象，雖有兵革之資，无異禪讓之理。故開應而言，直是飛龍在天。據感而秤普，是利見大人者也。天時爲配，位於申，在七月，夷則之律也。陽正法度，陰氣使正吕，則南吕，南任也，陰氣任成諸物也。位於酉，在八月，是坤六五之爻也。第六釋上九。上九：亢龍有悔。舊説劉先生等云：故譬聖德之人而成亢龍之誠，有類周公之才，使驕且悋，其餘不足觀也。今義不然。何故？亢心成悔，故言窮之灾也；又云：知進而忘退，知得而不知喪，俱是凡愚之行，那得爲聖之誡乎？自古至今，无道愚主如有傑紂之類，直譬而已，衹足爲戒耳。天時而言，无射之律也。陽氣究物，使陰氣畢剥落之，終而復始，无猒之義也。位於戌，在九月，陰吕應鍾，該万物而新陽種也。位亥，十月，坤上六之爻也。第三釋用九義。六爻竟釋，合義用九。用九：見群龍无首，吉。《子夏傳》云：用九，純九也。馬季長云：用九，用純九之道也。夫九者，開陽之目，設表陽德之名。陽攝陰用，太和能通。故别稱聖而陳用九之義。論家云：純陽者，是天象之德，天象之德，復爲万物之源。故以剛健爲體，无滯是用也。案此用九，即有二義：第一境，第二智。境智之義，如文外釋而略明，境體嘗通其義。乾有四德，體即太和，理點四象，易和智配焉。故聖智者，自用乾象之德，可謂九用之人也。夫群龍者，冥理之辟聖也，故有咸應之理矣。釋曰：若以用九之道而見群龍之心，俱言无首之心，是吉之道也。群龍之心雖復无異，應中之迹誠是多端。乾九四自有或躍之象，坤上六亦致龍戰之禍。百姓見事未達其理，誹謗聖迹輕猒應道。故更陳用九之心，而暢群龍之理。世上仁者，尚无淩物之情。冥理群聖，豈有爲首之……（斷卷）

後人注解，相從卦類而説之。王弼留此乾坤二卦，猶不分配者，欲存其本，柄見其義，且復乾坤教本，欲異雜象者也。

第三釋彖辭。三重。第一釋名德，第二釋四德，第三釋聖人體此德。案第一釋名，又判四重。第一釋名，第二釋歎名，第三釋成用，第四釋相冥。

第一釋名。彖曰，《繫辭》云：彖者言乎象者也。王注云：彖言二象之材，而論四德之意。韓曰：彖捴一卦之德。然則彖别卦象之意，開釋象中之理者也。故斷暢爲義，開觀是意耳。復案《略例》云：夫彖者何也？統論一卦之體，明其所由之主者也。夫衆不能治衆；治衆者，至寡者也。故天地不能制動，制天地之動者，貞夫一者也。故衆之所以得咸存者，主必致一也。動之所以得咸運者，原必无二也。物无妄然，必由其理。統之有宗，會之有无。故繁而不亂，動而不或。品制万變，宗主存焉。彖之所尚，斯爲盛矣。然則物非二宗，象唯一會之有无。故理生滅變化，物非妄然耳。然釋曰：論家云：彖家之意，此有大旨。夫有象非自像，无物非自无。故有无非自顯，空虚亦无功。言理則泰虚之沖，論道則變化之體。可謂穿空索理，鑿虚詮道，卦象之理，依彖而顯也。故仲尼之筆，《十翼》之首。《繫辭》亦云：觀其彖辭，則思過半矣。曰者，辭也，詮理之訓也。《齊物》云：夫言者非吹也。言者有言。義家云：吹者与愧同類也。言下詮理之目，而此理愧然，无物之物。故所言之教，亦同不言之教。今言曰者與彼无異，故詮理之辞也。……（斷卷）

別歎，今義云捴歎。今也何者？乾是虚家之通名，元爲沖之捴目。故大哉。歎首大和美未言，雖前後歎，理唯一耳。而元是万物之初，大字當義；貞爲四德之終，和訓符理，及元既受大，其餘可通。利貞被和，豈止於兹乎？俱先非釋乾，而明元德者，同。雖假象之，若指明之理，有意此也。則乾一卦釋名略開，其訓二則，元德得顯，俱是乾家之神功。故先釋元德，而後乾體耳。俱乾家之德，故稱乾元。

第三釋德成用。万物資始，沖德无爲，神功无爲，神功无名。本自湛寂，體終絶始，俱變化之理，生滅之象，直在涅内，脱无出外。故因物終始，强名元德。既假元名，復物資元，資元始之物。故言万物資始也。然則，資始之物資終，物有始終，元有何功？故《道經》云：始，母之稱，同出異名。同故不異，玄之又玄。今言元德，玄之又玄之德也。第四相即義，乃統天。理象曰乾，事狀言天，設名不同，理即无二。復有元德，別歎其美。故三物之體用，論有別耳。故今則不然，混而爲一。何則？天是色相之名。陰陰爲形，乾爲窈冥之象，无窮爲目。《道經》云：窈冥則是冥窈，恍忽則是惚恍。《莊子》云：天之蒼蒼，其正色耶。又云：天地者万物之摠名也。穆夜翻云，積空成色耳。釋曰：乾之與天，本非二色。若青若玄，直是返化耳。本无返化，而有返化。故曰，同法无爲，而无不爲也。今言元德，俱是此象之理，理无二像。故更生万像之象；象无二理，故復有万幾言理耳。問統唯統領之名，即是相即之義，何以即名爲釋耶？答：雖云四德，太和爲體，乾之与天俱是義目。故以統天爲顯，相即言義也。若……（斷卷）

第二釋四德。正明亨德，隨次三重。第四釋相即義。第二釋亨。雲行雨施，品物流形。乾家之亨，本自通生无礙，无雲行雨施，庶物流形生長，生而无宰，通而无主，法尔之理，玄亨之功，无爲无所不[爲]耳。能亨任性，自尔與元同德，普通諸象也。

第三釋利德，大明終始，六位時成。乾家之利，何所不利？裁成終始，何功之有？故云：不言所利，大矣哉。夫物之事爲終始，爲體，時之爲用，六位成極。故四時佚運，六位交替。莫匪自尔之利，並因冥利之功。譬物首尾，不過大位，麁細昧明，利德无滯，既有大明，復致時成。故能與元同體，普利大器也。

第四釋貞德，時乘六龍，以御天。乾德變化，各正性命。乾家之貞，本自能正。時乘六龍，冥幹六氣之變化，以御天象，玄正万法之云。爲乾道變化，靡物不造，異性命者，各正理分。故云草木不等，華葉各異，一切唅靈，莫匪神造，是乃乾道之所返化。貞德之攸幹，正也。俱言正者，直是太易之理。復云：乾道是爲變化之城，氣有升降。故譬六龍。龍氣有時，故云位相平息義也。是元德在首，統天爲功。貞德在末，御天爲用，物有初尾，理自平均，與元同功，共乾不異。故有能正之理也。

第五釋四德相即義。保合太和，乃利貞。夫大者普周之大，利者无礙之和。所謂太易云理，亦翻自然之道也。太易故无所不和，太和故无彼不易，能易故靡所不生，能和故靡所至。是元和而和，万法一和，无生而生象。一生令論四德，保合太和，理既如此復宜然。故謂太和之理，聖智之所冥。太易易門，万法之彼由。《道經》云：玄之……（斷卷）

義所論万法，並在太和之理耳。但乾元者，歎德之首，大哉開道。利貞者，顯理之終。太和免趣，是大之言，廣大之辞。能抱太和者，冥和之訓，能和太易之事，四德各保合太和而已耳。

第六釋聖人體四法義。首出庶物，万國咸寧。夫首出之義，通有二種。第一僕射等疏家義云：首出庶物者，境也。四德之道，首出庶物耳。何者？前後而取，體居物前。故謂之首。廣使而論，道在物外。故謂之出。體此道者，是天下之主。故言万國咸寧也。第二論家不在，然何故？三玄之宗，義家雖多，上有太易之理，下有自然之道，名有二種，其理一道也。故論道者不在物外，亦无出義，若言出入，則非道體耳。且說智之句，令任境體，那得釋智乎？讀文方之有，亦一礙也。今釋云：前明四德，如釋爲境，今明智體，首出庶物耳。何者？所冥之理，雖云无礙，聖智獨出先冥，此理智聖冥，故還照感應之理。万國問主，咸被安寧之化，故万國咸寧耳。是首者統領之訓，出者離群之目。雖復境智不異，案知爲論也。

第四釋象，三重。

第一釋境智相配。第二釋六爻象。第三釋用九。案第一釋境智，又制二別。

第一釋境，第二釋智，釋六爻，随爻六重義。

第一釋境。象曰：天行健。夫彖者，断別卦意，總釋事理，故言過半之詞也。象者，像模卦意，復通其旨，追合彖意也。断別事理，莫深乎彖，故彖辭在前；象模之議，莫明乎象，故象辭在次。《略例》云：象者亦出意者也。盡意莫若言象，盡象莫若言生於象。故可尋言以觀象生於意，故可尋象以見……（斷卷）

也。論曰：天地即踦，答者是也。因象而論，天行健也。何往古來今天行无窮，若非剛健之行，那得无窮之象？良由无爲之德，而成无武之行。維云有累之名，不異乾道之意。故象家云：天行健也。然則言天則可忘乾，言乾即可忘天。爲則剛健，剛健則无爲；斯乃本易之理見矣。

第二釋智，君子以自强不息。君子之名，通號德上。故初九无位並稱君子也。君子之行，體道不息，自然而然，无物相興，湛寂不動，乘遊變化。故言自號不自也。然則唯非天道之健行，並有君子自强之理，故問冥會不息之義。何者？由物而强，物義有間，理性自强，强无間息，是謂自强之道耳。

第二釋爻，則有六重，随次可解，與象同例。第一，潛龍勿用，陽在下也。陽氣潛藏，待節發見。君子隱下，俟幾應出，氣譬時幾。故言陽在下也。第二，見龍在田，德施普也。陽氣開升，潤施周普，聖人應見，德化遍施，氣譬教化。故言德施普也。第三，終日乾乾，變覆道也。終日乾乾，功理善幾，或躍或退，冥照不二，君子之動，返覆皆道者也。第四，或躍在淵，進无咎也。氣有升降，迹有進退，擬議巧理，與時消息，躍不在果。故言无咎。第五，飛龍在天，大人造也。飛龍在天，權變得行，聖人應位，道化造施，九五天位。故言大人造也。第六，上九，亢龍有悔也。直言天氣，革而乘伏，過亢之行，理窮不退，特而尚盈。故動而有悔者也。第三釋用九義，告用九，天德不可爲首也。夫用九者……（斷卷）

證此六爻之意也。

第五釋文言，三重。第一釋名，第二釋體，第三釋四番，釋文義。

第一釋名。文者，文餝爲義。言者，明理爲訓。故言文言也。俱象者断釋内德，象者像模外行。二辭之體，前已見質。故文餝之義，必自前體。故第三爲文言耳。然則乾坤二象，俱有文言，雜卦中无文言。有何耶？義意雖多，略言四種。第一，乾坤是詮理之本，法象之源，其道除遠，當有文餝之義也。第二，乾坤者，易之門户，衆理廣藴，必須文言餝顯其理也。第三，乾坤者，假象之初，感應之開，故有文言廣釋其理也。第四，乾坤者，理數之奞，雜卦之本，義含多端，正是文餝其義也。若至《繫辭》捴釋大意，彖、象、文言三辭在前，説、序、雜卦三辭在後，自居其中，通攝七辭，廣演太道，故言《繫辭》也。

第二釋體，案此文言釋義四番。京房云：第一説德，第二説位，第三説氣，第四頌德。即法四時也。王注云：第一令以天氣明之前後，二番别无所言。劉先生云：乾，文言意凡有四番。第一，正解言下之旨，第二，只明人事之狀，第三，只明天明時之行，第四，此旨妙際，復有藴義，復爲一章，捴叙其致。故坤之文言，復如此例。案乾可解略，不重説耳。今案劉氏《别録》自有其次，第一依文釋德，第二因配釋人，第三案氣釋天道，第四别章廣結。乾第一番又判七重。前釋卦德，後明六爻。又乾第一釋辭，又判二分。前釋四德，後明聖行，乾前四德，随次四段。第一釋元德者，謂元者，善之長也。《子夏傳》曰：元……（斷卷）

德，資生之理，理開於元，元之爲善，衆善之肇。故云善之長也。然則，元是理性之始，遍通万象，元爲爲善。故云善之長也。第二釋亨德者，謂亨者嘉之會也。《子夏傳》曰：亨，通也。万物資始自體，能通所通之法，亨理相會。故亨者，嘉之會也。且无生那得通？无通那得生？能所生，冥會誠嘉之理，故言嘉之會也。第三釋利德者，謂利者義之和也。《子夏傳》曰：利，和也。是利益有功，和爲和洽无礙。義者，擬議得方之辭，万法得方，无所不可。故言大利義之和也。俱自然之利，利而不利。太和之理，和而无和。大方之之而无方耳。

第四釋貞德者，謂貞者事之幹也。《子夏傳》曰：貞，正也。庶物生體，必須自然之正。万法問體，莫非太正之正。乾家之貞，本以太和爲心曲生，即乾幹有功而无主，唯是沖正之理，非是即上之幹也。第二別釋聖行。凡有四句，境有四德。故聖有四智。第一釋仁，第二釋禮，第三釋義，第四釋貞。第一，君子體仁，足以長人。仁主東方，德配生育，是謂即目賢者之境也。至仁之體，與極同體，一日万幾，寂然不動。《道經》云：天地不仁，万物芻狗。聖人不仁，百姓芻狗。故生而不有，長而不宰，是謂至德之仁也。今欲顯至仁之仁，故聖以人體之，始乃足以長仁者。夫世上之仁，盡是未足爲仁也。第二，嘉會足以合禮。禮主南方，德配盛長。禮別尊卑，樂和其正，心是賢者之境也。至禮之體，與極同用。故以聖合體之，將見足以合禮之禮之情也。且若无嘉會，那得合禮？故嘉會之禮，万法會禮之理。故言合禮也。聖人无心，何……（斷卷）

義爲功，並是賢者之業也。而至義之方，與元同體，无所不義，誠是和義之德也。《莊子》云：

彫鏤万物。是不爲義，寔是太和義也。第四，貞固，足以幹[事]。即信主北方，万物閇藏，立信之體，信是太功，亦是賢者之脩也。而至信之體元即不信，聖人體之，信通万即。故以《中孚》云：信及豚魚。又云：天何言之？四時行焉，百物生焉。大人之信也。

問：境智冥會，本自相即，何故别稱相配耶？

答：五常之性，性在理中。故《道經》云：窈兮冥兮，其中有信。義家云：信猶在此，餘德可解耳。而有爲之業，迹上之行，直謂極用，偏習无已。故排撜迹上之行，而顯舉理性之體。故答陳境智之狀，使會无黑之旨耳。

問：五常之性配有五行之德，何故脱一而見四德耳？

答：五性之理當備五德，而教旨小異。通有二種。第一舊通云：禮典闕主，而取賢者之智。《易經》闕智，而顯聖人之懷耳。何故？禮典俱是有爲。故以主爲貴，所以主主中央，奇王四季，不與他才同例。故同闕而爲顯也。《易經》釋元則无爲，爲體智主万行，无所不知。故更略智名，普通四德，還是顯體之義。故唯指四德，智用可見矣。第二通境有四德，五行无闕。聖體四德，五常无闕。境智相冥，唯統此義。且天不言哉，四時行焉。參天兩地，何復闕焉？故配者四像，而顯无爲懷之，又見无智之智耳。……（斷卷）

至万生象之後，物无忘然，猶有四德之用。故强二野點虚沖義，判四名耳。今論智體復是豁然，智无所知，何物名智，直致感應權化之曰百姓，因幾尚見四德之聖也。故妙本爲言，境智尚无境智之象，應用而論此有境智之用。今案應迹而顯妙本，故言君子行此四德者，故曰：乾，元亨利貞也。且因智而言道，因道而言智；道智未始一，智道未曾二。境智之會既有此理，那得不言君子而顯境體乎？所以此有故曰之稱耳。

第二釋爻，六重。設置問答，断簡其義。案初九爻，判三重。第一直問答，第二答三雙六句廣釋，第三證結。

第一直問，初九：潛龍勿用。何謂也？彖象已明，未盡其旨，文言餝辭，重暢爻情。若非問答，見二見義，猶賒聊設問，趣而興其答，故言何謂也。第一直答略成問意，直答義。子曰：龍德而隱者也。《十翼》之中，更无餘人復稱教主之名，重號子曰者，將欲丁寧其義，明示釋情也。是俱龍德之人，隱而未見者也。夫感應之理隱見，非我居潛之，曰随理而隱者也。正答第一雙，不易乎世，不成乎名，直一據體名而明潛義。上句釋體，下句解名也。夫居應之義，與理相符。答：若離潛地與幾相違，故不爲世俗之所推移也。正是時泰則泰，時否則否，與世偕運，於无私情。故曆見之質，不易乎世耳。下句釋名，隱見言嘿帝率由理名，堯舜周孔莫匪幾名。故即由理興迹，應本見自非，或名道是降目耳。故……(斷卷)

第二二雙正解心行。遁世无悶，不見是而无悶。略言心行，則有二義。上句釋進退之象，下句明興癈之形。光釋上句，既應感地義，當頭舉而理會，尚賒體潛而已，物謂之遁理心无爲。故言遁世而悶也。次明下句，夫見聖之曰百姓盡當随許，而時猶未熟不見固是，而乃至爲无，至心无心随，勿爲德和悶情，然則不求遁者，自有肥遁之樂，不響是而是者，无住而非是者也。正答第三雙，樂則行之，憂則違之。止明行上之用，則有二闕之義。上句釋應，下句明悶。釋上句意，樂之與否，唯開幾葉，有幾有葉，聖人因行爲化，會物樂化神功，任時是行。此是開應而應否之狀也。次明下句，影響之興，逐物自生。物不向鏡，鏡赤无照，是復憂之，俱應速悶而辟之，是□□而後，感而復應，是而无藏者也。第三釋證結，確乎不可拔，潛龍也。案結之句復有義。第一釋理，第二明體。上句釋理者，至理无迹，動寂无二。故可動之理，擧天地而難悶應寂之道，開六合而叵見。故言確乎在，可枝者也。下句明體，聖智无礙，唯道即智。故云：神則道，道即神也。若然者，在潛不可拔，見居不可强悶，嚴重之象，確然莫動，潛龍之體也。第二釋九二，則有五重。第一直問答，第二明言行，第三明心形，第四明德，第五歎德。第一直問，九二：見龍在田，利見大人。何謂也？直問之義。

□□□□□□□□□□□□□□□□□□□□□□(半字難辨，斷卷)

故稱本人復言正中也。

第二釋言行。庸言之信，庸行之謹。義判二別，正明言行。《中庸》云：庸，猶常也。常用之言，不言爲教，常行之行，无爲爲即。故无言而言，常用而有信，无爲而常爲，而行謹。故得中常影響无替耳。《中庸》亦有此言：庸德之行，庸言之謹。然則，言是百行之樞機，故彼言爲德耳。若案言爲論，《中庸》云：君子語大，天下莫能載焉；語小，天下莫能破焉。若有言之信，有行之謹，即理相違，不足信謹耳。並指无爲而暢，聖人行也。答中第二釋心行，閑耶存其誠，善世而不伐。聖心之體本非耶。正既无心，想誰由而生，但據應而論，直似有誠而无耶也。故裁所見擬□□心光耶。故言是閑有誠，故謂是存耳。閑猶防也，存猶置也。《中庸》云：誠者，天之道也。誠之者，人之道也。夫誠者，不勉而中，不思而得，從容中道，聖人也。誠之者，擇善而固執之者也。又云：唯天下至誠爲能盡其性，能盡其性則能盡人之性，能盡人之性則能盡物之性，則可以贊天地之化育，贊天地之化育，則可以與天地參矣。故此九二本自在誠，贊天地之化，而有善世之功，至理滅迹，而无伐善之心也，伐者自稱其功耳。答中第四釋德，德博而化。上德不德，何所限量？神化天功，何化之有？《中庸》云：苟非至德，至道不凝焉。配迹爲論，非无大人之德。據應而言，故有德博之化。中……（斷卷）

田，獨此九二引證《易》曰者，何也？釋□无位之聖德極，此爻高美，等於九五圓滿。故於飛龍，故同稱大人，亦云君德。只非翼情理通，易道更引教目，確定至理。故稱《易》曰，丁寧其德也。問：大人之體，理无功名，位與不位，同曰大人是其義耳。而利見之道，那問同乎？答：若如仲尼，俱是應教之聖，非當帝皇之位，直言君德者，俱是有德而无位也。且值多必當一心天下之教，感於仲尼在應之迹，以教爲宗，咸聖之體不遇也。理見聖蒙化，豈非大利乎？第三釋九三，有五重。第[一]直問答。第二答四意，一則德業，二則幾義，三則順義，第四无咎。第一直問，九三：君子終日乾乾，夕惕若，厲无咎。何謂也？更陳上□欲召答義。爻有各意，文句不等。答中第一釋德業，君子進德脩業。乾乾夕惕，誠恒之義。誠心必致進德。聖人尚脩乾乾之惕，而致進德之理者，況不及之人乎。无咎者，善補之功，而爲脩業之行者。況乎凡賢之業皆有悔悋之心，本惕无理，直以不慢爲誠，不動爲德，自然是業，俱以能會爲德業也。答中小别，追結上意，忠信所以進德也。君子之行，遵行无異，忠則天地之正，信即四像之運。但此别稱者，非无其義也。九三君子應在革運，至誠不息，精義入神，將登皇極，欲化常守。故旁，故開進脩之道，而顯德之功也。答中第二，捴合脩辭立其誠所以居業也。雖復至人，居无爲之事，行不言之教，而影響之用非无其像。故……（斷卷）

違之。故行之善者，莫過於辞德之美者，莫過乎誠。既有二道，所居業之理，故言脩词德之美。次外立誠定内，然後可謂居業之行者也。第二答正釋幾。知至至之，可以與幾也。釋幾，知至至之，大體已出文外。此有開句，但可略言也。《繫辭》云：幾者，動之微，吉之先見。故論曰：動曰動者之微，不動者之微則異，不動之无吉者之先，則同善家之理，可謂自虚而行，有居寂而之動者也。所以不行虚而至，不疾而速，是其義耳。故若非冥理聖智之照，那問相與使至其事乎？故九三之智乃冥。此理照理之至，相與會至也。但上「至」釋理之至，下「至」明使至所之至，所以知至之智，可與幾也。《繫辭》以殷之末世周之盛德，……（斷卷）

云：損文王之三年，益武王之未壽。論者云：文王若是慈父，亦不令於慈；武王若是孝子，且不令於孝。五經家於此未通耳。故論此理者，俱據感應之理，乃始得詳也。論曰：若文王不經王季之末，則積善之功有賒。故秦伯致歡幾之遁，若武王不受三年之命，則革殷之事致闕。故受聖孝之錫命，豈非知至之理，使至无爽哉。是孝慈之道出自家之中，感應之理在於万姓之幾。案此爲義，誠爲大孝也。若无其理，聖智不能爲時，雖復聖人之攉，不能改壽之方便耳。答中第二後別，知終終之，可以存義也。夫物有其宗，事有其體。故言理則有應，理則有應之事言事，即……（斷卷）

有造事之理，事理融通无礙。可利万代者善□□。上「終」釋理終之終，下「終」明使終之終。知理之首能難其終。武革天下，文軌大同，豈非知之理終而知使終乎？故言可以存義也。第二答是故居上位而不驕，居下位而不憂。答中第三大段嘆歎行德，第一歎行，第二嘆心。上句釋行，云居上位而不驕者，正據下體之上，而无綾下之行也。《中庸》云：居上位，不綾下，蓋是義耳。俱聖人无心，何有驕約之行？唯指順事之狀，略言外行也。句釋心居下位而不憂者，正據心儒而釋，釋无憂樂之想。《中庸》云：在下位，不援上。注家曰：援謂牽也，知理至之會明，而定之位與幾□，遊□□□□也。夫九三□□□□上，凡行足是可驕，據上體□□□足，凡□□□□驕不知是驕，據憂不知是憂。无知而知，无爲而順，冥理終始，不與物化，豈非體道之行哉。故略難行心之異也。第四蓋答釋故乾乾，因其時而惕，雖危无咎也。答中第四釋无咎義，此二竟。第一理无咎，第二事无咎，第二釋事无咎者，謂文王西伯當殷逆政諸侯之宍時，作脯醢而乾乾不息，恩時而惕，可言免事，不致大凶。故可謂雖危无咎矣。第二理无咎者，謂既云知至知終，能至能終。故可以與幾，可以存義。推居牖里之坐，唯演易道爲娛者，豈非理中之心，无往而非道逍遙者也。故據理而言，本无其……

（斷卷）

□□□□□動□□□□□□□□□□□□□□□之情也。

第一答以爻動義。進退无恒，非離群也。夫位有定科，上下爲言，爻指人體進退爲語，上既言常，下亦无恒，乘時擢遷。故言无恒也。若擬象爲論者，或躍進在淵爲退，行雖无恒，志在順群耳。但此群義，當有二動，第一正是群龍无首之道，乍躍乍飛，並順群龍之義。第二復是同幾之群，或進或退，止以万姓，爲群之心也。《禮記》云：堯舜湯武此四君子者，時也。既云時者，聖人无唯順幾中之群。第三答約業釋心，君子進德脩業，欲及時也，故无咎。夫積善者是進德，□方應感者，爲脩業之道。君子无此，其道不廣。乾乾不息，欲及時也。夫時也，夫時者万姓可……（斷卷）

□□□□□□□□□□極善□□□□□□□□□□據聞見大理叵顯，故或躍爲像在淵，爲行會理之日，非凡彼視，躍非所反，藉飛爲言耳。此言飛者，正是空中迹之義。故《人間》云：聞有翼者飛，未聞无翼者飛也。又云：不行者易，行而无迹者難也。今曰九五有翼能飛，行而无迹。故譬飛龍，自然登天之象也。第一答，釋感應。子曰：同聲者相應，同氣者相求。感應之體已出文，此中略明難易之例也。夫同聲同氣，雖是无誠，聲是輕速相感爲易，氣易遲弱相感爲難，而超然相感，二法一例。俱聲无質而有響，故可言相應，氣无聲而有體，故可言相求。應求之義，略有難易。故易者在前者，在後同爲无心也。第二雙，水流濕，火就燥。因處相感，自有難易，同雖无心无其例，水流則易火就小，雖各隨其次，相接成章，但水火並是陰陽，陽之□自體，動求必向屬類。故捴舉感應之數也。第三雙，雲從龍，風從虎。答第三有心无心，相感之例，應有難易之汲，龍騰致雲，其感小易，虎坐吕風，其應可遲。是龍之與虎同曰神獸，虎之摧變，不如龍之神化，風之逐虎，亦殊雲之随龍也。但前陳三雙六句，開斯感應之種者，有心无心，一功万法，不出感應之理，亦有所感之由，略言其理，將顯大義者也。廣出大外。第四雙，正釋感應理體。［聖］人作，而万物覩。有心相感，感家之體，感應之理，万法盡然。今日之宗，唯據凡聖爲體也。故聖人者不作，見已若應，作者則有万物同覩之理。雖有得覩之義，誠是希有之理。故在感應之極也。俱釋作義，作幾，此有二種。

第一家通聖人之作，作在妙本，本无聖者……（斷卷）

第二家云：若論本地本无作義，案應爲教，故言作□□耳。若言作者，誠是感家之由，由在可見之理。故万姓問覩。豈非應中之作乎？今義不別，並通其理。何者？本地不異，應化動作无異妙本。故理智之作若本，若應无作之作，唯據教爲言耳。而賖切爲通，非无成章之意。故案應爲言万姓問之時，故應中之作是義切矣。然則作字與動因同義也，俱據此九五極論感應者，九五天位，聖人應人地。《繫辭》云：天地之大德曰生，聖人之太寶曰位。義家云：无生无以被德，无位无以宣化。今以大聖之德，而應中正之位。自非百姓問覩，並及无識万物，故以極論其義也。第二結句，本乎天者［親］上，本乎地者親下，［則］各從其類也。夫物姓（性）參差，千動万類，大意爲判，唯有二重。第一神靈之物，盡是舉首指天，故親上者也。第二无識之法，皆是返根植地，故言親下者也。故聖人之應，雖復盡化與感之體，必從其類，所以感聖之理，唯據万姓（性）爲體，不以万物爲用者也。

第六釋上九義，問答如前。案答三別。第一明无位民；第二明无輔義；第三明悔義。第一直問，上九曰：亢龍有悔。何謂也？夫物者其極，事有其歸，若喪極歸，必致其悔，今過亢无歸，故有悔焉。第一答釋无位民義，子曰：貴而无位，高而无民。爻位上九，故可言貴。陰陽不定，故言无位。自下登上，故可言高。當位无輔，可言无民。爻備此惠，忘而爲亢，雖有天下之貴，復非天下之主也。第二合釋上義。賢人在下位而无輔也。正在皇極，唯稱聖德，若在臣職，直號貴臣。故堯帝在位之時，舜禹雖聖，略言賢臣而已。今言无輔之義，即有遠近之闕。第一文武並在臣職，表轡士之義，而坐幾之聖，别脩其位。第二殷有三仁，下有賢臣之名，而次不辱身，並有避義固理，位未曾慢從，然則既失聖賢之心，永癈爲主之統，雖有黎民之上，可謂各位而无輔也。第三釋悔義，是以動而有悔也。夫皇者之義，万姓爲既失三從，動必有悔，悔而无改，自窮之數也。文言第二番，純明人事，七重云爻□□□□□□□□□□□□□□□□□□□□□□□□□（文字殘損難辨，斷卷）

但見在田，極暢聖教，教援幾從，故言時舍也。終日乾乾，行事也。上之主撫作化之民，冥不釋照，照非舍冥，神用无懃，朝夕乾乾，所謂行事之象也。惑躍在淵，自試也。物情猶豫，盡望在理。順威而躍，將觀有事。上試愚主，下應幾情。故言自試也。飛龍在天，上治也。順幾而應，凡非彼知，故言飛龍。天青青之作，仍稱在天。昨在下職，今擅上化。故言上治也。亢龍有悔，窮之灾也。既處極位，擅行亢驕，事理並盡，復亢不退，居則无安，動即有悔，必窮之灾也。第七釋用九義，乾家之心用九義。乾家之心用九顯理，坤家之誠用六示德。故重釋其理，丁寧其事。乾元用九，天下治也。

初段爻辭云用九，見群龍。故攸澤者，正是案境而見智體也。今文言云乾元用九者，何也？通元曰之與九，俱是乾處之德，假名詮理，自有□咸之目耳。文言初章云：君子行此四德者，故曰，乾元亨利貞。然則客言君子別有用九之義也。故此言乾元用九，二名不異，相即元二，是一義也。一通云：夫九者是德上之名，復標陽爻，猶有智上之目。故言九者，即是聖智也。若然者亦有客言，君子唯行四德，四德不行，君子境智相冥之理，時致未冥之際耳。故《繫辭》云：神即道，道即神；又云：神无方，易无體。若論此義，即是可謂神智无有別境之體，境理亦无別智之用。故言智周万物，道濟天下而不過，範圍天地之化，曲成万物而不遺耳。俱象象並云：无首爲吉。文言此章，天下治也。既是境智相即，所明之理，於乎見義者也。文言第三番七重，俱案天氣而明之，注家同義。七重釋次随文可解。潛龍勿用，陽氣［潛］藏。陽氣升降，□節而行，聖人隱見，随幾而行，設辟爲吉。故云潛藏之義。見龍在田，天下文明。陽德發登，遍照天下。大人應見，文教太通，各幾蒙化。故言天文明也。終曰乾乾，與時潛偕行，乾道□□陰陽□□聖人體□□（多爲半字，殘損難辨，斷卷）

德因見大義也。飛龍在天，乃住乎天德，位證天德，應道之極。前章人事則言上治，此言天德，相可表義耳。亢龍有悔，與時偕極，陰陽佚興，人道无常，譬彼殷家氣理並極，自非迩情。故言偕極也。乾元用九，乃見乎天則。人事章云：天下治也。天氣章云：見乎天則者，同。雖无爲，設辭有義。人事之中唯治爲體，天道之軍俱則要，此章相則表彼義，言无爲爲治故耳。問：前後章俱明卦辭，而不道用九之義。在中二章唯明用九，尚闕卦辭之説，何耶？答：劉先生、朱仰之並通此義，唯以相乎明義耳。今義不然，第一章是論道之初，第四章爲弱事之未。故闕用九之義，而論爻辭之意，可也。第二第三二番，在寔爲事理之腹，故不可爲闕，用九之誠耳。若如卦辭早顯其義，在與不在更无大妨耳。既无太明此體，終屬所宜尔□□義，言之可也。第四□□□□，結上所□有此者。文言三番義尚未究，超對彖家近簡，三番凡所蘊集廣令其義。第一釋德，第二釋爻，就前釋德，又判二別。自「乾元」下至於「大矣哉」，直釋四德成名之伏。第二自「大矣哉」至於「天下平」，重歎上意，仍釋卦爻各意之象也。就前二別先釋四德，後釋歎利貞結讚。前釋四德二別，上明元亨。乾元者也，始而亨者也。夫元者乾家之德，故言乾元也。彖曰：万物資始。而後釋亨德耳。又言此章超對彖辭，廣合其義也。乾家太沖，理唯虚寂，本元終始。何德生元，因法自生。故言爲始耳。然受元始之理，始義在物。理施有初之物，强名爲元。既是因物成名，並有通生之功，故言始而亨者也。但亨訓是通，通在通用，通用始義爲別。別冠事首，始別通始，通即始通，故言元……（斷卷）

物之情性每啥利貞，故言利貞者，性情也。《道經》云有名万物之母是也。第三小别結歎。乾始能以美利利天下，不言所利。大矣哉。乾家之利本非利，象元爲之利美利，既无宰主都无名，相不言之利，然□玄功。故歎曰：大矣哉。俱脱元守平顯无異。《道經》云：同出異名，玄之又玄是也。第二重歎上體，又體又判二别，先明乾體，後釋爻用。又案歎體復判二别。先歎乾名，後釋正體。第一歎體，大哉乾乎，大哉也者，凡所稱之辭，極廣之言也。夫至理感迹不當稱大，是大者之義不如乾家之妙廣，而欲顯太易之理，直寄譬釋之歎也。是淵釋其體，設歎名上也。正釋乾體，剛健中正，純粹精也。設論乾體略有四象，第一剛健，第二中正，第三純粹。凡此三象，正指境體。第四釋精者，蓋是智體也。第一剛健者，唯指力象而爲標目耳。万像之象，莫勝乎无爲之力。變化之勢，无過乎自尔之力。乾家无爲，无爲而无不爲，不爲而爲，則是剛健之勢也。何者？體賢堅難碎謂之剛，身立无臥謂之健。沖寂難破，堅横莫碎，故謂剛健也。第二釋中正者，正也。是匡万法，各正理性，不偏爲訓，无所不正，自正之正耳。《莊子》云：乘天地之正，以遊无窮者，且惡乎待哉。義家云：天地者，本无生理，亦无不主不當之理，是謂天地之正。此所言正，則是太易之理。故言不當之正耳。夫中者沖也，亦云中也。《老子》云：谷中神之所居也。《莊子》云：是非无偶謂之道之道樞，樞中向其中，謂之環中。昔時席皇之所冥遊之□也。然則万法无形，老子之中是非莫偶；莊生之中主是自然之中。故壺子曰：吾不出於我宗，我宗者自然之中。故中正一雙表理體，强名无爲，而言中正耳。第三純粹者，粹是本精□□□□□□□□□□□□□□□□□□□□□□□（缺損半字難辨，斷卷）

《經》云：一與不一，三生万物。生者无主。生而不有。《莊子》云：道生之一，一而不一，教言无及，指而不雜，是謂自純之一也。略像乾體，則有六字三句，理无究竟之義。教門如此之是境體，所謂乾家之心，太易之理者也。第四釋者，蓋是智體也。《道經》窈兮冥兮，其中有精。義家同云：神靈之本，理性之體。《繫辭》云：本有精靈之性，繼之者善也。故論家云：外典不論聖人問道之神，亦无學業之等。直言生而知之者聖也。而既言繼之者善也。習故。又云：万代以還，習陰生一常，故能遊世數之陰。因此可云：夫謂聖智者，本非自然爲冥者。復是積習，是繼而成万善之道者也。其外典太宗，理性爲體。性之爲性情，不在於无，亦不在有，中正之理，則是性體也。故三玄論云：理則自然之境，性則自然之智。或謂太易，或謂太和。復稱自然，復稱无爲，真人，神人，至人，聖人，尋論可窮，唯是□□□□□□其極，宗其次在後耳。第二釋爻象情，六爻發［揮］，［旁］通情也。卦譬乾體廣无爲之德，爻喻感應興成所爲之理。故或潛或見，乍躍乍飛，發揮无方，婉然成義。唯有旁通之情，不能正釋卦中之理也。略釋彖辭，時乘六龍以御天。彖釋家貞上章如此，所以重如此説者，物釋君子之德，略引卦德，丁寧其義耳。結上屬句，雲行雨施，天下平也。上釋品物流形，今説天下平也。彖家釋如，故可言流形之。文言明終，故可言平化之美。夫文言者，俱是文餝彖象之意，故重稱上章，而顯无異之體也。第三釋六爻，六重。第一明初九，三別。初釋名義，仲釋時義，後釋句用爲結。第一直稱君子居常之道，君子以成德爲行，日可見之行□□□□□□□□□□□□□□□(文字殘損難辨，斷卷)

第二釋順時返行，潛之爲言，隱而未見，行而未成行。雖有君常之體，據應爲言，非无隱見之理。故時潛則謂之隱居，則謂未成。若去應地，惡乎成名。故稱君子者，迹上之名也。第三結句，是以君子弗用也。既有應幾之行，尚未百姓之時體，常居子不能造時。故言弗用也。第二釋九二，自前四句正釋業行，《易》曰下結句在前也。別二雙先釋脩業，後明心行。第一釋業行，君子學以聚之，問以辨之。九二之應，以教爲宗，嘗陳學脩而顯其德。故云我非如生而知之者也。若案聖智无學而興，不問而問耳。據教問言无學，何以聚之？故有學問之教也。後别釋行，寬以居之，仁以行之。在約而心，秦求仁而得仁，器宗深遠，天下盡歸，故言寬以居之。且其所學已勞，无所不聚，所問无□□□□□□□□□□□□□□□□（字跡模糊難辨）

有仁德之心也。第二結句，《易》曰：見龍在田，利見大人。君德也。更引卦辨而證其義，雖卦天位，欲標爲君之德也。第三釋九三，前明後結。九三：重剛而不中，上不在天，下不在田。夫九三之位，當有三難。第一，居重陽之上，而不問其中也。利九，利九在曆，故无勞。九二在田，故定位。俱是九三非可息之地，夕惕如厲，是一難也。第二，飛居天位，而上不在天，研幾擬事，是二難也。第三，雖居人體不顯其用，是亦三難也。故言聖人有爲之時耳。後别結義，故乾乾，因其時而惕，雖危无咎矣。雖有重陰之患，既脩臨之幾，業與理冥焉。故无咎也。《中庸》云：至誠无息，能贊天地之化，故言乾乾也，聖人也，心别无憂樂，據迹成義。故言因時而惕也。第四釋九四，重剛而不中，上不在天，下不在田，中不在人。故惑之。惑之者，疑也。夫……（斷卷）

位君體，九四即用陰位也。故文王從體，臣業而已。用者應動，武王居用，或躍而試之。天下重畫有疑或之心，故聖人順幾而像之也。結釋无咎義，故无咎。夫故者承上繼後之義，既有夫難，順動无私，能幾功理。故問无咎也。第五釋九五，二重。第一釋能從其境。第二釋境還无違，在前五别，随次可解。先稱後釋，第一稱體，夫大人者，此稱大人者，所謂利見大人也。將顯其德，先稱其躰而歎之，欲之者釋其功也。第一釋與境體，冥與天地合其德，万法之境，二儀爲大。能合二儀，其至餘可解。俱德者无爲之德，随體在前。第二釋與用，相冥興日月，令其明万象之色二離爲勝，能令二離爲其餘可解。俱云明者，所昭之情，随用在次。第三釋與變化，冥與四時合其序，變化之象，莫大乎四序，能合四時，其餘可解，與運不成。第四釋與鬼神，冥與鬼神合其吉凶，禍福之前必起乎冥黔。故推鬼神而譬之，鬼神合道，其餘可解，末義在後。問：聖人與天地合德者，其義何耶？答：義家多種略稱，略稱三。第一家云：孔子閒居。子夏曰：三王之德參於天地，敢問何如斯可謂參天地矣？孔子對曰：奉三无私以勞天下。鄭注謂禹、湯、文王也。參天地者，其得與地爲三也，勞者來万象也。天无私覆，地无私載，日月無私照，奉斯三者以勞天下，此之謂三无私。其在詩曰：帝命不違，至于湯齊，湯降不遲，聖敬曰齊。照假遲遲，上帝是祇。帝命式于九圍。謂九明也。是湯之德也。故天地者，天帝之化，可言合也。此家據經家義而通令德耳。第二家云：《老子》曰：天地聖人，同曰不仁，以万物爲芻狗。□是无爲之德，故无爲□无……（斷卷）

云：陰陽，風雨晦明也。今義不異，俱釋德體，體有體用。釋有二種，第一得爲理體，第二教被物爲用，德名之上，理有二義也。第一釋體。《道經》云：天得一以清，地［得］一以寧，神問一以靈，侯王問一以爲天下貞。故所之理天地不異，可謂案體合德也。第二釋用。《道經》云：城中有大也，道大。夫君王亦大，同居一城，四大同心。故言案用德合也，俱上德不德，體用无二，无所得義。而攸論問理今言，今言合德並是不德之德，强名四大之象。因有合德之理，道是无物之象，德亦无象之物也。問：與鬼神合其吉凶者，亦是何義耶？答：鬼神之性无出理家之用，故《繫辭》曰：知死生之説，知鬼神之情。《道經》又云：聖人出世，鬼不爲神，神不爲神，神非傷人。非傷人，非傷人，故可謂鬼神合其吉凶之理也。其木林不万衆，窈冥神理，莫匪投落乎？聖鑒之照，照而順之，那問不合哉？略陳蜀廣開理情耳。先天而天弗違，後天而奉天時。後別釋相從法，廣合上意，略稱天道，其餘可解耳。復今二別，先天者，聖智冥理，照知天厝之前，其事无應也，庾也。天者事必理後，故言不違耳。後天者，構事之後，理不過事，必從其事。必從其事，故言奉天時也。論道必冥於理，諗未必於從時，此乃所謂聖人无心，唯道爲心。心之攸響，必有成善之利也。奉者奉領之義，雖云无爲義，判爲辭故也。後別結義，況於人乎？況於鬼神乎？舜禹至聖，奉從帝堯之化，況乎百姓日用不知而猶從之也。故捴言於人乎也。至人在世，既云鬼不爲神，神不爲神。神不爲神，神亦不復人聖，亦不傷人。故言況鬼神乎？……(斷卷)

故因更明之慎耳。初九：屨校滅趾，无咎。王肅云：蹈木没足，足著械也。沈居士云：足所以著屬，而今著械，足以校爲屨，故曰屨校也。居刑之始，不能獨免，乃至聖智設有開象，而足徵而懼，且成旁誡，雖有屨校，可謂无咎。故《繫辭》云重爲嘆美，足成且誡也。九四：噬乾胏，得金矢，利[艱]貞，吉。以剛健之德，而居非當之位，若隱而不治，尚有應時之由，下而敢治，則有噬乾之難。故敢由忠信，譬如金矢難貞爲懷，而後得吉也。若至上九稚責成教，故早改其行，聰不明也。離下艮上，賁。釋義三重。釋名，次第，釋詞。第一釋名，《序卦》云： 賁者，文餝之皀也。《序卦》以爲文乘彖家，又云： 剛柔相餝之象也。第二釋次第，《序卦》云： 物不可以［苟］合而已，故受之以賁。賁者，餝也。此相返門，全任刑罰物必拯，故刑罰之後，道唯有文明之德。故刑罰之後，反有文之德也。第三釋辭五重，卦辭，彖辭，大象，爻辭，小象。釋卦辭三段，釋名，釋德，別辭。第三釋別辭。小利有攸往。僕射等通，夫剛健之性，理宜進求，文柔之躰，事當退止，賁也。文德唯爲沖靜，若其往也，不得大宜。以文靜居，還成嚴行。今有攸往。故得少利耳。今義小異，直案卦德，略如舊通，揑別其義，全非如通耳。何則？今案彖辭，各依王注，乾坤相交，剛柔相餝。故成天地之化，而造文餝之世者也。故亨德對於坤家之女，小利譬於乾家之男。男往失位，故小利。女來得位，故得亨。賁世之象，德行在此……（斷卷）

講周易疏論家義記釋咸第十

兑上艮下，咸。

釋義三重，釋名，次第，釋辭。第一釋名，咸。彖曰： 咸，感也。氣類相感，故受感名。第二釋次第。《序卦》云： 有天地，然後有万物。有万物，然後有男女。有男女，然後有夫婦。有夫婦，然後有父子。有父子，然後有上下。有上下，然後禮義［有］所錯。此人事相須門也。上經明天道，故以乾坤爲首。下經明人事，故以咸恒爲首。夫婦之物，即是男女相感。男女相感，即是感通咸業，

《繫》所謂男女構精是也。釋辭五重，卦辭，彖辭，大象，爻辭，小象。釋卦辭三重，釋名，釋德，別辭。第二釋德，亨利。夫感應之理，貴在相通，感通之義，以正爲體。俱夫婦之道義在節和，若純感悦好泥致耶。失正之感莫如无應，故誠其亨後復言利貞，以正爲本也。第三釋別辭，娶女，吉。夫婦之道感召爲宗，既成感應之象，故言娶女之吉。第二釋彖辭七重，釋名，釋亨，釋利貞，釋娶女，捴結，廣解卦，歎德。第一釋名，彖曰：咸，感也。此貢釋訓感，以感召爲義。冥通成理，應以苻接爲體，古字以咸爲感耳。第二釋亨，柔上而剛下，二氣感應以相與，此釋得四亨，由於二體兑柔在上，柔性降下，艮剛在下，陽性上登，二氣相與，則有相與感應之義。剛柔得所，故問亨和也。第三釋利貞，止而悦。此釋問利貞，由於二體，體既能上能悦，故言利貞。止若不悦，則无以咸感，悦而不止則无爲。應令悦而能止，心非佞耶。攸言所利在止，利貞也。王経（經？）亦云：故利貞者，止悦无爲。故能利貞也。……（斷卷）

慢之行請之節也。節五捴結上文，是以亨貞，娶女吉也。諸釋上義，每當至理，故言是以更疊經文將欲結成者也。第六釋廣解，分二別。先明天地感義，天地感，万物化生，天地无感，物亦无生。二氣氤氳，相感陶丞，故万物亦有感動，而生无窮也。後明聖人感義，聖人心天下和平，人聖无心有感致應化行。天下万物均平，和則不平，則无偏，聖人應感，攸能得成耳。俱聖人能感而復應，應則和感，感則爲應，攸此言感耳。第七釋歎卦，觀其感所，天地万物之情可見矣。乾中所釋，随類能感耳。天地万物，各有所感之義，今言情者，俱是理上之用也。攸言天地万物之情，情即是理，不得已而生者，並是物情也。第三釋象辭。象曰：甲山上有澤，感。澤性下潤，山體深虛，虛而受潤，事苻通感，且山必通，高澤必降下，此亦感義。君子以虛受人，夫卦擬物礙而不會，虛懷受物，通能而感。且君子无心，常以虛心受物也。九四：貞吉悔亡，憧憧往來，朋從爾思。初六：感其拇。王注云：未至傷，靜也。六二：感其腓。象曰：雖凶，居吉，順不害也。九三：咸其股，亦不處也。此爲所咸之境不同，彼脩之行不等。故觀其所咸，則知万物之情也。今論九四，居二體之際，據一卦之中，上无感於騰口，下无觀於拇腓，俱指心神之道者也。第五釋歎卦，觀其所恒，天地万物之情可見矣。夫所恒之理，唯因无爲，只非天地无爲，並是四時无爲之心。故无爲之理，則是天地万物之情，自然可見矣。大段第三釋象辭，象曰雷……（斷卷）

從其思也。《繫》中云：天下何思？同歸而殊塗，一致而百慮。天下何思何慮？日往月來，月往日來，尺蠖之屈以求伸也。然則憧憧者，不定之皃；往來者，随物之行也。往不定於往，來不定於來。屈不異於申，申不異於屈。恒順佋而无動，本无爲而有感。觀同歸之殊塗，知一致之百慮，然後貞吉，百物所歸。憧憧往來句，從爾思者也。安此一爻，極顯至人遊感之義耳。

震上巽下，恒。

釋義三重，釋名，釋次第，釋辭。第一釋名，恒。象曰：恒，久也。恒之爲義，唯是長久之名，久於其道，忽非改易。故曰恒久也。第二釋次第，《序卦》云：夫婦之道，不可不久也，故受之以恒；[恒]者，久也。此人事相須門也。且語其義者色裹，即受敬之情遲，時咸則恩情之心重敬，如客久涉之義，則難置而不攝感應之理，即賒唯事理乃得恒存，人道之至唯在恒義，故夫婦成感之後，次繼恒久之義耳。釋辭五重，卦辭，彖辭，大象，爻辭，小象。第三釋卦辭三重，釋名，釋德，釋別辭。第二釋德，恒亨无咎，[利]貞。王注云：恒而亨，能濟三事也。故恒久之義，其美在通，若使隔滯自失恒道。故誡家之法恒通，无咎之曰乃曰利貞，久通得正，恒義純成，故言利貞。第三釋別辭，利有攸往。夫能順恒道自脩貞德，有道有德始可交涉遠方。故言利有攸往。第二釋彖辭五重，釋名，釋利，釋德，有攸往，廣解，歎卦。案第一釋名，又分二别。第一直開釋名，第二出其所由。第一直釋名，恒，久也。翻此恒訓乃是長久之名，故言不恒其德，或承之羞也。第二出其所由，並有四重。第一由在二體，第二由在兩象。……（斷卷）

下震體嚴剛，臨化在上，尊卑得序，陰陽得儀，所以爲恒之道也。第二釋由在兩象。雷風相與。雷爲法或，風爲教令，是天天使相與治化。雷是長男，風是長女，並德俱長，感爲相與，恒久之義，於此爲盛。第三釋由在二訓義，巽而動，動而不從不可久，順動得從順，相與恒久。故巽從震動而得恒也。第四釋由在六爻，剛柔皆應，若使六爻不應，俱是凡難以恒久。今六爻皆應，无有偏隔。故其道乃得長久也安。第二釋德，分爲二别。先釋義理，後釋道結。第一釋義理，恒亨无咎，利貞。久於其道也。恒家之通恒，通无咎，通而无咎，復應利貞，既得利貞，故恒久其道也。第二釋通結義，天地之道，恒久而不已也。万法之中，天地大象，天地所以能得長久者，豈非各得道而成，不已之象也。然天地之心，本自无爲而无不爲，非恒久而能恒久，故能得恒而不已耳。第三釋利有攸往。利有攸往，終則始也。既得恒久，攸往皆利，終則冥始，始則冥終。若譬四序，環運无裁，復施竪横，莫匪皆然。故在終不終，在始周流六虚，動而沖寂，與事相冥，不與物離，豈非所往得恒久爲故，能終古恒尔，運照无癈耳。第四廣解三别。第一論體恒久。第二論節恒久。第三論道恒久。第一論體，日月得天，而能久照。夫有象之中，光爲妙體之得，恒久唯依无爲。故日月運行得天之心，无爲无心而能久照耳。第二論節，四時返化而能久成。夫變化之象，序爲勝，法春秋代謝，生長休癈，唯依无爲之理，能保久成之化也。此義案境而釋无爲之理也……(斷卷)

小而起，故以小男小女正開感應之理。恒是脩恒之業，鮮剋有終。故以長男長女爲恒久之終，極顯長久之道也。且艮之與兑俱爲重濊之法，唯施感理而已。震之與巽並是妙清之躰，同雖有爲，易可會通，相以恒久。故得爲恒久之終耳。易者唯象，象者有像，雖是感應之理，非无其理，勝劣之象久有此例也。君子以立不易方，物皆有恒，不失其性。聖人以立不易其方。其方者，百姓有恒之方也。君子亦以无爲爲恒，无心爲方。故出處言嘿，随時而行，應化之道，不改其方耳。初六：浚恒，貞凶，无攸利。脩恒之業，无物不思，恒道難得，唯譬震巽而已。今忽利六直以恒久之教，既无迴降之心，未曾无爲而居恒，忌而遊性，俱是深恒而謂不失者，雖有上賢之器，非无一過之義，故言貞凶。業非漸藴積至恒道，恒亦非恒，故言无攸利耳。上[六]：震恒，凶。上六觀彼初六之行，故振恒不脩。居上无恒，豈如失恒而已哉？果有背恒之禍，故言凶，不言无所利，所利者輕故也。

艮下乾上，遯。

釋義三重，釋名，次第，釋辭。第一釋名，遯。遯者，退避之名。小人道長，君子遁避，故受遯退之名。據於君子之身而稱遯義，若是小人直稱逃亡，不可謂遁也。第二釋次第，《序卦》云：物不可以久恒，故受之以遁。遁名者，退也。此相須門，日月盈與冬夏代序，更相接謝，不可恒存。故功遂身退，不可久存。故因退義以係人事之遁也。釋辭五重，卦辭，彖辭，大象，爻辭，小象。釋卦辭二別，釋名，釋德。第二釋德，亨，小利貞。夫陰長陽退，以遁宅而爲……（斷卷）

而異耳。初九：悔亡，喪馬勿逐，自復；見惡人［无］咎。初九應在睽之時，獨立无位之比，當悔之心實在此時耳。其上下相睽，物情无接，譬言喪馬勿逐，自復；兹乃先咸之甚也。與四同志目擊，道存能照時，情乃得悔亡也。韜光閇迹，與世无爲，雖見惡人，何患之有？故曰无咎耳。九二：遇主于巷，无咎。九二以陽居陰，六五以陰居陽，俱失本位，並當睽世之蹴，世是大睽小得往通，臣不奉於主，主不尋於臣，直睽而已，而只非居臣之義。玄有聖賢之道，感應之理必有其會，出於巷中不期而遇，施義爲論可咎而免。故言无咎耳。上九：睽孤，見豕負塗，載鬼一車，先張之弧，後説之弧，匪冠婚媾，往遇雨則吉。上九高心體有明光，居明離之上。臨睽澤之終時，无善幾道未接化。故可謂睽孤也。何者？世既睽時，聖人應閇以无應之理，居極睽之地。故言睽孤耳。兑艮爲澤象，又譬爲豕，澤中有豕必負其塗。故見豕負塗，甚是可穢之象。此謂无感之時，无異此之體也。夫聖人无應，世情相睽，恠異多妄興，妄求禍，故福言載鬼一車者，多其恠物耳。王注云：見鬼盈車，吁哉可恠也。俱時移甚速，睽理將盡，謫恠道爲一，先張之不解其理，後解之得悟，其應匪寇得婚，二體如通澤體，豕上陰陽調和，唯非得和之美，並有群疑之消亡。故言遇雨吉也。

艮下坎上，蹇。

釋義三重，釋名，次第，釋辭。第一釋名，蹇者，難也。時世艱難，故名爲蹇。第二次第，《序卦》云：物睽必難生，故受之以蹇。蹇者難也。此相因門，物若大因則无厄難，但由睽庭俱蹇難得生耳。釋辭五重，卦辭，彖辭，大象，爻辭，小象。釋卦辭五重，第一釋名，第二釋利西南……（斷卷）

衆義則平等，譬之沙難易通无礙。故向涉之方所以爲利。第四釋利見大人義。利見大人，涉難之財義。在聖化蒙化之道，宜見大人。大人者，則是應位之聖也。今九五應世並雜大難之中，登之山頂平觀可済之道。凡欲涉者但在得見，若有得見，何妨済険？王注云：往則済也。往見大人，則有得済之理。故經文利見大人注云：往則済也。第五釋貞吉義。貞吉得位之時，聖化弥廣，應非據正道，外難遍今二四三五，並皆當位各腹其正，是謂済難之時，以済難之時而見能済之主，必由正吉。故言貞吉也。第二釋彖，六重。第一釋名，第二釋利西南，第三釋不利東北，第四利見大人，第六歎卦。案釋名有三意，先訓釋名，中出得名所由，後裒稱蹇致美地。釋名訓義，彖曰：蹇，難也。夫蹇之爲名，正訓於難，譯蹇難則是訓也，中出得名所由，陰在前也。今釋由名相方成義，山見水而能止，水遇山而不流，故成蹇之義，相開二體。俱自内先釋，故言：險在前也。險者，次象在前也。後別裒稱蹇時至美之地，見険而能上，智矣哉。此釋能免險難之患，由於艮卦之心，若見水而不止，則被其難。見岭而能止者，誠是知理之象，故言知矣哉耳。然則自非除智，孰能如此矣。故設論艮象極一似有智，可行則行，故无所不在，可止則止，故本非蹈難，此義可謂智矣。第二釋利西南，蹇行西南，往得中也。此案坎體平其義，若向平地當免於難。生非其地，那得无患？俱西南之地平无礙，次德若行，往必得中也。然得中之地，物理得利耳。第三釋不利東北義。不利東北，其道窮也。東北艮位是山之象，以次涉山，轉憎其阻路窮……（斷卷）

同老之匈必應來集耳。何者？本是常座歷聖所集之地也。俱治蹇之道必有其節，雖是極聖之智，不能踰越而化。故象曰：以中節也。

坎下震上，解。

釋義三重，釋名，次第，釋辭。第一釋名，解者，解散之名，蹇世解散稱解義。第二釋次第，《序卦》云：物不可以終難，故受之以解。解之者，緩解之義也。此是天道相返門，否終則泰，難終則解，散極必返天道，固然之理也。釋辭五重，卦辭，彖辭，大象，爻辭，小象。釋卦辭四番，第一釋名，第二釋所宜之處，第三釋无蹇難時吉，第四釋有難者吉義。第二釋解時所宜之處，解，利西南。夫解難之時，靡所不安，何別西南，特稱善義。俱凡論處所非无其義。西南者坤地；坤地者，正是衆庶之因也。故解難之善，被於衆地，特稱西南，而廣至義且一切无礙，故不言東北，亦有可知耳。第三釋无難時吉。无所往，其來復吉。凡物有起往，必有開事，既无難事，何往之有？俱可靜居无爲，自心返覆而已，自然會吉也。且時復如此，家情安樂。我雖无往，物來何妨言，故至來復吉耳。第四釋有難者吉義。有攸往，夙吉。如攸往者，一往未解之物也。時當太平，天下被解，見則蒙化，理无稽滯。故言或有未解者，早往天官速蒙解命，若是遲者淹留難地，事與蹇同。故云夙吉也。第二釋彖，六重。第一釋名，第二釋利西南，第三釋无難時吉，第四釋有難者吉，第五廣解，第六歎卦。第一釋名，彖曰：解，險……（斷卷）

第二部　古鈔本《經典釋文》殘卷

一　殘卷綜述

《經典釋文》是研究漢魏南北朝以及隋唐中國古代學術史、漢語言學史等的重要參考書。全書共三十卷，具體内容有《序録》（一卷）、《周易音義》（二卷）、《尚書音義》（三、四卷）、《毛詩音義》（五—七卷）、《周禮音義》（八、九卷）、《儀禮音義》（十卷）、《禮記音義》（十一—十四卷）、《春秋左氏傳音義》（十五—二十卷）、《春秋公羊傳音義》（二十一卷）、《春秋穀梁傳音義》（二十二卷）、《孝經音義》（二十三卷）、《論語音義》（二十四卷）、《老子音義》（二十五卷）、《莊子音義》（二十六—二十八卷）和《爾雅音義》（二十九—三十卷）。各經音義又可稱爲某某釋文，比如《周易釋文》、《莊子釋文》等。

早期《經典釋文》以手抄傳世，並曾傳入日本。自五代至宋初，後周和北宋朝廷曾組織專人校勘、删訂並付梓出版。當時的出版形式有兩種：一是作爲各經的附録出版；二是三十卷成套出版。可是，因年代久遠，早期出版的實物已多不存世。現藏存於北京圖書館的宋元遞修本《經典釋文》（以下稱遞修本），是目前已知的唯一一部被完整地保存下來的最古足本。可是，各種跡象表明，遞修本出版後深藏於宫中，並未在社會上廣爲流行。據説清初錢謙益曾藏有一部得自明代文淵閣的宋本，當時很多人都以爲這是「天下孤本」。後來，絳雲樓發生火災，該書被焚毁，當時的知識界以爲宋本從此不再存於世，便根據當時的手抄宋本雕印出版了通志堂本（康熙十九年，一六八〇），後來又在校勘的基礎上出版了抱經堂本（嘉慶二年，一七九七）。這兩種版本遂成了社會上最爲通行的《經典釋文》文本。直到一九八〇年代，上海古籍出版社出版了遞修本影印本後，情況才有了轉變。另外，日本亦曾根據中國版本複印了一些各經附録本，並曾於文化六年（嘉慶十五年，一八一〇）複刻了抱經堂本足本和刻本①。

奈良興福寺藏古鈔本《經典釋文》殘卷，是目前已知存世的《經典釋文》古鈔本之一。該殘卷爲卷子裝，全長八三六公分，寬二七．七公分，由十六片紙張粘聯而成。內容爲《經典釋文》卷第十四，即《禮記音義》之四，起自「中庸」第三十一至「昏義」第四十四的內容。其中脱「奔喪」一篇，「中庸」、「緇衣」、「大學」、「冠義」、「昏義」內容亦不全。「民」字等缺筆。卷首題「經典釋文第十四」，同一行下方署有「陸氏」二字。

據有關資料介紹，殘卷抄於天平勝寶年間（七四九—七五七）②。從原件可以看到，其背面寫有字跡清秀的《四種相違斷略記》。據説，那是寺僧爲了抄寫因明著作，裁斷《經典釋文》殘卷和《講周易疏論家義記》殘卷抄寫上去的。關於這段歷史情況，已在「古鈔本《講周易疏論家義記》綜述」一節中引述了狩野的記述。至於狩野文中提到的敦煌石室所出《經典釋文》殘卷，如前所述，除狩野提到的《周易》及《尚書》殘卷之外，實際上還有一部《禮記釋文》殘卷。該殘卷與本殘卷雖然同屬《禮記釋文》，却

① 有關《經典釋文》的歷史等情況，請參見拙著《莊子音義研究》（日文版，汲古書院，一九九九年；中文版，中華書局，一九九九年）的有關章節。

② 奈良六大寺大觀刊行會編《奈良六大寺大觀第七卷 興福寺一》補訂版「解説」，堀池春峰執筆，岩波書店，一九九九年。

非相同部分。前者屬《經典釋文》卷第十一《禮記釋文》之一③，後者則屬《經典釋文》卷第十四《禮記釋文》之四。

此外，在《經典釋文》殘卷背面即《四種相違斷略記》處有如下文字記録④：

天禄二年（九七一）九月廿三日記了。興福寺沙門真興，是只為身事，後人見之，莫解頤而已。寬弘七年（一〇一〇）庚戌八月三日寫了。東大寺三論宗僧宿夐之本也。抑件文是祕書也。仍彼寺內，猶未普傳，況他們徒耶。憖傳得之。密密所書也。雖非自其器。為令法久住，為令此道修學後者耳。以此功德迴向无上正等菩提。

由此可以肯定，《經典釋文》殘卷被裁斷的時間應在一〇一〇年以前。至於該《經典釋文》在裁斷之前的基本情況，比如卷數等數據都没有留下記録。昭和十年（一九三五）出版的《京都帝國大學文學部景印舊鈔本》第二集收載了狩野對照多種《經典釋文》版本校勘殘卷的「校記」。時間雖已過去七十餘年，至今仍然具有很高的參考價值。狩野在「校記」中寫道：

案：今世通行《釋文》，徐乾學通志堂經解本、盧文弨抱經堂本二種。其《禮記》，又有宋淳熙刻撫州公使庫本，盧本兼採撫本，而清嘉慶間張敦仁重刊撫本，則又有丙寅庚辰兩刻之不同。今以鈔本與各本互相對勘，異同甚夥，而鈔本之長竟不可没矣。茲以盧本為底本，著異同各條下。

③ 張金泉、許建平《敦煌音義匯考》，杭州大學出版社，一九九六年。
④ 根據本人筆記並參照有關資料整理。

但鈔胥無學，其多俗字謬奪，勢所不免，見而易知者不録，避煩也。

由此我們大致可以瞭解狩野當時的校勘情況。這是學者第一次校勘殘卷，取得了許多寶貴的成果。從黄焯著《經典釋文彙校》⑤中可以知道，他在研治《經典釋文》時，也曾參考並吸收了狩野的部分校勘成果。不過，需要説明的是，狩野進行校勘殘卷和撰寫「校記」活動時，還不可能看到遞修本。有關資料顯示，遞修本原藏清宫，辛亥革命以後流落民間，直到一九四六年和一九四九年才分兩次（第一次卷一至卷六，第二次卷七至卷三十）歸入北京圖書館館藏⑥。爲了彌補狩野校勘時資料之不足，二〇〇三年筆者在參照狩野校勘成果的基礎上，以遞修本爲底本重新校勘了殘卷，其具體所得詳見本書所收「古鈔本《經典釋文》殘卷再校記」（以下稱「再校記」）。通過校勘，並將殘卷的内容和遞修本的有關部分進行比較，發現：（甲）兩書在用字（含異體字、反切用字）和語序方面存在一些差異。（乙）在部分反切資料中，遞修本並未標明「徐音」，殘卷却明確標明；同時也存在個别相反的情況，即遞修本標明爲「徐音」，殘卷却未標明。（丙）遞修本以字注音的一些文字，殘卷却以反切注音。下面讓我們圍繞這幾個問題，作些必要的探討。

一，所謂異體字，是指意義相同只是用字不同的現象。爲了瞭解、追究陸德明《經典釋文》的原貌，筆者也特别注意考察了這一問題。根據各種情況分析、推測，殘卷使用的異體字似有兩種可能：

---

⑤ 黄焯撰《經典釋文彙校》，中華書局，二〇〇六年。

⑥ （唐）陸德明撰《經典釋文》，上海古籍出版社，一九八五年。

一是陸德明的原用字，二是原抄手根據自己的習慣和愛好使用的文字。至於哪一種比例較大，今天已經很難弄清。不過，可以肯定這些用字在日後的校勘、雕版、印刷過程中，經過整理才統一爲如今我們看到的遞修本使用的文字。

二，所謂「徐音」問題，殘卷明確標明，遞修本未標明的現象較多。如果原作中無「徐音」二字，抄寫時特意加上或都是誤抄的可能性不大。根據現有的資料，把殘卷明確標明的「徐音」看作是陸德明原作的面貌恐怕較爲妥當。即原作中標明了「徐音」，可能是校勘時出於某種考慮給删掉了。雖然目前我們無法知道這種考慮的具體内容，但是指出這一事實是十分重要的。因爲，引用「徐音」而不標明，意味着是作者隨意把别人的成果據爲己有。日本小島祐馬在論述敦煌《莊子音義》殘本時就談過這個問題⑦。當然敦煌《莊子音義》殘本和本稿論述的《經典釋文》殘卷情況不同。前者疑非陸氏音義，被推斷爲徐邈音義，而後者與遞修本《經典釋文》有關部分的内容雖然有些差異，却未達到足以懷疑作者非同一人的程度。我們似可推定，殘卷明確標明「徐音」，遞修本中未標明的責任不在陸德明本人，而在後來校勘、整理者。

三，所謂注音形式不同的問題，從實際内容來看，遞修本和殘卷對某些文字的注音，雖然有以字注音和反切注音的不同，但殘卷使用的有關文字的反切用字大多可在《經典釋文》的其他經注中找到用例，説明殘卷當有所本，絶非隨意篡改。如果把殘卷的這些内容看作是陸德明原本的内容，大概是妥

⑦　小島祐馬《巴黎國立圖書館藏敦煌遺書所見録》（一），收載於《支那學》第五卷第四號，一九二九年十二月。

當的。至於遞修本對這些有關文字以字注音，則可能是五代、宋代校勘時留下的痕跡。

此外，如「再校記」所反映的，無論是殘卷還是遞修本，在内容方面都有一些明顯的錯誤。從年代來説，鈔本在前，遞修本在後。前者未經校勘，問題必然多一些，却似更接近陸氏原本。後者經後人校勘，問題相對少一些，似應與陸氏原本相距較遠。這就是説，從邏輯上考慮，由鈔本到遞修本，内容應該越來越嚴密，錯誤越來越少才符合常理。可是，從實際情況來看，鈔本不誤遞修本誤的現象是存在的。這種現象所佔比例雖然不大，却也説明五代、宋代校勘時還不够嚴密。當然，我們既不能苛求於古人，也不能不指出存在這種超常現象。至於是何種原因造成的，目前還無法下定論。陸德明生於梁，卒於唐初，其所撰《經典釋文》等書最初以手抄本流傳於世，唐時可能存在多種鈔本，既然是手抄，也就不可能像現在的複印那樣一字不差。錯抄、漏抄、重抄、串行的可能性都是存在的，而且殘本與遞修本所用底本也可能並非同一系統。

至於殘卷是唐鈔本還是奈良鈔本，由於年代久遠，缺乏可靠的證據，一直有些爭論⑧。從整體來看，殘卷確實透露着唐鈔本特有的氣息，可是從個別字體的神韻及誤筆來看，又很難讓人相信它是出自唐人之手。比如，殘卷中屢屢出現的「徐」字有誤作「除」字的現象⑨，當是可供參考的一個具體

⑧ 過去多以殘卷「民」字缺筆，避唐太宗諱名，認定爲唐鈔本。羅常培《唐寫本〈經典釋文〉殘卷五種跋》（《國學季刊》七／二收載，一九五一年）也認爲：「當爲唐寫本無疑。」

⑨ 如殘卷「中庸三十一」中「拳拳：……除羌權反，奉持之皃」、「不倚：……除其蟻反」中的「除」字，都應按遞修本作「徐」。

事例。我們從日常生活中可以發現，「徐」誤作「除」至今也是日本人書寫漢字時常見的一種現象，這或許是由於「徐」、「除」二字形體相近、訓音相同（じょ）的緣故吧。與此相反，中國人書寫漢字時「徐」誤作「除」的概率非常低，這是由於二字形體雖然相近，發音却完全不同。由此推之，唐人亦當如此吧。一般認爲，本殘卷即便不是唐鈔本，也當是模仿唐鈔本且模仿得相當巧妙的奈良鈔本。如中川憲一在《唐鈔本》中寫道：「這個鈔本的格式，是正確遵循唐代楷書書法寫成的，連一根墨線也無不是一絲不苟地以認真的楷書書寫的，不過有稍缺嚴謹之處，因此也有奈良時代鈔本的説法。確實難於斷定是中國還是日本的鈔本。總之，這鈔本的原本是唐初之物，即便是奈良時代寫成的，也是非常忠實地書寫的，可以肯定是瞭解唐初楷書風格的重要資料。」⑩

衆所周知，隋唐時代是中日兩國人員頻繁往來的輝煌時期。除了正式的遣隋、遣唐使節之外，還有不少與使節們同行的學生或僧人前往隋唐學習，而且隋唐方面也有一些人員前來日本。他們這些人都有可能是中國典籍的攜帶者、傳播者。在《莊子音義研究》一書中，筆者曾談到有據可查的《經典釋文》東傳的最早記録是天平二十年（七四九年，唐玄宗天寶八年）⑪。這一年正介乎著名的吉備真備（六九五—七七五）兩次（七三六和七五四）從唐土攜帶漢籍返回日本的年代之間。如此説來，《經典釋文》很可能就是由吉備真備或者在他前後往來於中日之間的某人攜來日本的吧。目

⑩ 《唐鈔本》中川憲一文，同朋舍出版，一九八一年。
⑪ 見《大日本古文書》卷三。

前我們雖然没有找到本殘卷與上述東傳記録直接有關的資料，殘卷自身的存在已經證明《經典釋文》手抄本確曾傳入日本。可是，當時記録的「《經典釋文》二十一卷，一帙」，究竟具體包含了哪些卷次，現在已無可查考。如果指的是第一卷至第二十一卷，那就應該包含與本殘卷内容相同的《經典釋文》卷第十四。現在興福寺有關資料提出殘卷抄於天平勝寶年間（七四九—七五七）的意見，或許已經考慮到上述東傳的最早記録了吧。另外，在成書於寬平年間（八八九—八九七，相當於唐昭宗時期）的《日本國見在書目録》中還可以看到「《經典釋文》三十卷，陸德明撰」⑬的記録。這説明在九世紀末以前，一部完整的陸德明撰《經典釋文》三十卷本曾經傳入日本。依年代推算，這是《經典釋文》東傳的次早記録。當時雕版印刷術尚未普遍應用，上述最早和次早記録都不可能是雕印本，只能是手抄本。

總之，從整體來看，興福寺所藏《經典釋文》雖然多有損傷，却具有無可替代的學術價值和資料價值，通過它不僅可以進一步瞭解《經典釋文》的歷史原貌，甚至還可糾正遞修本以及其他版本的一些不足和錯誤。願本殘卷的整理出版能爲《經典釋文》及其有關的學術研究起到一定作用。

---

⑬《日本國見在書目録》中，「經典釋文」四字原寫作「經典尺文」，文字雖異，日文發音却相同。

二 殘卷再校記

一九八〇年代末，筆者在研究《莊子音義》時，已注意到奈良興福寺藏古鈔本《經典釋文》殘卷（以下簡稱殘卷）的存在，並確信它是考證《經典釋文》原貌的重要旁證。不過，當時考慮到殘卷的具體内容屬於《禮記音義》的範圍，便没有在題爲《莊子音義研究》的拙著中加以詳細論述。二〇〇三年元旦，東京大學户川芳郎名譽教授在賀年片中談到狩野直喜教授早年撰寫的有關殘卷的校勘記很珍貴，並建議筆者嚴格進行再校，這是筆者當時重提殘卷的直接原因。

狩野直喜教授以漢文寫成的校勘記，收入昭和十年（一九三五）出版的《京都帝國大學文學部景印舊鈔本》第二集。當時，現藏於北京圖書館的宋元遞修本《經典釋文》（以下簡稱遞修本）由内府流落民間，尚不大爲人所知，狩野也不可能看到。爲了彌補狩野校勘當時資料之不足，本稿以遞修本爲底本，直接校正殘卷。其具體所得見如下「校勘一覽表」。

表中所收詞條及釋文内容僅爲兩者存在差異的部分。爲了保留殘卷的原有風貌，本稿試圖盡可能地使用殘卷原有的字體，但由於殘卷使用了很多冷僻字、異體字或古體字，在技術上難於全部再現，謹請讀者充分利用所附殘卷書影。再者，爲了便於讀者查閱，表中詞條按原有形式不加標點列出，釋文則根據需要加上標點，對殘卷中出現的重疊用字符號直接改用漢字，書名不加引號。以上諸點，務請留意。

校勘一覽表

甲，遞修本	乙，殘卷	備注
○經典釋文卷第十四	無「卷」字。同行下署「陸氏」二字。	
○禮記音義之四　起第十六盡第二十	「二十」作「廿」。	
○唐國コ博士兼太子中允贈齊州刺史吴縣開國男陸德明撰	無。	甲「國コ」當爲「國子」。
○中庸第三十一　鄭云……庸，用也。孔子之孫子恩作之，以昭明聖祖之德也。	「中庸」誤作「中康」；「三十一」作「卅一」；「庸」後無「用」字；「子恩」作「子思」，是；句末無「也」字。	
○卷之十六	「之」作「第」，並與下文「率性」連寫。	
○率性……循也。	「循」作「脩」，誤。	
○人放　方往反。	重復鈔寫。	狩野氏無。
○傚之　胡教反。	「胡教」作「户教」。	

○離也　力智反，下及注同。	「力智」作「力豉」，「注同」作「注皆同」。	
○恐懼　匡勇反……	「匡勇」作「曲勇」。	周易、毛詩等釋文中「恐」字反切有「曲勇反」之用例。
○閒居　音閑……	「閒」作「間」。	「閒」「間」相通。狩野氏無。
○莫見　賢遍反，汪顯見同……	「汪」作「注」，是。	狩野氏無。
○有佔　勑廉反。	「佔」作「估」，誤。	狩野氏無。
○民鮮　患淺反，下及注同罕也。	「民」字缺筆；「患淺」作「息淺」，是；「反」字重復，無「及注」和「也」字。	乙避唐太宗李世民名諱。下同。
○罕也　呼坦反……	「呼坦」作「乎但」。	狩野氏無。
○知者　……下文大知也……。	無「文」、「也」二字。	
○不肖　音笑，下同。	無「下同」二字。	
○罟　音古，罔之摠名。	句末有「也」字。	

○檴　……尚書傳云，捕獸機檻。	「檴」作「擭」，是；「捕」作「博」，誤；「獸」作「禽獸之」，句末有「也」字。	
○阱　才性反。本或作穽，同阱。穿地陷獸也。説文云穽或爲阱字也。	語序及文字稍異。「穽」、「穿」均作「⿱穴子」，誤。全文寫作：「本或作⿱穴子，才性反。⿱穴子地陷獸也。説文云穿或阱字也。」	
○拳拳　……又起阮反。徐羌權反，奉特之皃。	「起阮」作「起院」；「徐」作「除」，誤；「特」作「持」，是。	
○服膺　徐音應，又於陵反。	無「又」字。	
○可蹈　音悼，又徒報反。	無「音悼，又」三字。	「可蹈」，狩野氏誤作「可陷」。禮記原文及通志堂本均與甲乙同。
○問强　其良反，下同。	無。	
○言女	「言女」作「女也」。	
○衽金	「衽金」作「衽金革」。	
○不厭　於豔反	「不厭」作「不猒」，「於豔」作「於艷」。	厭通猒，見説文段注等。豔俗作艷，見集韻。
○哉矯　居表反，下同。	句末有「也」字。	

○猶鄉　本又作嚮……	「嚮」作「響」。	嚮又作響，見周易、莊子等釋文。鄉與嚮同，見正字通。
○不倚　……徐其蟻反。	「徐」作「除」，誤；「其蟻」作「其蟻」。	
○行俒　义委反……	「行俒」作「俒」。「义委」作「久委」，是。	
○譎　音决。	「音决」作「古穴反」。	
○隱行　下孟反。	「下孟」作「下盖」，誤。	狩野氏無。
○遯世　本又作遁，同徒頓反。	「遯世」作「逯世」，「遁」作「遯」，無「同」字。	「世」字甲乙均缺筆。「遯」、「逯」、「遁」三字相通。見一切經音義、説文等。
○費而　……徐音弗，注同。	「徐音」作「徐又音」，句末有「也」字。	
○以與　……注皆與之與以其與同。	「其與同」三字前無「以」字，後有「也」字。	
○故與	「故與」作「此故與」。	

○所憾　本又作感。胡暗反，恨也。注同。	「所憾」作「所慽」，誤。釋文字迹模糊，似無「恨也」二字。	
○鳶飛　悦專反，字又作鳶。	釋文僅見「字又作鳶」四字。	
○戾　力計、吕結二反。	「戾」作「戾天」，「力計」作「力討」，誤；其餘文字缺損。	
（鈔本「魚躍」至「螺」）之間缺損約二十五行。「土蜂」至「而治」多爲半字，殘損難辨。）		
○爲已　音紀。	無。	抱經堂本「已」作「己」，是。狩野氏無。
○知仁　……注言有知皆同。	無「皆」字。	
○長　丁丈反。	無。	狩野氏無。
○好學　呼報反。	「呼報」作「乎報」。	
○力行　……徐下孟反。	「下孟」作「下盖」，誤。	狩野氏無。
○子庶民　如字。徐將吏反。愛也。下句放此。	民字缺筆，語序稍異。「愛」、「句」作「受」、「勾」，誤。全文寫作：「將吏反。受也。下如字。徐勾放此。」	

○遠色　于方反。	「于方」作「于万」，是。	
○稟　彼錦反。一本又力錦反。既稟謂哨食也。	無「一本又力錦反」六字；「既」作「餼」，通；「哨食」作「稍食」，是。	狩野氏作「鈔本無一本以下六字」，未提及「既稟謂哨食也」六字。
○從容　上七容反。	無「上」字；「七容」作「七客」，誤。	
○必强　其良反。	無。	
○楨祥	「楨」作「禎」，是。	
○妖　於驕反。左傳云地反物爲妖。説文作祅，云衣服、歌謡、草木之怪謂之祅。	「妖」均作「媄」；「説文作祅」作「説文作袚，又作⿰礻共」誤；「歌謡」作「謌謡」；句末「媄」作「媄」，誤。	
○孽　……説文作蠥，云禽獸蟲蝗之怪謂之蠥。	「蠥」均作「⿱薛虫」，「蝗」作「惶」，誤；「怪」作「恠」，句末有「也」字。	
○蓍龜　音尸。注同。	「蓍龜」作「著龜」，誤；無「注同」二字。	
○無疆	「疆」作「彊」。	疆通彊，見集韻等。
○不貳　本亦作貮，音二。	句末有「也」字。	

○昭昭　……本亦作炤……	「炤」作「照」。	
○華嶽　户化、户瓜二反……	釋文作「户化反，又户花反……」	
○不泄　息列反。	「息列」作「息别」。	經典釋文中「泄」字反切多作「息列反」。狩野氏無。
○一卷　……范羌阮反……	無「阮」字，誤。	
○一勺　徐市若反。	句末有「注同」二字。	
○鼈	「鼈」作「魚鼈」。	
○耿耿　……又公頂反，舊音孔頂反。	「又」作「徐」；「孔頂」作「孔須」，誤。	
○於穆　上音烏，下於乎亦同。	無「上」、「亦」二字。	狩野氏「鈔本無上字下字」之説不確。
○慎德　如字。一本又作順。	無「一」字。	
○峻極　思閏反，高大也。	「思閏反」之「反」字作「不」，誤。	
○優優　於求反。倡優也。	無。	盧文弨云：此語不曉何義，得無竄入與。

○不驕　本亦作喬，音嬌。	「亦」作「又」；「音嬌」作「音驕」，誤。	
○且哲	「且哲」作「既明且悊」。	「悊」與「哲」同，見白石神君碑。狩野氏「鈔本出已明且哲」之説不確。
○而好　呼報反，下同。	句末有「也」字。	
○栽及　音災。	「災」作「灾」。	「災」、「灾」異體，見説文、白石神君碑等。
○行同倫　下孟反。	「下孟」作「下盖」，誤。	狩野氏無。
○王天下　于況反，又如字。	「又」字作「一音」。	
○遠之　如字。又于万反。	句末有「也」字。	狩野氏「遠之」作「遠思」。
○不厭　於豔反。後皆同。	「豔」作「艶」。	狩野氏無。
（鈔本「無射」至「編年」之間有缺損，部分文字缺半或模糊不清。）		
○編年　必緜反，又甫運反。	「編年」二字模糊難辨，「必緜」作「必綿」；「甫運」作「甫連」，是。	狩野氏無。

○覆幬	「幬」作「懤」，誤。	
○作燾	「燾」作「壽」，誤。	
○明叡	「明叡」作「叡」。	
○齋莊	「齋莊」作「齊莊」。	「莊」、「荘」異體，見武梁祠畫像題字。狩野氏無。
○溥博	「溥博」作「溥愽」，誤。	狩野氏無。
○見而　賢遍反。	「賢遍」作「賢扁」。	「賢」與「賢」同，見宋元以來俗字譜。
○不説　音悦。	句末有「也」字。	
○蠻貊　本又作貃，武伯反……	「貊」作「貃」，「武伯」作「武百」。	「貊」同「貃」，見字彙。
○能經論　本又作綸。同音倫。	「能經論」作「經論」，句末有「也」字。	
○所倚　依綺、於寄二反，注同。	釋文作「依綺反，徐於寄反，注同」。	
○肫肫　依注音之淳反，懇誠皃。	「肫肫」作「肫二」；「之淳反」前有「忳」字。	

○懇誠　苦很反。	「苦很」作「苦狠」。	通志堂、抱經堂本作「口很反」。
○純純	「純純」作「或爲純純」。	
○尚絅　本又作熲……	「尚絅」作「裳絅」，「熲」作「緽」，誤。	
○之著　張慮反。	無。	
○而日　而一反，下同。	無。	
○的然　丁曆反。	「曆」作「歷」。	狩野氏無。
○淡而　徒暫反，又大敢反。下注同。	無「下」字。	狩野氏無。
○不厭　於豔反。	無。	
○隱遯　大困反。本又作遁字，亦同。	「遯」作「逯」，句末無「字亦同」三字。	
○相在　息亮反，注同。	「反」作「又」，誤。	狩野氏無。
○不愧　本又作媿，同九位反。	無「同」字。	
○百辟　音辟，君也。注同。	「辟」作「壁」，「君」作「尹」，誤。	
○末也	「末」作「未」，誤。	狩野氏無。

○易　以豉反。	無。	
○之載　依注讀曰裁，音災……	「裁」作「裁」；「災」作「灾」。	
○猶比　……又必利反，皆非也。	無「又」字。	
表記第三十二　鄭云，以其記君子之德見於儀表者也。	「三十二」作「卅二」，「君子」前有「於」字。	
○卷之十七	「之」作「第」。	
○不矜	「矜」作「矝」，誤。	
○應聘	「聘」作「娉」。	娉俗聘字，見玉篇。狩野氏無。
○用已　音紀。	無。	依音注「已」當作「己」。
○心厭　於豔反。	「心厭」作「以厭」，「於豔」作「於艷」。	「厭」、「厭」異體。
○裼襲　思曆反，下音習。	「思曆」作「思歷」，無「下音習」三字。	
○以樂　音洛，注同。又音岳。	「又」作「一」。	

○朝極　……下注朝聘同。	「聘」作「娉」。	乙誤將此條置於「以樂」條之前。
○以倦　本又作勌，其眷反。	「勌」作「券」。	「倦」、「勌」、「券」相通，見説文。
○巳至　音以。	無。	依音注「巳」當作「已」。
○以遠　于万反。	無。	
○日强　上人實反，下同。下其良反。	釋文僅作「人實反，下同」。	
○日偷	「日偷」作「日愉」，誤。	
○放恣　咨嗣反。	「咨嗣」作「咨自」。	
○儳焉　徐在鑑反，又仕鑒反。輕賤皃。	「在鑑」作「在鑒」。	狩野氏無。
（鈔本「齊戒」至「再三」之間有缺損，部分文字缺半或模糊不清。）		
○創　初亮反，又初良反。	「又」作「皇」。	
○乂　本又作艾，魚廢反，皇魚蓋反。	「廢」作「癈」，「蓋」作「盖」。	「廢」、「癈」相通，見説文段注。狩野氏無。

○不讎　音酬。	「音酬」作「市由反」。	
○無能胥以寧　尚書作罔兒胥匡以生。	「尚書」作「尚盡」，「罔」作「冈」，誤。	依尚書「罔兒」當作「罔克」。
○以辟　音璧，君也。	「君」作「尹」。	
○之仁　音民，出注。	「之仁」作「之仁也」，「民」字缺筆。	狩野氏無。
○而好　呼報反。	脱「報」字。	
○强仁　其兩反。下文同。	「下」字後衍一「及」字。	
○道有至義　依註讀爲道有至、有義。	「註」作「注」。	狩野氏無。
○有數　所住反。	無。	
○怛　丹葛反。	「怛」作「恒」，誤；「丹葛」作「丹曷」。	莊子釋文中有「怛」字反切作「丹曷反」之用例。
○（無）	而强　其兩反。	
○拘　本亦作苟。	「拘」作「狗」，誤；「亦」作「又」。	狩野氏「拘」作「枸」。

○遺　于季反，下同。	「遺」作「遺也」：「于季」作「于秀」，誤。	
○我今	「今」作「令」，誤。	狩野氏無。
○取數　色住反。	無。	狩野氏「取數」作「取勝」。
○度人　待洛反……	「待洛」作「侍洛」，誤。	狩野氏無。
○民鮮　……注及下並同。	「民」字缺筆，無「並」字。	
○景行　下孟反……	「下孟」作「下盖」，誤。	狩野氏無。
○年數　色住反。	無。	
○斃而　音弊，仆也。本又作弊。	「斃」作「斃」，「弊」作「弊」，「又」作「亦」。	狩野氏無。
○后已　音以。	無。	
○猶解　古買反。徐又音蟹。	無「又」字。	狩野氏無。
○恭近　附近之近。下同。	「下同」作「下皆同」。	
○制行　下孟反。	「下孟」作「下盖」，誤。	狩野氏無。

○以已　音紀。	無。	依音注「已」當作「己」。
○以移　……注汜移之移，移湭大也。同徐又怡耆反。一音以示反。	「湭」作「猶」，是；脱「大也」二字；「怡耆」作「怡者」，誤。	
○汜移　芳劒反。	「芳劒」作「芳故」。	狩野氏「鈔本芳誤故」，不確。當爲「劒誤故」。
○慙布　普故反。	無。	
○甲冑　直又反。	「直又」作「真又」，誤。	狩野氏無。
○惟鶙　音啼。徒兮反。鶙，鶙胡，污澤之鳥，一名淘河。	無「音啼」二字，「污澤之鳥」作「汙澤鳥也」；「淘河」作「陶河」。	「汙」、「污」異體，見正字通。
○污澤	「污」作「汙」。	
○濡污　污辱之污。	「污」均作「汙」	狩野氏無。
○粢盛　……在器曰盛。	句末有「也」字。	
○秬　音巨，黑黍。	句末有「也」字。	
○庇民	「民」字缺筆。	
○易道　音亦。	無。	

○徽禄	「徽」作「儌」。	「徽」、「儌」可通。見遞修本中左傳釋文僖公四年、文公十三年、成公十三年「儌福」詞條，昭公三年作「徽福」等用例。狩野氏無。
○葛藟　音誄，力水反。	無「音誄」二字，「力水」作「刀軌」；疑「刀軌」爲「力軌」之誤。	左傳等釋文中有「藟」字反切作「力軌反」之用例。
○條枚　亡回反……曰枚。	「亡回」作「亡回」，誤：句末有「也」字。	
○凱　本亦作愷，又作豈。同開待反，樂也。後放此。	「同開待反」作「聞侍反」，「後放此」作「後施此」，誤。	
（鈔本「回邪」至「不復」之間缺損，部分文字缺損或模糊不清。）		
○欲行　下孟反。	無。	
○便人　……又婢緜反……	「婢緜」作「婢綿」。	

○朝廷	「廷」作「迋」。	「迋」、「廷」異體，見北海相景君銘。狩野氏無。
○惷而　傷容反。徐昌容反。范湯江反，又丁絳反。字林音丑降反，又丑凶反。	「傷容」作「復容」，誤。無「又丁絳反」四字，「字林」後無「音」字，作「丑絳、丑凶二反」。	
○朴而　普角反。	「普角」作「並角」，誤。	
○詐諼　……詐也，忘也。	「忘」作「妄」，誤。	玉篇：諼，忘也。
○相施　始豉反……	「始豉」作「如豉」，誤。	
○勝而　始證反。	無。	
○以本忕　音誓。與上忕於同。	無。	
○而蔽　畢世反，又音弊。	「蔽」作「蔽」，「畢」作「必」，「又音弊」作「王又音弊」。	
○未厭　於豔反	「未厭」作「未猒」，「於豔」作「於艷」。	狩野氏無。
○强民	「民」字缺筆。	
○不勝其敝　音升，任也。注同。敝音弊。	「其敝」作「其敞也」，「敝音弊」作「敞音弊」。	
○難復　音伏。	無。	

○易之　音亦。	無。	
○不勝　世證反。又音升。	無。	
○怛　旦達也。	無。	狩野氏無。
○不傳　文專反。	「文專」作「大專」，均誤。	通志堂本「文專」作「丈專」，是。「專」爲「專」之異體，見武梁祠畫象題字。
○刑曰　音越。	無。	
○彖　吐亂反。	「吐亂」作「勑亂」，誤。	
○靖共　音恭。本亦作恭，同。	句末無「同」字。	
○藏之	「藏」作「蔵」。	「藏」、「蔵」相通，見雲笈七籤。狩野氏無。
○易退　……下及下注易絶同。	「下及下注」作「下及注」，「絶」字模糊難辨。	狩野氏無。
○以遠　于方反。	「于方」作「于万」，是。	狩野氏無。
○唯天子　唯音雖，出注。	「音」前無「唯」字。	
○鵲之　字林作鵲。説文作誰。音士略反。	「字林作鵲」作「字林作誰」，無「説文作誰」四字。「士略」作「七若」，均誤。	詩經等釋文「鵲」字反切作「七略反」。

○鶉之　士倫反。	「士倫」作「上倫」。	
○餘行　下孟反……	「下孟」作「下盖」，誤。	狩野氏無。
○能膊	「能膊」作「膊焉」。	
○所費	「所費」作「其費」。	
○饋焉	「饋焉」作「能饋」。	
○餤　……徐本作鹽。以占反。	「餤」作「用餤」，「鹽」作「⿱艹鹽」，「以占反」作「音鹽」。	
○口譽　音餘，注同。	「注同」前有「繩也」二字。	疑乙「繩也」二字係下一詞條内容的竄入。狩野氏無。
○繩也　市升反。左傳以繩爲譽。	無。	
○有巳　音以。	無。	依音注「巳」當爲「已」。狩野氏無。
○亦已　音以。	無。	
○和說　音悅。	句末有「下同」二字。	

○穿　音川。	「穿」作「⿱穴身」。	毛詩釋文：穿本亦作⿱穴身。狩野氏無。
○順而説　音悦。	無。	
○牲牷　音全。純色也……	「牲牷」作「牲拎」，「音全」作「音令」，誤；「純色也」作「純也」。	説文：牷牛之純色。
（鈔本「齊盛」至「朝聘」之間缺損，部分文字缺半或模糊不清。）		
○下應	「下應」作「應之」。	
○慢也　字又作優……	「慢」作「⿰忄⿱日万」，「優」作「⿰忄⿱日万」。	狩野氏無。
緇衣第三十三　鄭云善其好賢者……	「三十三」作「卅三」，「賢」作「贤」。	
○子言之曰　此篇二十四章……	「二十四」作「廿四」	
○上易	「上易」作「易事」。	
○不苛　音何。	「音何」作「音河」。	
○以錯　七故反。本亦作措，同。	語序顛倒。「七故反」三字置於「同」字後，「亦」作「又」。	
○如緇	「如緇」作「緇衣」。	
○巷伯　户降反。巷伯，小雅篇名。	「户降」作「户絳」，句末有「也」字。	

○粲兮	「兮」作「予」。	狩野氏無。
○取彼讒人　本又依詩作譖人。	「依詩」作「作詩」。	
○豺虎	「豺」作「犲」。	犲俗作豺字，見字彙。狩野氏無。
○有昊　朝老反，本或作皓，同。	「朝老」作「胡老」，是；「皓」作「晧」。	「皓」、「晧」相通，見説文。
○有格　古伯反……	「古伯」作「古白」。	
○有遯　徒遜反，亦作遁，逃也。	「有遯」作「遯心」，無「亦作遁」三字。	
○涖之	作「以涖」。	
○不任　而鴆反。	無。	
○所行　下孟反，注同。又如字。	「所行」作「化行」；「下孟」作「下盖」；誤：無「注同」三字。	
○上好　呼朝反……	「呼朝」作「呼報」。	狩野氏無。
○赫赫　許百反。	「許百」作「詩白」，誤。	
○德行　下又反。	「下又」作「下孟」。	狩野氏無。

○如綸　音倫，又古頑反，綬也。	「音倫」作「竟倫」，誤；「又」作「徐」。	
○如紼　音弗，大索。	「如紼」作「如綍」，句末有「也」字。	玉篇：綍同紼。
○棺索	「棺索」作「索也」。	
○危行而行　皆下孟反……	「危行而行」作「不危行而行不」；「下孟」作「下盖」，誤。	
○道人　音道。	「音道」作「音導」，是。	狩野氏無。
○必稽　古兮反。	「古兮」誤作「古子」。	狩野氏無。
○出話　胡快反，善言也。	無「善」字。	
○長民	「民」字缺筆。	
○不貳　本或作貸，同音二。下同。	「或」作「又」，「貸」作「貣」，是；「同音二」作「音二」。	
○大蜡　仕嫁反。	「仕嫁」作「仕詐」。	毛詩釋文有「蜡」字反切作「仕詐反」之用例。
○而說　古悦	「古悦」作「音悦」。	狩野氏無。

○不忒　他得反……	「他得」作「他淂」。	今俗以得爲淂，見正字通。狩野氏無。
○貪侈　昌氏反……	「昌氏」作「昌民」，誤。	
○知慮　音智。	「音智」作「音知」，誤。	
○版版　布綰反，注同。	無。	
○卒亶　……本亦作癉。	「亦」作「又」，句末有「也」字。	
○之卬	字迹模糊。	通志堂本「卬」作「印」。禮記原文作「之邛」。
（鈔本「辟也」至「見遠」之間有缺損，部分文字缺半或模糊不清。）		
○若毋　音無，下同。	「若毋」作「君毋」，「下同」作「下皆同」。	禮記原文、通志堂本與乙同作「君毋」。
○柄權　音秉，兵永反。	「兵永」作「兵頌」；疑「頌」爲「領」字之筆誤。	通志堂本與甲同作「兵永反」。
○不蔽	「蔽」作「蔽」。	狩野氏無。
○葉公　……僭稱公也。	句末無「也」字。	

○敗大　補邁反。	「補邁」作「必邁」。	「敗」字反切「補邁反」與「必邁反」在經典釋文中均有用例。
以嬖　必惠反，徐甫詣反，又補弟反。字林方豉反，賤而得幸曰嬖，云便辟愛妾。	釋文語序不同。寫作「必惠反，徐甫詣反，賤而淂幸曰嬖，字林方豉，云便辟愛也」。	
○仇仇　音求。爾雅云敖也。	「爾雅」作「尔疋」。	「尔」同「爾」，「疋」同「雅」，分別見集韻及説文、爾雅等。「敖也」似當作「匹也」。狩野氏無。
○君陳　本亦作古陳字。	「陳字」作「敕字」。	
○若已弗克見　音紀。尚書無已字。	「若已」作「若巳」，無「音紀」二字。	依注音，「巳」、「已」，均誤。當作「己」。
○小人溺	「小人溺」作「溺於」。	
○水近　附近之近，注虫近人同。	「注」前有下字，「虫」作「由」。	狩野氏無。
○德易　……下同。	「下同」作「下皆同」。	
○絜清	與甲同。	通志堂本作「潔清」。

○洪波　本又作鴻。	「作」作「仁」，誤。	
○所覆　……又芳又反。	「芳又」作「芳人」，誤。	
○爲哱或爲悖	無「或」字。	
○可慢　本又作僈，音武諫反。	「可慢」作「可㦟」，「作僈」作「作傷」，無「音」字。	狩野氏無。
○省括	「括」作「栝」，誤。	狩野氏無。
○于厥度　如字。又大各反……	「又」作「一音」。	
○蹷　其□反，又紀衛反，一音厥。	「其□」作「其厥」，後三字字迹模糊，似作「亦音厥」。	狩野氏所收内容不全。
○儗　魚起反，本亦作擬。	語句顛倒，「魚起反」置於句末；「亦」作「又」。	
○兑命　依注作説。本亦作説。	「本亦作説」作「音悦」。	
○在笥　司吏反。	「司吏反」作「徐思吏反」。	
○爲説　音悦。	無。	
○傅説　音悦。	無。	

○天作孽可違也　……尚書作天作孽猶可違也。	釋文「作天作孽」作「作天孽」，句末無「也」字。	
○不可以逭　……平亂反……無以字。	「平亂」作「胡亂」，無「無以字」。	通志堂、抱經堂本「平亂」作「乎亂」，是。
○尹言　音誥，出注，□報反。	「尹言」作「尹吉」，是；「音誥」作「音詰」，誤；「□報反」作「羔報反」；「出注」二字置於句末。	通志堂本與禮記原文「尹言」均作「尹吉」。
○天見　大依注音先，西甲反。	「大」作「天」，「西甲」作「西田」，是。	狩野氏無。
○相亦　息亮反。	「息亮」作「側皆」，誤。	乙「側皆反」，疑與以下「莊齊」條釋文內容相混。
○在亳	「亳」作「毫」，誤。	狩野氏無。
○好之	「好之」作「心好」。	狩野氏無。
○莊齊　側皆反。	無。	狩野氏作「齊莊」。

○詩云昔吾有先正　從此至庶民以生揔五句今詩皆無……	「詩云」前衍一「齊」字，「庶」作「度」，誤，「民」字缺筆，「揔」作「惚」，誤。	疑乙「齊」字係前一詞條「莊齊」之「齊」字的竄入。通志堂本「揔」作「總」。
○誰能乘國成	「乘」作「秉」，是。	狩野氏無。
○君雅　……尚書作牙。	句末有「也」字。	
○祁寒　巨伊反，徐巨尸反，是也。字林上尸反。	「巨」均作「臣」，「上尸」作「上尺」，誤。	狩野氏所收内容不全。
○比式　如字。比方法式。	句末有「也」字。	
○氾愛　音泛。	「音泛」作「芳劒反」。	依音注「氾」當爲「汜」之誤。
○虞度　待洛反，下同。	「待洛」作「待浴」，誤。	
○有鄉　許亭反，又音香。下同。	僅見「許亮反注」四字，其余文字缺損。	狩野氏無。
（鈔本「徹利」以下三十行缺損，其中奔喪三十四全文缺。）		

問喪第三十五　鄭云……居喪之禮所由也。	文字缺損，「問喪第卅五」等字依稀可辨。「居喪之禮」作「居𠷎之礼」。	
○鷄斯　依注爲笄纚，笄音古兮反……所綺反。	「笄纚」作「筓纚」，誤；「古兮」作「古丂」；句末有「也」字。	「丂」爲「兮」之古體，見説文等。
○惻怛　都達反。	「惻怛」作「惻恒」，「都達」作「丹達」。依音注「怛」、「恒」當爲「怛」之誤。	禮記原文及通志堂、抱經堂本作「惻怛」，是。
○傷腎　市軫反。	「傷腎」作「傷賢」，誤；「市軫」作「市忍」。	
○焦肺　方廢反。	「肺」作「脯」，「方廢」作「孚廢」，誤。	
○水漿　本亦作𤁋，子羊反。	「水漿」作「水湶」，「作𤁋」作「作漿」。	「湶」爲「漿」之古體，見武威醫簡。
○之𪎭　武皮反，本亦作糜，同。	「之𪎭」作「𪎭」，釋文寫作「本又作糜，亡皮反」。	𪎭同糜，見集韻。
○粥　……字林與六反……	「與六」作「与六」。	「與」、「与」同，見説文。狩野氏無。
○以飲　音蔭。	無「音蔭」二字，作「於鴆反」。	經典釋文中「飲」字反切多作「於鴆反」。

○耶巾　以嗟反，亦作邪。	「耶巾」作「邪巾」，「以嗟」作「似嗟」，無「亦作邪」三字。	通志堂本作「耶巾」、「似嗟反」。
○袹頭　亡皓反，本或作貊。	「袹頭」作「栢頭」。釋文語序顛倒，「亡皓反」置於句末，「或」作「又」。	
○而歛　力豔反……	「豔」作「艷」。	狩野氏無。
○殷殷　並音隱。	「並音隱」作「於謹反」。	毛詩等釋文中「殷」字反切作「於謹反」。
○辟踴　……徐扶亦反，注反下皆同。	「辟踴」作「辟踊」；「扶亦」作「扶赤」，誤；「注反下皆同」作「注及下注」。	「踴」同「踊」，見一切經音義。
○拊心	「拊心」作「栯心」。	狩野氏無。
○不可復　……復生皆同。	無「皆」字。	
○愾焉　徐音慨……	「徐」作「餘」，誤。	
○儌幸	「儌」作「僥」。	「儌」、「僥」可通。狩野氏無。

○成壙　古晃反。	「古晃」作「苦晃」。	經典釋文中「壙」字反切多作「苦晃反」。
○寢苦　始占反……	「寢苦」作「寢苦」，「始占」作「失占」。	儀禮釋文中有「苦」字反切作「失占」之用例。
○枕　之蔭反。	「之蔭」作「之鴆」。	經典釋文中「枕」字反切多作「之鴆反」。
○匐　蒲北反……	「蒲北」作「薄北」，誤。	狩野氏無。
○爲之　于僞反，下注相爲、爲褻同。	「爲之」二字模糊，釋文「于僞」作「丁僞」，誤；無「爲褻」二字。	
○斷決　丁段反，下古穴反。	分列兩條：①「斷：丁亂反」。②「決：古穴反」。	
○猶慎	無「猶」字。	
○冠者　音官。	無。	
○爲褻	「褻」作「䙝」。	「褻」、「䙝」相通，見漢語大詞典。狩野氏無。
○則著　張慮反，又張略反。	僅作「張略反」三字。	狩野氏作「則着」。

○秃者　吐禄反……	「吐禄」作「吐木」。	毛詩、莊子釋文中有「秃」字反切作「吐木」之用例。
○傴者　於縷反，一音紆矩反，背曲也。	無「於縷反一音」五字。	
○跛者　補禍反，又彼我反，足廢也。	無「補禍反又」四字；「彼我」作「波我」，是。	
○有錮　音故。	「有錮」作「有錮」，誤；「音故」作「音固」。	狩野氏無。
○稽　音啓，注同。	「音啓」前有「徐」字，無「注同」二字。	
○顙　桑朗反，下注同。	「桑朗」作「桑黨」，無「下注同」三字。	
○何爲　……盡篇末文注皆同。	無「末」字，「皆」作「並」。	
○不緦　音思，謂緦服也。	「音思」作「音絲」。	
○冠之	「冠之」作「末冠」。	狩野氏作「冠也」。
○苴枚	「枚」作「杖」，是。	通志堂本與乙同，作「杖」。狩野氏無。
○削枚　悉若也。	「枚」作「杖」，「也」作「反」。	通志堂本與乙同，作「杖」、作「反」。狩野氏無。

○体羸　力垂反，劣也，疲也。	「体」作「體」，釋文僅作「劣皮反」三字。	「体」、「體」相通；周易、周禮等釋文有「羸」字反切作「劣皮反」之用例。
服問第三十六　鄭云服問者善其問……而遭喪……	「三十六」作「卅六」，無「服問者」三字，「遭喪」作「遭𠷎」。	「𠷎」爲「喪」之古體字。甲及通志堂本本篇奔喪第三十四中亦有個別用例。
○齊衰　上音咨，下七雷反，後放此。	無「上」字，「後放此」作「後並放此」。	
○不厭	無「不」字，「厭」作「厭」。	
○有期　音基……	「基」作「朞」。	周易釋文：期本又作朞，音基，同。
○累重　劣彼反，又劣僞反。	「又」作「或」。	狩野氏無。
○斷本　丁管反，下文同。	脱「反」字。	
（鈔本「斷本」至「爲其」之間，部分文字缺半或模糊不清。）		
○不縟　音辱，繁綵飾也。	無「繁綵飾也」四字。	狩野氏作「縟」。
○君爲　于僞反，後文皆同……	「後文」作「後經文」。	

○遠嫌　千万反。	「千万」作「于万」，是。	狩野氏無。
○適婦	「適」作「適」。	「適」爲「適」之異體，見楊叔恭殘碑等。狩野氏無。
○乘　音剩。	「音剩」作「繩證反」。	
○所不爲　于僞反……	「于僞」作「丁僞」，誤。	狩野氏無。
○錫衰　思歷反。	「思歷」作「思麻」，誤。	
○無免經　……徐並音問，恐非。	「徐並音」作「徐音」，無「並」字。	
○有税　吐活反，注同。	釋文作「吐活反，注同。吐活反，又始鋭反」。	疑乙誤將「有税」與下一條「説或」之釋文内容相混。
○説或　吐活反，又始鋭反。	無。	
○罪多　本或作辠，案辠正字也。秦始皇以其似皇字改爲罪也。	「或」作「亦」；「案」作「按」；「似」作「始」，「罪」作「四非」，誤。	
○列也　徐音例，注同。本亦作例。	「注同」置於句末。	狩野氏作「列同」。
閒傳第三十七　鄭云名閒傳者以其記喪服之間輕重所宜也。	「閒」均作「間」，「三十七」作「卅七」，「喪服」作「𦁐服」。	

○服苴　士余反。	「士余」作「七餘」，是。	
○而見　賢遍反。	「賢遍」作「賢遍」。	狩野氏無。
○而偯　於起反，聲餘，從容也。説文作悠，云痛聲。	「於起」作「於豈」，「從容」作「從客」，「作悠」作「於悠」，句末有「也」字。	禮記、孝經等釋文有「偯」作「於豈反」之用例。
○從容　七容反。	「七容」作「七凶」，誤。	
○一溢　音逸。劉音實，二十兩也。	僅「一溢　音逸。」數字依稀可辨。其餘文字缺損。	狩野氏無。
○寢　本亦作寑。七審反。	無「七審反」三字。	
○苫　始占反。	「始占」作「失占」。	
○塊　……苦怪反。	「苦怪」作「苦恠」。	「恠」爲「怪」之俗字，見國語、玉篇等。狩野氏無。
○苄　户嫁反。蒲苹也。	脱「反」字，「苹」作「干」。	
○牀可　徐仕良反。	「仕良」作「士良」。	
○枉　知矩反，一音張炷反。	「枉」作「柱」，是；釋文僅作「張柱反」三字。	通志堂本與乙同作「柱」。
○居復　音伏。	無。	

○三重　直龍反，注三重同一。	句末無「一」字。	狩野氏無。
○縹　七戀反。	「七」前有「徐」字。	
○素縞　……注同。	「注同」作「住同」，誤。	狩野氏無。
○四糾	「糾」作「糺」。	「糾」同「糺」，見説文。
○素紕　婢支反，又音綼。	釋文僅作「婢支謂」三字。	疑乙釋文句末之「謂」字，係下一詞條「白緯」釋文之竄入。
○白緯　音謂。	無。	
○麻葛重　直龍反，注及下不言重言重者同。	「下不言」作「下注不言」。	
○著　張慮反。	無。	
三年問第三十八　鄭云……喪服……	「三十八」作「卅八」，「喪服」作「䘮服」。	
（鈔本「稱情」至「是斷」之間，部分文字缺半或模糊不清。）		
○稱情　赤證反，注及下皆同。	「赤證」作「尺證」，無「皆」字。	
○無易　音亦注同。	無。	
○創　音瘡。初良反。	釋文僅作「初良」二字。	

○鉅　音巨。大也。	「鉅」字脱左偏旁，句末脱「大也」二字。	
○其愈　徐音臾。差也。	釋文僅見「徐」字。	狩野氏無。
○思慕　如字。一音息吏反。	「思慕」二字缺損難辨。釋文僅見「息嗣反」三字。	狩野氏「思慕」作「遲」。
○復生　音伏。	無。	
○之屬　音蜀。	無。	
○反巡　徐詞均反。	「詞均」作「辭均」。	
○過其　徐音戈，一音古卧反。	無。	
○嗚疏　音豪，户羔反。	無。	依音注「嗚疏」當作「嗚號」。禮記原文及通志堂、抱經堂本均作「嗚號」。
○蹢　本又作鄭，直亦反……	「蹢」字模糊難辨，「鄭」作「躑」，是；「直亦」作「直赤」，脱「反」字。	
○躅　……蹢躅不行也。	「躅」作「𨇤」，「蹢躅」作「蹢𨇤」。	「躅」、「𨇤」相通，見集韻等。

○躕　音厨。	「躕」作「蹰」，「音廚」作「徐音見反」。	
○燕　於見反。	無。	依甲「於見反」三字判斷，乙似與前一詞條「躕」之釋文相混。
○有啁　張留反。	「有啁」作「啁」，「張留」作「張流」。	
○噍　于流反，啁噍聲。	句末有「也」字。	抱經堂本「于流」作「子流」。
○頃　苦穎反。	「頃」作「之頃」，「穎」誤作「類」。	
○邪淫	「邪淫」作「邪滛」，誤。	狩野氏無。
○若駟　音四，馬也。	「音四馬也」作「音四四馬也」。	
○隙　……去逆反，空隙之地也。	「隙」均作「隟」，「逆」作「逆」。	「隟」、「逆」爲「隙」、「逆」之俗字，見龍龕手鑑及正字通。
○加隆焉爾　一本作加隆爲爾。	釋文句末「爲爾」作「焉爾」，誤。	
○焉使　徐如字。一音於乾反。焉由然也……	「於乾」作「於虔」，「由然」作「猶然」。	
○爲殺　色界反，徐所列反。	釋文僅作「色界反」。	

深衣第三十九　……名曰深衣者……也。	「三十九」作「卅九」，「名曰深衣者」之「深」作「除」，句末無「也」字。	
○以應　於證反。	「於證反」作「應對之應」。	
○短毋　音無，下同。	「短」作「拞」，「下同」作「下皆同」。	「拞」，同「短」，見廣韻。
○見膚　賢遍反。	「賢遍」作「賢遍」。	狩野氏無。
○被土　彼義反。	「彼義」作「皮義」。	經典釋文中「被」字反切多作「皮義反」。
（鈔本「爲」至「屬也」之間，部分文字缺半或模糊不清。）		
○裕　以樹反。	無。	
○袼之　本亦作胳，音各，腋也。	「亦」作「又」，無「腋也」二字。	
○運肘　竹九反，又張柳反。	釋文僅作「竹九反」三字。	
○袂之　彌世反。袪末曰袂。	「彌世」作「弥世」。	彌或作弥，見集韻。狩野氏無。
○髀　畢婢反。徐亡婢反。一音步啓反。	「畢婢」作「必婢」，「亡婢」作「方婢」，「步啓」作「步咯」，誤。	

○當無　丁浪反，注同。又丁郎反。	「注同」二字置於句末。	
○以應　應對之應，下同。	「下同」作「下皆同」。	
○之殺　色界反，徐所例反。	釋文僅作「色界反」三字。	
○曲祫	「祫」作「袷」，是。	狩野氏無。
○及踝　胡瓦反。	「胡瓦」作「胡凡」，是。	狩野氏無。
○下齊　音咨。亦作齋，下同。	釋文作「音咨，緝也」。	疑乙「緝也」二字係下一詞條「緝也」內容的竄入。
○行乃　下孟反，又如字。	無。	
○志者與	無「者」字。	
○完且　音丸。	「完」字近似「皃」字。	
○弗費　芳貴反，又孚沸反，注同。	「弗費」作「不費」，無「又孚沸反」四字。	
○而易	「而易」作「易有」。	
○濯　音濁。	「音濁」作「直角反」。	周易、毛詩等釋文中有「濯」字反切作「直角反」之用例。

○衣純　之允反……	「衣純」作「純之」，「之允」作「諸允」。	周禮、儀禮等釋文中有「純」字反切作「諸允反」之用例。
（鈔本「以續」至「投壺」之間，部分文字缺半或模糊不清。）		
○緆　徐音以豉反……曰緆下，曰絹也。	釋文作「徐劉以…（殘損約一九字）…裳邊側曰卑下，曰緆。」	
投壺第四十　鄭云……主人與客燕飲，講論才藝之禮也。別録屬吉禮，亦實曲禮之正篇也。皇云與射爲類宜屬嘉禮，或云宜屬賓禮也。	「投壺」等字迹模糊。「與客」作「与客」，「之禮」作「之礼」，「吉禮」作「吉事」，「曲禮之正篇」作「曲礼正篇」，句末無「也」字。	禮古作礼，見集韻。
○卷之十九	「之」作「第」。	
○投壺　壺，器名。以矢投其中射之類。	「器名」與「之類」後均有「也」字。	
○奉矢　音捧，芳勇反。下及注皆同。徐音如字，下奉中同。	無「音捧」二字，「徐音」作「徐此音」，句末「同」字作「芳勇反」。	
○哨壺　……枉，哨不正皃……	「枉」作「柱」，誤。	
○樂賓　音洛……以樂。	句末有「也」字。	
○嘉肴　户交反。	「户交」作「户支」，誤。	

○稅屨　本亦作脱，上活反。	「亦」作「又」，「上活」作「吐活」。	狩野氏無。甲「上活反」疑爲「土活反」之誤。
○請投　七井反，下文同。	無。	
○人般　步干反，下同。	「人般」作「般」，「步干」作「步于」，誤；句末有「也」字。	
○日辟　……徐扶赤反……	「扶赤」作「扶亦」。	通志堂本與甲同作「扶赤反」，疑「赤」爲「亦」之誤。狩野氏無。
○度壺　徒洛反，注同。	「徒洛」作「直洛」，誤。	
○去坐　……下同。	「下同」作「下放此」。	
○比投　……注同。	句末有「也」字。	
○勝飲　上尺證反，下於鴆反，注及下同。	釋文僅作「於鴆反注同」五字。	
○勝者立馬　……一馬從二馬五字誤。	句末有「也」字。	狩野氏作「勝者」。
○不拾　……下文及注皆同。	「下文及注皆同」作「下文注同」。	

○技藝	「技」作「枝」，誤。	狩野氏無。
○閒若一　閒廁之閒，注同。	「閒」均作「間」。	狩野氏無。
○爲純　……鄭注儀禮……	「儀禮」作「儀礼」。	狩野氏無。
○遂以奇筭告　一本此句上更有，有勝者司射王字，誤。	「王字」作「五字」，是；無「誤」字。	
○鈞　居旬反，等也。	無。	
○尚技	「技」作「枝」，誤。	狩野氏無。
○猶飲　於鴆反，下飲不勝同。	「下飲」作「下餘」，誤。	
○五扶　方于反，下及注同。	無「下」字。	狩野氏無。
○禮褻	作「礼褻」	「褻」、「褻」可通。狩野氏無。
○壺頸　吉井反，又九領反。徐其聲反。	無「又九領反」四字。	
○爲其　于僞反。	「于僞」作「丁僞」，誤。	狩野氏無。
（鈔本「其滑」至「若是者浮」之間，部分文字缺半或模糊不清。）		
○以柘　止夜反。木名。	「止」作「上」，誤。	

○毋敖　五報反。舊五羔反。敖慢也。	「毋敖」二字缺損難辨，釋文僅見「羔反敖敖慢也」六字。	
○若是者浮　縛謀反，罰也。	無「縛謀反」三字，作「浮罰也」。	
○憮敖　五報反，又五羔反，下同。	無「下同」二字。	
○粱丘據　本又作處，同音据。	「據」作「㨿」，「又」作「或」，「處」「雱」，「同」作「亦」，「据」作「㨿」。	「據」、「㨿」（見孔彪碑），「處」、「雱」（見史晨碑），「据」、「據」（見説文段注）異體或相通。
○〇圜　音圓。	「〇圜」作「圜者」，「音圓」作「音圜」，置於「鼙」詞條釋文的大部分之後。	
○鼙　薄迷反，鄭呼爲鼙也。其聲下，其音榻榻然。榻音吐臘反。	分列兩部分，①「鼙　薄迷反」置于「圜者」詞條之後。②「●鄭呼爲鼙也。其聲下，其音榻榻然。吐臘反。」置於「圜者」詞條之前。無「榻音」二字。	

○□方鼓　鄭呼爲鼓也。其聲高，其音鏜鏜然。鏜音吐郎反。	「×：鄭呼爲鼓也。其聲高，其音鏜鏜然。吐郎反。」置於「圜者」詞條之前。無「鏜音」二字。	
○庭長	「庭」作「廷」。	「庭」、「廷」異體，見曹全碑等。狩野氏無。
儒行第四十一　……鄭云以其記有道德之所行。儒之言優也，和也。言能安火，能服人也……蓋孔子自衛初反魯之時也。	「四十一」作「卌一」；「以其記有」脱「記」字；「所行」後有「也」字；「和也」作「和也和也」；「安火」作「安人」，是；「蓋」作「盖」；「自衛初反魯」脱「初」字。	「和也和也」四字，讀爲「……和也。和也，言能安人……」似亦能通，然附釋音禮記亦與甲同，僅作「和也」。
○少居　詩照反，注同。	「詩照」作「詩召」。	
○祛尺　去居反。	無。	
○儒行　下孟反，下力行同。	「力行」作「刀行」，句末有「也」字。	通志堂本與甲同作「力行」。
○遽　其摵反。卒也，急也。	「遽」作「[illegible]」，「其摵」作「其擄」，「卒」作「卆」。	通志堂本「其摵」作「其據」；「卆」爲「卒」之俗字，見太監劉阿素墓碑等。狩野氏無。

○猶卒　七忽反。	「七忽」作「七急」，誤。	
○擯　必慎反。	「必慎」作「賓慎」。	
○猶鋪　普吾反，又音孚，下同。	「普吾」作「普吳」。	
○如慢　音優。	「如慢」作「如偒」，誤；「音優」作「音偒」。	
○不愊　普力反，一音逼，謂愊怛也。	「不愊」作「不偪」，誤；「普力」後無「反」字，「愊怛」作「逼切」。	
○怛　丹達反，驚怛也，本或作恨者，非。	「怛」均作「恒」，誤；「本或」作「本有」。	
○處齊　側皆反，注同。齊莊也。	「處齊」作「雾齊」，「齊莊」作「齊齊疰」也。	「疰」爲「莊」之異體，見武梁祠畫像題字。
○選處　昌慮反。	「選處」作「選雾」；「昌慮」作「昌盧」，誤。	
○易禄　以豉反。又如字。	「又如字」作「下同」。	
○難畜　許六反。	無。	
○不見　賢遍反。	「賢遍」作「賢遍」。	狩野氏無。
○以樂　五孝反，又音岳。	「又」作「反」，誤。	

○劫之	「劫」作「刦」。	「刦」爲「劫」之異體，見武梁祠畫像題字。狩野氏無。
○鷙蟲　與摯同，音至。	「與」作「与」。	狩野氏無。
○攫　俱縛反，一音九碧反。	「攫」作「擢」，誤。	
○不斷　音短，直卵反……	「直卵反」作「又直短反」。	
○浸　子鴆反。	無。	
○漬　才賜反。	「漬」作「覆漬」。	
○劫脅　許劫反。	「劫脅」作「刦脅」。	狩野氏無。
○猶量	「量」作「罿」，誤。	
○不更　居孟反。	無。	
○面數　所具反。	無。	
（鈔本「甲胄」至「簞門」之間，部分文字缺半或模糊不清。）		
○甲胄　……甲鎧胄兜鍪也。	釋文作「甲鎧也，胄兜。」以下文字缺損。	狩野氏無。

○干櫓　音魯，干小楯，櫓大楯也。	「干」均作「于」，誤；「小楯」作「楯也」。以下文字缺損。	
○篳門　徐音畢……杜預云柴門也。	「篳門」二字缺損。「音畢」作「音必」，句末無「也」字。	
○圭窬　……郭璞三倉解詁云，門旁小窬也。音臾。左傳作竇……狀如圭形也。	「三倉」作「三蒼」；「門旁」作「門邊」；「小窬」作「小竇」；「左傳作竇」作「左傳作實」，誤；「圭形也」作「圭也」。	
○蓬户　步紅反……	「步紅」作「步工」。	左傳等釋文有「蓬」字反切作「步工反」之用例。
○甕　烏貢反。	「烏貢」作「烏弄」。	
○牖　音酉，以甕爲牖。	「爲牖」作「爲窓也」。	
○並日　必政反，注同。下而一反。	無「下而一反」四字。	
○以諂　……勑檢反。	「勑檢」作「恥檢」。	
○君應　應對人應。	「人應」作「對應」，是。	狩野氏無。
○與稽　右奚反，注同。合也。	「右奚」作「古亍」，是。	通志堂本作「古奚反」。

○爲楷　苦駭反，法式也。	「法式也」作「法也，式也」。	
○弗援　……注下同。	「注」後有「及」字。	
○竟信　依注爲信，音申。	「竟信」作「竟至」，「爲信」作「爲仲」，誤	通志堂本「爲信」作「爲仲」，是。
○篤行	「篤」作「蔫」	「蔫」、「篤」異體，見尹宙碑。狩野氏無。
○怨	「怨」作「辟怨」。	
○任舉　……音據。	「據」作「擩」。	狩野氏無。
○不沮　徐在自反，注同。	「在自」作「慈吕」。	通志堂本作「在吕反」。甲「在自」當爲「在吕」之誤。
○獨行　不孟反……又如字。	「不孟」作「下孟」，是；「又」作「一音」。	
○脱脱　吐外反。	「吐外」作「吐路」，誤。	
○怪妬	「怪」作「恠」。	狩野氏無。

○壞已　乎怪反，又音怪。	「已」作「巳」，「乎怪」作「于恠」，誤；「音怪」作「音恠」。	
○砥	「砥」作「砋」。	「砥」、「砋」同，見龍龕手鑑、正字通。狩野氏無。
○銖　音殊。說文云權分十黍之重。	「十」作「一」，誤；「黍」「桼」，句末有「也」字。	「黍」、「桼」同，見孔宙碑等。
○不厭　於豔反。	「厭」作「猒」，「於豔」作「於艷」。	狩野氏無。
○其行　皇音衡。又下孟反。	「又」作「舊」。	
○本方　絶句。	「本方」作「大方」，「絶」作「紀」誤。	
○立義　絶句。	「絶」作「紀」，誤。	狩野氏無。
○志行　丁子反……	「丁子」作「下孟」。	狩野氏無。
○毀謗　補浪反。	「補浪」作「布浪」。	左傳釋文有「謗」字反切作「布浪反」之用例。
○接　似輒反……	「接」作「椄」，「似輒」作「以輒」，誤。	

○分散……徐扶問反。	「扶問」作「甫問」。	左傳釋文有「分」字反切作「甫問反」之用例。狩野氏無。
○斥已　音尺。	「斥」作「㡿」，「音尺」作「昌亦反」。	「斥」、「㡿」同，見魯峻碑陰。
○充詘……徐音立勿反……	無「音」字；「立勿」作「丘勿」，是。	通志堂本作「丘勿反」。狩野氏無。
○不累　力僞反……	「力僞」作「劣僞」。	周易、尚書等釋文有「累」字反切作「劣僞反」的大量用例。
○相詬　徐音遘，恥也。又呼候反。	「呼候反」置於釋文句首，無「又」字。	
○靳故……杜預云戲而相媿爲靳也。	「相媿」作「相愧」。	「媿」、「愧」同，見說文。狩野氏無。
○行加　王孟反，注同。	「王孟」作「下盖」。	狩野氏無。
大學第四十二　鄭六大學者以其記專學可以爲政也。	缺損。	甲「鄭六」當爲「鄭云」之誤。

○其知　如字……下致知同。	句末有「也」字。	
○在格　古百反。	「古百」作「古白」。	
○國治國治　並直吏反……	「直吏」作「字吏」，誤。	
○臭　昌救反。	「昌救」作「昌𣚍」。	
○好好	「好好」作「如好好」。	
○閒居　音閑	「閒」作「間」。	狩野氏無。
○厭　讀爲黶，烏斬反，徐又烏簟反，厭然閉藏皃也。	「厭」作「厭然」，「黶」作「黶」，無「烏斬反」之「斬反」及句末「也」字。	
○而著　張慮反，後同。	無。	
○言厭	「言厭」作「言厭也」。	
○體胖　……注及下同。	「下同」作「下注同」。	
○顯見　賢遍反。	「賢遍」作「賢遍」	狩野氏無。
○其肺　芳廢反。	「芳廢」作「芳癈」。	狩野氏無。
○如瑳　七何反。	「瑳」作「磋」，「七何」作「七河」。	「瑳」、「磋」相通，見爾雅。

○如摩　本亦作磨，未何反。爾雅云骨曰切，象曰瑳，王曰琢，石曰磨。	「如摩」作「如磨」，「本亦作磨」作「本又作摩」，「爾雅」作「尔疋」，「骨曰切」作「治骨曰切」。	磨，通作摩，見古今韻會舉要。「未何」之「未」當作「末」。
○僩兮　下板反，又胡板反。	「僩兮」作「襇𠔃」，誤；釋文僅作「胡板反」三字。	
○赫　許臣反。	「赫」作「赫𠔃」，「許臣」作「許白」，是。	通志堂、抱經堂本作「許百反」。
○喧兮　本亦作咺，況晚反。	「喧兮」作「喧𠔃」；「亦」作「又」；「咺」作「喧」，誤；「況晚」作「况晚」。	
○可諠　……詩作諼，或作喧，音同，忘也。	無「或作喧」三字。	
○澳　於六反。	無。	
○隈　烏回反。	「隈」作「澳隈」。	疑乙將「澳」與「隈」兩詞條相混。然「澳」字反切「於六反」並未收入其中。狩野氏無。
○嚴峻　私俊反。	無。	

（鈔本「於」至「賁事」之間約一三行缺損，部分文字缺半或模糊不清。）

○于濟　子禮反。	「子禮」作「則礼」。	經典釋文中「濟」字反切多作「子禮反」。
○夭夭	「夭夭」作「殀殀」。	「夭」、「殀」相通，見夏承碑。狩野氏無。
○蓁　音臻。	「蓁」作「蓁蓁」，「音臻」作「側巾反」。	毛詩、莊子、爾雅等釋文中「蓁」字反切有「側巾反」之用例。
○不忒　他得反。	「得」作「淂」。	狩野氏無。
○有絜	「有絜」作「絜」。	狩野氏無。
○拒之	「拒之」作「拒」。	狩野氏無。
○偝棄　……本亦作倍，下同。	「作倍」前有「依經」二字，句末有「也」字。	
○爲巨　音拒，本亦作拒，其吕反。	「音拒」作「音矩」，無「本亦作拒」四字，「其吕反」前有「又」字。	
○樂只　音紙。	無。	
○所好好	「所好好」作「所好好之」。	
○節彼　徐音截前反，一音如字。	「反」字前衍一「切」字。	狩野氏無。

○巖巖　五銜反。	「五」字後衍一「衡」字。	
○其所行	無「所」字。	
○未喪	「喪」作「䘮」。	狩野氏無。
○争民	「民」字缺筆。	
○多藏	「藏」作「蔵」。	狩野氏無。
○專佑	「專」作「専」。	狩野氏無。
○驪姬　力宜反，本又作麗，亦作孋，同。	語序顛倒，文字稍異。全文寫作「孋姬　本又作亦麗，作驪，同力宜反」。	
○若有一个　古賀反。一讀作介，音界。	「作介」作「作个」，誤。	禮記原文作「若有一介」。狩野氏無。
○臣　此所引與尚書文小異。	「與」作「与」。	狩野氏無。
○休休　許虯反。尚書傳曰樂善也。鄭注尚書云寬容皃。同休注公羊去美大之皃。	「許虯」作「許虬」，「傳曰」作「傳云」，「寬容皃」作「寬皃」；「同休」作「何休」，是；「公羊去」作「公羊云」，是；「美大之皃」作「美大皃也」。	「虯」與「虬」同，見篇海類編。
○不啻　音試，詩豉反。	無「音試」二字。	

○媢疾　……謂覆蔽也。	「蔽」作「⿱艹弊」。	狩野氏無。
○以惡　烏路反，下能惡人同。	「下」作「丁」，誤。	
○俾不　本又作卑，必爾反。使也。	「必爾」作「必尔」。	狩野氏無。
○皆樂　音岳，又音洛。	「洛」作「浴」，誤。	狩野氏無。
○佛戾　上扶弗反，下力計反。	釋文僅作「扶弗反」三字。	
○迸諸　北孟反，又逼諍反，諍音争鬬之争……	無「北孟反又」四字，「争鬬之争」作「諍鬬之諍」。	
○命也　依注音慢……	「慢」作「愓」。	狩野氏無。
○好人　……下皆同。	「下皆同」作「下及注皆同」。	
○拂人　拂弗反，注同危也。	「拂弗」作「佛弗」，「危也」作「佹也」。	抱經堂本作「扶弗」、「佹也」。
○菑必　音哉。下同。	「音哉」作「音灾」。	
○畜　許六反，下同。	無。	
○馬乘　徐繩證反……	「繩證」作「良證」，誤。	
○采地　七代反……	「七代」作「七伐」，誤。	
○爲之　于僞反。	「于僞」作「丁僞」，誤。	狩野氏無。

○猥至　烏罪反。	「烏罪」作「焉罪」，誤。	
○已著　張慮反。	無。	
（鈔本「冠義第四十三」至「故冠」之間缺損，部分文字缺半或模糊不清。）		
冠義第四十三：　冠音古亂反。鄭公名冠義者以其記冠禮成人之義。	「四十三」作「卌三」；「鄭公」作「鄭云」，是；「名冠義」以下文字缺損。	
○卷之二十	「卷之二十」作「卷第廿」。	
○故冠　古亂反，除下文玄冠及注緇布冠玄冠以外並同。	内容近半缺損，僅見「冠及注玄冠以外並同」。	狩野氏無。
○衣紒　音計。	「紒」作「紙」，誤。	狩野氏無。
○筮曰　市至反，蓍曰筮。	「市至」作「市制」；「蓍」作「著」，誤。	周易釋文中有「筮」字反切作「市制反」之用例。
○重禮　直用反，後同。	無。	
○以著　張慮反。	無。	
○醮於　子笑反。	「子笑」作「子妙」。	
○彌尊　音弥。	「音」前有「徐」字。	抱經堂本作「音迷」。
○適子　音嫡。	「適」作「適」，「音嫡」作「丁歷反」。	

○不醴　音禮。	「禮」作「礼」。	狩野氏無。
○見於　賢遍反……	「賢遍」作「賢遍」。	狩野氏無。
○奠摯　本亦作贄，同音至。	「奠摯」作「莤贄」，誤；「亦」作「又」，無「同」字。	
○鄉大夫鄉先生　並音香，注同。	句末脱「同」字。	狩野氏無。
○爲人少　詩照反。	「詩照」作「詩召」。	
○重與　音余。	「音余」作「音餘」。	
○不敢擅	「擅」作「檀」，誤。	狩野氏無。
昬義第四十四　鄭云昬義者以其記娶妻之義……	「四十四」作「卌四」。「昬義者」作「㛰義者」，「娶妻」作「聚妻」，誤。	
○昬者　一本作昬禮者婚禮用昬，故經典多止作昬字。	「昬者」作「昏者」，「一本」作「一有」，「婚禮用昬」作「婚礼用昏」，「止」字前無「多」字，「昬字」作「昏字」。	乙之「昏」、「婚」用字似均可視作避唐太宗諱名。
○納采　七在反。采，擇也。	「擇也」前無「采」字。	
○請期　徐音情，又如字。	「如字」作「七領反」。	

○筵几　音延。	「筵」作「莚」；「音延」作「音近」，誤。	「筵」、「莚」相通，見史晨碑等。狩野氏無。
○所傳　直專反。	「所傳」作「所傳」，「直專」作「直専」。	狩野氏無。
○之迎　魚敬反……	「魚敬」作「逆敬」。	
○子承命　本或作子承父命，誤。	句末有「也」字。	
○壻　字又作聟，悉計反，女之夫也。依字從士從胥，俗從知下作耳。	「壻」作「聟」，釋文寫作「字又作壻，又作聟，悉計反，女之夫也。依字從土從胥，俗知下作耳」。	
○合　徐音閤，又如字。	語序顛倒。「如字」置於句首，無「又」字。	
○巹　……説文作𢍏，云蠡也。字林几敏反。以比巹爲警身有所承。説文云讀若赤舄几。	「巹」均作「卺」，「蠡」作「蚤」；「以比」作「以此」，是；「所承」作「所奉」，「説文云」作「説文又云」，「赤舄几」作「赤舄几几也」。	説文：𢍏謹身有所承也。從己丞，讀若詩云赤舄几几。
○醮與　音余。	「音余」作「音餘」。	
○朝聘　直遥反，下匹政反。	「聘」作「娉」，無「下匹政反」四字。	
○沐　音木。	「音木」作「音沐」，誤。	狩野氏無。

○俟見　賢遍反，下及注同。	「贤遍」作「賢遍」，「注同」作「注皆同」。	
○執笲　音煩。一音皮彦反。器名。以葦若竹爲之，其形如筥，衣之以青繒，以盛棗栗腶脩之屬。	「器名」後有「也」字，句末「之屬」二字作「也」字。	
○棗栗　音早。爾雅云棘實謂之棗。俗作枣，誤。	「爾雅」作「小尔疋」，句末「誤」字作「枣也」。	
○段脩　丁亂反。本又作腶，或作鍛，同脩脯也。加薑桂曰腶脩。何休云婦執腶脩者，取其斷斷自修飾也。	釋文寫作「丁亂反。本又作鍛，並同修晡也，鍛也。鍛脯加薑桂曰腶修。何休云婦執暇脩者，取其斷斷自修飾，飾也。」	
○贄醴　依注作禮。	「依注作禮」作「依義作礼」。	
○婦以特豚饋	「特豚」作「特豚」。	狩野氏無。
○供　俱用反。	「俱用」作「恭用」。	狩野氏無。禮記釋文中「供」字反切用例有「俱用」和「恭用」。
○養　羊尚反。	「羊尚」作「恭用」。	疑乙釋文「恭用反」係與上一「供」詞條釋文相混。

○適寢	「適寢」作「適寑」。	
○當於夫　……下注同……	「注同」前無「下」字。	狩野氏無。
○蓋藏	「蓋藏」作「盖蔵」。	狩野氏無。
○行和　下孟反。	「下孟」作「下盖」，誤。	狩野氏無。
○芼	「芼」作「芼之」。	
○藻　音早。毛詩傳云蘋，大萍。藻，聚藻。詩箋云蘋之言賓，藻之言早。	「大萍」，「聚藻」，「言賓」後均有「也」字，「言早」作「言藻也」。	
○婉　紆免反。	「紆免」作「紆晚」，是。	
○娩　音晚。詩箋云婉娩貞順皃，又音挽。	「詩」作「時」，誤；「貞順皃」作「貞順也」；無「又音挽」三字。	
○相應　如字。音應對之應。	「音」前有「一」字，「應對之應」四字缺損。	

（原題《奈良興福寺藏舊鈔〈經典釋文〉殘卷再考》。初載於《岐阜聖德學園大學紀要》第四十五集，二○○六年二月。收入本書時，部分内容作了調整和修訂）

附錄　也談《講周易疏論家義記》的易學性質

——評已故藤原高男先生的兩篇論文

一　引言

一九六〇年六月和十月，藤原高男撰寫了兩篇論文：《講周易疏論家義記中的易學性質》和《關於江南兩派義疏家的研究》①。如標題所示，第一篇討論古鈔本《講周易疏論家義記》的易學性質問題，第二篇討論江南兩派義疏家問題。論題雖不同，却都是圍繞着鈔本易學性質開展的調查、研究和討論。這兩篇論文不僅是作者深入研究《講周易疏論家義記》的姊妹篇，也是一九三五年《京都帝國大學文學部景印舊鈔本》第二集出版、公佈了《講周易疏論家義記》殘卷書影以來出現的第一篇和第二篇長篇研究論文。而且，據筆者所知，在那以後也不見有人再發表過任何專論。究其原因，可能還是由於《講周易疏論家義記》本身内容駁雜，文字難辨，真意難於把握，讓人生畏的緣故吧。相比之下，藤原高男是一位勇者，所作的結論雖不理想，却邁出了重要的一步。

本稿的目的主要是介紹藤原的研究成果，並就一些有關的問題談一些粗淺看法，以推進對鈔本

---

① 藤原高男（當時任香川縣立高松高等學校教諭）論文：《講周易疏論家義記における易学の性格》，《漢魏文化》創刊號收載，一九六〇年六月；《江南義疏家の二派に關する一考察》，《日本中國學會報》第十二集收載，一九六〇年十月。

及其有關課題的研究。

二　藤原高男的兩篇論文綜述

藤原高男論文要義綜述如下：

第一篇《講周易疏論家義記中的易學性質》

目次

敘論

符合釋文所謂一本的系譜考

屬江南義疏家考

祖述王弼易注考

結論

餘論

在談到《講周易疏論家義記》的內容時，已故狩野直喜教授曾提出屬孔穎達提到的「江南義疏家」及「斯乃義涉於釋氏，非爲教於孔門也」等觀點②。藤原正是朝着論證這個觀點的方向邁步的。

---

② 參見《京都帝國大學文學部景印舊鈔本》第二集收載的狩野文字説明。

在結論部分，作者寫道：

（一）根據陸德明《經典釋文·周易音義》所舉「一本」或「或本」的用字與「一説」或「或説」的學説相吻合可以推知，《講周易疏論家義記》屬於《周易音義》中所謂「一本、一説」系統的學派。

（二）在解釋《周易》經傳時，運用「境智」、「相即」、「相冥」、「境智相即」等内典邏輯的雖然僅見一例，但是其中談到「事理融通无礙」（乾卦第五釋文言），讓人想起這是屬於孔穎達在《周易正義·序》中評之為「義涉於釋氏，非為教於孔門」的「江南義疏家」學派。

（三）仔細地核查了以解釋《繫辭下》第七章「知者觀其彖辭，則思過半矣」為開頭的「彖辭」，應該説《講周易疏論家義記》的易學具有祖述王弼《易注》並敷衍而成的「義疏性質」。

因而可以得出如下結論：《講周易疏論家義記》祖述王弼易學，是採集了很多佛學理論的特異性質的易學，即是在南北朝時代由「儒學、老莊學、佛教學」三學兼修者構築起來的易學。它如實地顯示了這種「易學」的實際面貌，是珍貴的、唯一的資料。

第二篇《關於江南兩派義疏家的研究》

目次

叙論

（一）兩派的存在與《講周易疏論家義記》的易學及其學風

(二)疏家的學統及其學風
(三)梁武帝的三玄・内典之學
(四)論家與疏家及其異同
結論

這篇論文與上一篇論文發表的時間相近,無疑也是在盡最大的努力驗證狩野提出的觀點,結果却與上一篇有很多不同。在結論部分,作者寫道:

(一)從《周易》的解釋方法來看,可以認爲《講周易疏論家義記》是屬於被《周易正義・序》稱爲「其江南義疏十有餘家……斯乃義涉於釋氏,非爲教於孔門也」的「江南義疏家」學派。但是,在乾卦第三釋彖辭的第三釋聖人體四法義中解釋「首出庶物,万國咸寧」二句時,却引用了「僕射等疏家義」和「論家義」。由此似可推知「江南義疏家」至少存在「疏家」和「義家」兩個派別。而且,從對引用的「疏家義」一條、「僕射義」二條、「論家義」四條的態度來看,對「論家義」總是表明贊同,或者直接把「論家義」作爲作者自己的文章來表現。與此相反,對「僕射等疏家義」則採取以「不然」或「舊通」的態度來加以否定。由此我們不得不認爲《講周易疏論家義記》是屬於並代表「論家」的。進一步來説,「論家」的學風是採取「三玄互釋」的立場,運用佛學理論來解釋「三玄」。

(二)關於「疏家」的學統,根據《陳書・周弘正傳》、《陳書・儒林・張譏傳》和兩《唐書・

儒學·陸德明傳》的記載,「周弘正—張譏—陸德明」三代的關係是清晰的。從《講周易疏論家義記》引用的内容以及《周易正義》引文、《經典釋文·周易音義》等反映的易學實際風貌,還有《陳書》和《南史》周弘正傳,《顔氏家訓·勉學篇》等的記述,王弼以來的玄學傳統是以「三玄之學」為中心,運用佛學理論解釋三玄的。而在該學問的具體内容方面,並不只是祖述王弼的玄學,應該推定該學説的某些内容發生了變化。在探尋「疏家」學風的源頭時,有必要考慮周弘正祖先世代相傳的學風,以及給了他比開善寺智藏的佛學更重大影響的梁武帝的「三玄之學」。可以説明這種情況的是周弘正在啓書上説的「臣親承音旨,職司宣授」,顔之推説的「周弘正奉贊大猷。」

(三)有關梁武帝的「三玄之學」,可以根據《道德真經廣聖義》、《大乘玄論》、《三論玄義》、《二諦義》等來推定。也就是説,武帝在老子注中明確了「因果之理」的同時,在思考「老子之道=非有非無」方面便具有了特色。這個所謂「非有非無」,在般若三論(特别是新三論)學中,稱為「遠離二邊,不著中道」的理論,提倡「非有非無為中,非中非偏」。儘管佛教的中道和老子的道是完全不同性質的東西,却直接成了相同的了。在這一點上存在梁武帝「制旨新義」的意思。

(四)根據《陳書·周弘正傳》、《顔氏家訓》的記述,證實周弘正採用了上述梁武帝的老子解釋。可是,根據《三論玄義》、《摩訶止觀》的内容,可以了解到周弘正、張譏反對梁武帝的「佛教中道=老子之道」這種解釋。如果調查周弘正和顔之推、吉藏、智顗等的關係,就可明白《陳書》、《顔氏家訓》的記述顯示了周弘正壯年和剛進入初老年之交的學問,而《三論玄義》、《摩訶止觀》的記述，則反映了弘正晚年的定論。雖然看起來相互矛盾，却猶如記述的那樣，分別顯示了周弘正學風發生變化的各個側面。因此，可以認為「疏家」繼承了排除掉梁武帝「老子之道＝佛教中道」的「三玄之學」，而「論家」却原原本本地把梁武帝「非有非無之解」傳承了下來。這是「論家」和「疏家」在學理上的差異。而且，可以認為兩派採用的《周易》文本有着重大的不同。即「疏家」使用的是不存在「王弼繫辭傳注」的文本，而「論家」使用的是存在「王弼繫辭傳注」的文本。而且，「坤」卦經傳的排列順序，也存在兩派的不同。現將這些差異以表示意如下：

學理上的差異				
	老子的道	王弼繫辭傳注	順序為卦辭、爻辭、象傳、象傳、文言傳	順序為卦辭、大象、爻辭、小象的相互交替
疏家	道×非有非無	無	乾	坤以下六三卦
論家	道＝非有非無	有	乾、坤	屯以下六二卦

再者，可以認為《講周易疏論家義記》屬於《釋文》所説的一説、一本系統，與「《釋文》正本系統」不同。由此可以推定「《釋文》中的一説、一本系統＝論家系統」。從陸德明屬於「疏家」考慮，所謂「《釋文》正本系統」，當屬於「疏家系統」吧。因此，似可説明陸德明把自己所屬的「疏家」所傳文本當作「釋文正本」，把與自己學派對立的「論家」所傳文本當作「一本」來排斥

的吧。

以上爲藤原兩篇論文結論部分的譯文。有興趣深入了解者可查閲日文原文。據説藤原還在《漢文學報》第十九、二十期上發表了有關論文③，但因條件所限，筆者至今尚未見到。

三　藤原高男的兩篇論文評述

以上兩篇論文的主要思路，與其説與狩野相同，倒不如説是在盡最大的努力論證狩野提出的、孔穎達關於「江南義疏家」及「斯乃義涉於釋氏，非爲教於孔門也」等觀點。其中不乏細密的調查和精到的意見，但在某些提法和結論方面似還有待商榷。特别是把陸德明《經典釋文》中所指的「一本」理解爲是排斥異己的表現，這是不成立的。根據文獻記載，撰寫《經典釋文》（含《周易釋文》）時，陸德明參考了大量的資料。在客觀上他不可能把所有資料都同等而視，只能有所取捨。這樣一來，當然就會有主次之分，也就有了「某某本」、「舊本」、「一本」等等的提法。這在《經典釋文》中是普遍的現象，單憑這一點就認爲陸德明排斥與自己不同學派的人是勉强的。從陸德明的治學風格推想，他對一般知根知底的圖書可能都署上了「某某本」，這有很多用例可證。至於對那些不署作者姓氏或不大廣爲人知的文本，爲了保存其異文並和其他文本加以區别，可能就冠上了「一本」之名了。這雖是推測，可能性却很大。從《經典釋文》的整體内容來看，陸氏確實是本着「古今並録，括

③　參見藤原高男本人在《漢魏文化》第二號七十五頁所作的簡短預告，一九六一年八月。

其樞要，經注畢詳，訓義兼辯」的原則進行著述的。只要發現有異文，他都不厭其煩地收録、整理。客觀地説，正是得益於陸德明「一本」等的處理方法，《經典釋文》中的許多古籍才得以保存了大量珍貴的異文資料。陸德明功不可没。筆者在研究《莊子音義》時，已注意到陸德明没有直接引用自己的老師周弘正的莊學著作。這看起來似乎有些反常。在《經典釋文・序録》介紹《周易》「注解傳述人」的最末尾處，陸德明寫道：「右《易》，近代梁褚仲都、陳周弘正（弘正作老莊義疏，官至尚書僕射，謚簡子）並作易義④，此其知名者。」這段文字説明，他對周氏的著述情況是了解的。撰寫《莊子音義》時没有引用，只能説明他選用資料是依據所治學問的實際需要決定取捨的。順便提一下，儘管陸氏在介紹《周易》「注解傳述人」時提到了周弘正，但在《周易音義》中所引周氏易注却僅見兩例，一爲「有子考无咎」條：「絶句。周依馬、王肅以考絶句」；二爲「井」條：「周云，井以不變更爲義」。而且，文中還出現了十餘處「師説」、「師讀」等語⑤，據分析，這裏的「師」並非指陸氏初學時的老師周弘正，可能是指後來的老師張譏⑥。那麼，如果按藤原的思路，這又該如何解釋呢？對

④《陳書》卷二十四記載：弘正有《周易講疏》（十六卷），還有《老子疏》（五卷）、《莊子疏》（八卷）等。

⑤如《周易音義》篇首「王弼注」條和需卦「光」條：「本亦作王輔嗣注。音張貝反。今本或無注字，師説無者非。」和「師讀絶句。」

⑥《陳書・儒林・張譏傳》記載，譏性恬静，不求榮利，常慕閑逸，所居宅營山池，植花果，講《周易》、《老》、《莊》而教授焉。吳郡陸元朗（德明）、朱孟博、一乘寺法門法才、法雲寺沙門慧休、至真觀道士姚綏，皆傳其業。著有《周易義》三十卷、《老子義》十一卷、《莊子内篇義》十二卷等書。

藤原的第一篇論文，本田濟多有讚許，但對陸德明「一本」的結論，也提出了異議⑦。

此外，關於《講周易疏論家義記》的易學性質問題，藤原的第一篇和第二篇論文的結論有很大的不同。前者的結論爲：《講周易疏論家義記》是在南北朝時代由「儒學、老莊學、佛教學」三學兼修者構築起來的易學。後者的結論爲：《講周易疏論家義記》是屬於並代表「論家」的。「論家」是指解釋佛教經典之人，這裏意指佛教。從這裏可以看到，藤原經過研究，已由認爲殘卷是儒、道、釋三學兼修者所爲轉變爲是釋家人士所爲了。這説明殘卷内容駁雜，有不少讓人難於把握的因素。筆者以爲，考慮到當時思想界的諸多複雜情況，從各種角度對殘卷進行考察和討論是必要的，但不必忙着下結論。

殘卷題名中的「講」字，很容易讓人想起六朝時期佛教界吸取東漢儒生講解儒家經典形式形成的講堂。他們講問論辯的形式，一般是由齋講發展爲有固定儀式的正式講經。不過，仔細觀之，殘卷的部分内容雖與佛學有關，但並不是那種以佛教經義爲根據的講經教本。藤原第二篇論文中説，「王弼以來的玄學傳統是以「三玄之學」爲中心，運用佛學理論解釋三玄的。而在該學問的具體内容方面，並不只是祖述王弼的玄學，應該推定該學説的某些内容發生了變化。」筆者以爲，前一句話

---

⑦ 參見本田濟評論《藤原高南氏講周易疏論家義記における易學の性格》，《漢魏文化》第二號收載，七十四—七十五頁，一九六一年八月。此外，在同一雜誌七十六—七十八頁，刊載了中村璋八的評論文章《藤原論文に關聯して再び王弼繫辭傳注の存在を論ず》，主要談王弼《繫辭》注問題。一般認爲除《略例》外，王弼只注釋了六十四卦。可是，在殘卷《講周易疏論家義記》及其他一些古籍中還是發現了若干王弼《繫辭》注。

的表達不一定妥當，王弼以來的玄學傳統是以「三玄之學」爲中心，但未必能説都是在「運用佛學理論解釋三玄」。王弼以後的玄學有個演變發展的過程，先是許多與佛教無關的人士如郭象等人參與其中，討論「有」「無」、「自然」和「名教」、齊一儒道等問題，當時道教水平不高，許多理論問題没能解決，後來攀附佛理的人才逐漸多了起來。而藤原的後一句話倒是反映了一個事實，祖述王弼的玄學，並不意味着原地踏步，在理論上進行完善和修正是正常的。正如湯一介所説：「魏晉玄學從王弼、何晏『以無爲本』的『貴無』思想，發展到郭象『萬物自生』的『崇有』思想，到東晉張湛『忽爾而自生，則本同於無』的思想，接着發展下來的就是『非有非無』的思想，即根據般若空宗學説而有的《不真空論》。爲什麽魏晉玄學的發展是這樣呢？可以説這是魏晉玄學發展可能出現的一種結果，或者説這種發展並不和它矛盾，而是豐富了魏晉玄學。」湯一介還説：「恰好般若空宗講『非有非無』，它在理論體系上比張湛嚴密得多，因此可以説僧肇的「不真空義」是接着王弼、郭象而發展了玄學。僧肇的思想雖然是從印度佛教般若學來的，但却成爲中國哲學的重要組成部分，使魏晉玄學成爲由王弼—郭象—僧肇，構成中國傳統哲學的一個發展圓圈。」⑧這些論述對我們把握六朝玄學的整體情況很有幫助。

實際上，在對殘卷的具體内容有所瞭解後就會發現，在「講周易疏論家義記」的題名中，已隱含着「疏家」、「論家」、「義家」的信息。「論家」的定義已如上述；「疏家」則因有「僕射」二字爲證，

⑧ 湯一介著《郭象與魏晉玄學》（增訂本）第三章《魏晉玄學的發展》，九十二—九十三頁，北京大學出版社，二〇〇〇年。

殘卷中一般指周弘正等人；至於「義家」，從殘卷中以「義家云」提到的内容來看，其思想不僅涵蓋了儒道兩家，甚至可能包括了糅合儒道思想的郭象(理由後述)。不過，從廣義來説，「疏家」和「義家」與儒、道、釋三家經典或經文的注釋可能都有關係。如按殘卷題名的排列順序是「疏」、「論」、「義」，可是在具體内容中各家被直接提及的次數却是「疏家」一次，「論家」五次，「義家」八次。爲了展開討論，現試將殘卷的部分具體内容列舉如下：

例文一：

彖曰，《繫辭》云，彖者言乎象者也。王注云，彖言二象之材，而論四德之意。韓曰，彖捴一卦之德。然則彖別卦象之意，開釋象中之理者也。故斷暢為義，開觀是意耳。復案《略例》云，夫彖者何也？統論一卦之體，明其所由之主者也。夫衆不能治衆；治衆者，至寡者也。故天地不能制動，制天地之動者，貞夫一者也。故衆之所以得咸存者，主必致一也。動之所以得咸運者，原必无二也。物无妄然，必由其理。統之有宗，會之有无。故繁而不亂，動而不或。品制万變，宗主存焉。彖之所尚，斯為盛矣。然則物非二宗，象唯一會之有无。故理生滅變化，物非妄然耳。然釋曰，論家云，彖家之意，此有大旨。夫有象非自像，无物非自无。故有无非自顯，空虛亦无功。言理則泰虛之沖，論道則變化之體。可謂穿空索理，鑿虛詺道，卦象之理，依象而顯也。故仲尼之筆，《十翼》之首。《繫辭》亦云，觀其象辭，則思過半矣。曰者，辭也，詺理之訓也。《齊物》云，夫言者非吹也。言者有言。義家云，吹者与愧同類也。言下詺理之目，而此理愧然，无物之物。故所言之教，亦同不言之教。今言曰者與彼无異，故詺理之辭也。

（摘自殘卷校定稿第二六四頁）

例文二：

第六釋聖人體四法義。首出庶物，万國咸寧。夫首出之義，通有二種。第一僕射等疏家義云，首出庶物者，境也。四德之道，首出庶物耳。何者？前後而取，體居物前。故謂之首。廣使而論，道在物外。故謂之出。體此道者，是天下之主。故言万國咸寧也。第二論家不在，然何故？三玄之宗，義家雖多，上有太易之理，下有自然之道，名有二種，其理一道也。故論道者不在物外，亦无出義，若言出入，則非道體耳。且説智之句，令任境體，那得釋智乎？讀文方之有，亦一礙也。今釋云，前明四德，如釋為境，今明智體，首出庶物耳。何者？所冥之理，雖云无礙，聖智獨出先冥，此理智聖冥，故還照感應之理。万國問主，咸被安寧之化，故万國咸寧耳。是首者統領之之訓，出者離群之目。雖復境智不異，案知為論也。

（摘自殘卷校定稿第二六七頁）

以上例文一第六行提到「論家」，第九行提到「義家」。例文二第一行提到「疏家」，第三行提到「論家」，第三—四行提到「義家」。從字裏行間可以看出作者對「疏」、「論」、「義」都不排斥，也没有强烈地表現出批判某一家思想的傾向，而是以一種比較折衷、平和、寬容的態度開展討論。

現在，讓我們先來討論一下「義家」包括了郭象的理由。請注意以上例文一的最後一段文字：「《齊物》云：　夫言者非吹也。言者有言。義家云：　吹者与愧同類也。」前者係《莊子·齊物論》原文，而後者出處不明。考其文意却類似郭象注《莊》中「大塊噫氣其名爲風」文：「大塊者，無物也。

夫噫氣者，豈有物哉。氣塊然而自噫耳。物之生也，莫不塊然而自生，則塊然之體大矣，故遂以大塊爲名。」⑨查《莊子音義》「大塊」釋文中有如下内容：「司馬（彪）云，大朴之貌。衆家或作大槐。班固同。」⑩據此可視「大塊」和「大槐」相通。可是，殘卷却用了個「愧」字。「愧」字和「塊」字發音不同，形體相近，却没有找到兩字相通的先例。或許可把「愧」字看作是殘卷寫手的誤筆吧。若果真如此，此處所謂「義家云」的内容，可能就是殘卷作者對郭象注文的歸納。由此還可進一步推定，郭象就是殘卷中所謂「義家」的代表人物之一。關於這一點，我們還可參考例文二第三—五行的内容。其中前半段寫道：「三玄之宗，義家雖多，上有太易之理，下有自然之道，名有二種，其理一道也。」顯然是指「義家」之一的主要特徵。後半段又寫道：「故論道者不在物外，亦无出義，若言出入，則非道體耳。」這「論道者」很可能指的就是調和儒道思想的郭象等人。郭象注《莊》論道，從不在物外，亦无出義，人所共知⑪。不過，郭象是西晉河南（今洛陽）人，注釋並删定《莊子》三十三篇本，影響很大，顯然不能簡單地把他算作江南義疏家。因此，筆者以爲，在這錯綜複雜的關係中，藤原第二篇論文的結論，即「殘卷是屬於並代表「論家」」的主張，從局部來看不能説没有一點道理，從全局來看却證據貧乏。現在，讓我們再回頭看看「講周易疏論家義記」的題名，如果殘卷是屬於並代表「論家」的，是否可能按「疏」、「論」、「義」的順序排列呢？筆者猜想，「論」很可能不是作者的第一立

---

⑨ 郭象《南華真經注》，宋刻影印本，中華書局，一九八七年。

⑩ 陸德明撰，黄華珍編校《日藏宋本莊子音義》，上海古籍出版社，一九九六年。

⑪ 《顔氏家訓·勉學篇》評郭象説： 郭子玄以傾動專勢，寧後身外己之風也。

場。

從整體來看，殘卷對儒、道、釋三家思想採取兼蓄並收的態度，具有六朝晚期的玄學特徵。殘卷中對「境智」、「相即」以及「應跡」、「妙本」等相提並論的做法，或許是反映了正在不斷探索並吸收其他學派之長以壯大自己的力量，從而逐步走向更加成熟的道教的某些傾向。「境智」爲佛學用語，指超越世俗虛幻的認識，達到把握真理的能力。佛學中「境」爲心意對象之世界，如塵境、法境、色境等；智爲梵語「般若」的意譯，即「智慧」。查殘卷中「境智」出現了十一次，兩字分開使用的次數則更多，再加上殘卷中出現部分問答式的所謂「論家」體，讓讀者感受到了濃厚的「論家」氣息。這或許正是藤原第二篇論文把殘卷定位爲「論家」的原因之一吧。然而，這些用語從唐初以注釋老莊聞名的道士成玄英的著作中也能找到一些影子。

成氏在爲學上承向秀、郭象，兼蓄佛學，認爲「道者，虛通之妙理，衆生之正性」，繼承「重玄之道」，主張不滯有無，「非無非有，不斷不常」，「彼我兩忘，是非雙遣」，以「順一中之道，處真常之德」，「三業淨」，「六根解脱」，養生成仙⑫。這是對成玄英思想和學風的一般描述。

成氏在《南華真經注疏·序》開篇中寫道：

夫莊子者，所以申道德之深根，述重玄之妙旨，暢無為之恬淡，明獨化之窅冥，鉗揵九流，括囊百氏，諒區中之至教，實象外之微言者也。

⑫ 《哲學大辭典》第五三五頁，上海辭書出版社，一九九二年。

實際上，説成氏在爲學上承向郭之意，並不等於説成疏完全符合向郭之意，成玄英思想有自己的特色。首先他是著名的道士，却積極融通道佛二教，是唐初集重玄之道思想之大成者。日本學者砂山稔曾指出，成玄英思想的主要範圍包含了道德、境智、理教、動寂、空有、體用、精神氣，還有自然和道、重玄和妙本、自利行的重玄、利他行的無爲等等。它們之中都無可置疑地貫穿了與「從本降跡」「攝跡歸本」有關的本跡規律。這是真正貫通了成玄英整個道教思想的規律⑭。成氏雖出身於北方陝州，却有隱居東海和流郁州的經歷，和南方學者應有充分交流的機會，更何況他的《老子道德經疏》、《開題序決義疏》和《南華真經注疏》等專著可能都完成於流謫郁州時期，受到南方學術思潮的影響並不足爲奇。關於成玄英等人與六朝玄學的關係，湯一介曾指出：「如果説先秦道家（老子、莊子等）是道家思想的第一期發展，魏晉玄學爲道家思想的第二期發展，意欲在道家思想的基礎上調和儒道兩家思想，那麼唐初重玄學或可以被視爲道家思想的第三期，它是在魏晉玄學的基礎上吸收當時在中國有影響的佛教般若學和涅槃佛性學以及南北朝道教理論所建立的新的道家（道教）學説。」⑮由此看來，殘卷内容或許正是反映了部分玄學家在入隋以前摸索新的前進方向的一個過程。

在玄學風潮的浸潤之下，六朝及隋唐時代思想界同時受到儒、道、釋三家思想影響的例子是很普遍的。儘管各種代表人物的走向迥異，但在他們持有的思想中却存在某種程度的交集，主次雖然

---

⑭ 砂山稔撰、黄華珍譯《成玄英思想研究——以重玄和无爲爲中心》(《日本學者論中國哲學史》收載，華東師範大學出版社，二〇一〇年)。

⑮ 前揭湯一介《郭象與魏晉玄學》(增訂本)附録二《論魏晉玄學到唐初重玄學》的部分内容，三四一頁。

不同，却是你中有我，我中有你。比如，藤原第二篇論文提到的主張「佛教中道＝老子之道」的梁武帝蕭衍（四六四—五四九）篤信佛教，却撰有《老子講疏》，並提出老子、周公、孔子等都是如來弟子⑯。隋代儒學家王通（約五八四—六一七）也主張「三教於是乎可一矣」⑰。而唐玄宗這位才華横溢的君主，由於諸多原因却實施了崇道抑佛的政策。正是在他執政的半個世紀中，道教出現了全面發展的繁榮時期。玄宗熱心注釋《老子》⑲，嫻熟地使用着「妙本」一語。他在第一章的注釋中寫道：「无名者，妙本也。妙本見氣，權輿天地，天地資始，故云无名。」「若常守清淨，解心釋神，返照正性，則觀乎妙本矣。」在第五十一章中又寫道：「妙本動用降和氣。」第六十二章中還寫道：「萬物皆資妙本以生成，是萬物取給之所，故興言云爲萬物之奥。」然而，「妙本」並非道教人士所專有，也時而出現在佛教人士那裏，如三論宗創始人吉藏⑳所撰《法華玄論》等。

總之，六朝及隋唐時代是儒、道、釋三家思想相互交流、相互碰撞的年代，他們既相互排斥，也相互吸引。在當時，有些用語似乎各家都常掛在嘴邊，隨時可以脱口而出。比如成玄英和僧肇㉑，前

⑯ 郭朋《中國佛教思想史》上中下，福建人民出版社，一九九四年。

⑰ 王通《中説·問易》，四庫本。

⑲《唐玄宗御注道德真經》，《道藏》第十一册收載。

⑳ 吉藏（五四九—六二三），隋唐時僧人。三論宗創始人。俗姓安，安息人。生於金陵（今南京）。自幼出家受業，曾住浙江會稽（今紹興）嘉祥寺，世稱嘉祥大師。晚年住延興寺。著有《中論疏》、《百論疏》、《十二門論疏》、《三論玄義》等。

㉑ 僧肇（三八四—四一四），東晉高僧。本姓張，京兆長安（今陝西西安）人。原好老莊，又感《道德經》美則美矣，猶未盡善。後出家爲僧，師事鳩摩羅什，擅長般若學。有《肇論》等傳世。參見《高僧傳·僧肇傳》。

者爲道中人，後者爲佛中人，一位在講道論佛，另一位在講佛論道，他們立場雖然不同，在思想和語言方面却有不少交集。由此推之，在某些情況下，比如在分析内容殘缺不全的文獻時，在没有掌握更多的信息和資料的情況下，只憑某些段落的用語或對某個問題的看法恐怕很難分清他們的界限。在這紛紜繁雜的三家思想關係中，鈔本底本的作者究竟屬於何方人士，還有待進一步研究。

順便提一下，一九六一年八月藤原還撰寫過另一篇題爲《老子解重玄派考》的論文㉒，文中廣徵博引，論述了重玄派的來龍去脈。依據杜光庭《道德真經廣聖義》的記述，認爲「重玄派」産生於梁朝道士之間，孟智周、臧玄静是其代表人物。在注釋中，藤原還稍稍聯繫了自己的《講周易疏論家義記における易学の性格》和《江南義疏家の二派に關する一考察》兩篇論文，重申了「論家」原原本本地繼承了梁武帝的「非有非無之解」，「疏家」對此則予於否定的觀點。同時，他還承認成玄英等的「重玄」理論和梁武帝的「非有非無之解」的理論如出一轍，進而認爲「重玄」理論也和「論家」理論相同。

筆者以爲，目前説鈔本有可能屬於「江南義疏家」也無妨，那種「斯乃義涉於釋氏，非爲教於孔門也」的籠統説法也不致大錯，但不一定就是釋家，更可能是受到當時日益盛行的三教一致論思想傾向影響的、熱心於模仿釋家的、隱姓埋名的道教人士之所爲。這不是憑空猜想，而是基於鈔本與陸氏所指「一本」的内容有一致之處，而所謂的「一本」很可能就是不署作者姓氏的文本。不過，必

㉒ 《漢魏文化》第二號收載，一九六一年八月。

須指出，藤原第二篇論文中列舉的鈔本與「一本」内容一致的所謂實例並不嚴謹。藤原在叙論中說，他對照了《周易音義》四部叢刊本、敦煌本，從一百八十三條條目中找到陸德明對所出文字注釋爲「一本作某」的共九條。又說除去因各本内容不同或注釋不合等原因的三條之外，尚存六條與「一本」相符合。可是，經查也並非六條都有陸德明所作「一本作某」的注釋。現將這六條以及陸氏《周易音義》通志堂本和敦煌本㉓的具體内容詳列如下：

	鈔本	《周易音義》（甲）通志堂本　（乙）敦煌本
例一	變覆道反（乾卦・象傳）	（甲）反復：芳服反。注同。本亦作覆。 （乙）未見。
例二	不成乎名（乾卦・文言傳）	（甲）不成名：一本作不成乎名。 （乙）未見。
例三	屨校滅趾（噬嗑卦・初九爻辭）	（甲）滅止：本亦作趾。趾，足也。 （乙）滅止：或作趾。趾，足。

㉓ 參見黄坤堯、鄧仕梁《新校索引 經典釋文》，（台北）學海出版社，一九八八年；《敦煌音義匯考》所收斯五七三五及伯二六一七《周易經典釋文》。

例四	以求伸也（繫辭下）	（甲）信也：本又作伸，同音申。下同…… （乙）信也：作伸。
例五	故天地不能制動（略例·明象）	（甲）動不能制動：一本作天地不能制動。 （乙）動不能制：或本作天地不能制動。
例六	故可尋象以見（略例·明象）	（甲）觀意：本亦作見意。 （乙）觀意：又作見意。

經確認，表中例一至例六所收通志堂本的內容與北京圖書館所藏宋元遞修本《周易音義》（即《周易釋文》）完全一致。而敦煌本係盛唐時期鈔本，爲迄今所知《周易音義》的最早文本。其具體內容，除了因殘缺未見例一和例二的相應內容之外，例三至例六的內容也存在差異。這可能是傳抄過程中出現的問題，或是在五代後周至宋初校勘刪定時留下的痕跡。據《敦煌音義匯考》作者考證，《周易音義》傳本無而敦煌本殘卷有的條目多達七十二條。爲了突出重點，本稿無意在此過多討論敦煌本的問題。

從表中可以看到，藤原論文存在的主要問題還是混同了《周易音義》「一本」與「本」（見例一、三、四）的意義。筆者以爲，這裏的所謂「本」，應是「原來、本來」之意。至於例六，情況稍微複雜一些，如表所示，通志堂本作「本亦」，敦煌本作「又作」。不過，筆者注意到四庫本《略例》收載的陸氏音義却作「一本作見意」。

總之，以上六例中真正屬於與「一本」内容一致的只有例二和例五（敦煌本作「或本」）。儘管有以上這些問題，我們依然可以肯定鈔本的有些内容與陸德明所指的「一本」内容一致。不過，所謂「一本」（或「或本」）是一個模糊的、不很清晰的概念，具體指衆多書籍中特定的某一本，但在多次、反復使用的情況下，即便是在《周易音義》中也不一定都是指固定的同一本書。陸德明的用意可能不在於區分思想學派，而在於區分文本的文字和音義的異同，所以沒有使用更清晰的概念。要是談到思想，這些複數的「一本」未必都是相同的，甚至可能是分別代表不同學派的。因此，單憑一些零星的資料就把他們統一定義爲「屬於《周易音義》中所謂「一本、一説」系統的學派」，是過於魯莽了。而且，如果把「本」也列入「一本」系統，甚至當作相同的學派，那就更不可思議了。

四　結束語

如前所述，目前藤原是已知的狩野之後研究《講周易疏論家義記》的第二人，他的上述兩篇論文都撰寫於上個世紀六十年代，雖然存在着這樣那樣的問題，却具有重大的開拓意義，這是應該充分肯定的。藤原論文之後，在本課題研究方面，又空寂無響了幾十年。今天，當我們研究這些問題時，應該以客觀的、實事求是的態度來重新審視前人的研究，目的是爲了探討學術，推動研究，釐清問題。根據日本中國學會的有關信息，藤原先生已故去多年，生前曾是一位熱心的漢學家。除本稿討論的兩篇論文之外，他還爲後人留下了許多可供參考的學術論文。

最後，作爲結束語，筆者還是想强調，《講周易疏論家義記》的内容特徵是没有强烈地表現出偏向或批判某一家思想，而是以一種比較折衷、平和、寬容的態度，兼蓄並收儒、道、釋三家思想。無疑，它是我們瞭解六朝時期玄學的一個絶好材料。

參考書目（按書名拼音順序排列）

鄧球柏《帛書周易校釋》，湖南人民出版社，一九八七年
（宋）王欽若、楊億等編《册府元龜》，中華書局，一九九四年
濮茅左《楚竹書〈周易〉研究——兼述先秦兩漢出土與傳世易學文獻資料》上下，上海古籍出版社，二〇〇六年
池田知久《道家思想の新研究——《莊子》を中心として》，汲古書院，二〇〇九年
丸山林評編注《定本日本書紀》上中下，講談社，一九六六年
張金泉、許建平《敦煌音義匯考》，杭州大學出版社，一九九六年
法偉堂著，邵榮芬編校《法偉堂經典釋文校記遺稿》，華東師範大學出版社，二〇一〇年
倉野憲司校注《古事記》，岩波書店，二〇〇一年
湯一介《郭象與魏晉玄學》（增訂本），北京大學出版社，二〇〇〇年
金春峰《漢代思想史》，中國社會科學出版社，一九九七年
户川芳郎《漢代の學術と文化》，研文出版，二〇〇二年
江口孝夫全譯注《懷風藻》，講談社學術文庫，二〇〇〇年
（漢）高誘注《淮南子》，《諸子集成》第七册，中華書局，一九九〇年

（宋）丁度等撰《集韻》，日本宮内廳書陵部藏宋版影印本，線裝書局，二〇〇一年
大庭脩《江戸時代における中国文化受容の研究》，同朋舍出版，一九八六年
（唐）陸德明《經典釋文》，上海古籍出版社，一九八五年
（唐）陸德明《經典釋文》，通志堂本、抱經堂本
黄焯《經典釋文彙校》，中華書局，一九八〇年
潘重規主編《經典釋文韻編》，台灣國字整理小組
《京都帝國大學文學部景印舊鈔本》第二集，一九三五年
（清）魏源《老子本義》，《諸子集成》第三册收載，中華書局，一九九〇年
王卡點校《老子道德經河上公章句》，中華書局，一九九三年
（漢）嚴遵，王德有點校《老子指歸》，中華書局，一九九七年
（魏）王弼注《老子注》，《諸子集成》第三册收載，中華書局，一九九〇年
孫以楷、楊應芹注譯《老子注譯》，黄山書社，一九九六年
《禮記》，宋淳熙四年撫州公使庫刻本影印本，中華書局，一九九二年
（吳）陸績撰，姚士粦輯《陸氏易解》（四庫本）
《奈良六大寺大觀第七卷 興福寺一》補訂版「解説」，堀池春峰執筆，岩波書店，一九九九年
狩野直喜《奈良時代抄本周易疏及經典釋文考》，《支那學文藪》收載，みすず書房，一九七三年
（西晉）郭象注《南華真經注》，南宋刻本原大影印，中華書局，一九八七年

（唐）成玄英疏《南華真經注疏》，《道藏》第十六册收載，文物出版社、上海書店、天津古籍出版社等影印 一九二六年涵芬樓景印明刊本，一九九六年

鄭玄注《乾坤鑿度》等（易緯之一至八）（四庫本）

藤原佐世編《日本見在書目録》，《日本書目大成》（一）收載，汲古書院，一九七九年

（唐）陸德明撰，黄華珍編校《日藏宋本莊子音義》，上海古籍出版社，一九九六年

（隋）吉藏撰，韓廷傑校釋《三論玄義》，中華書局，二〇〇二年

陳垣《史諱舉例》，科學出版社，一九五八年

（漢）司馬遷《史記》等，《二十四史》收載，中華書局縮印本，一九九七年前言

（清）段玉裁注《説文解字注》，上海古籍出版社，一九八八年

（魏）王弼、（晉）韓康伯注，（唐）孔穎達正義《宋本周易注疏》上下，中華書局，一九八八年

（唐）李隆基《唐玄宗御注道德真經》，《道藏》第十一册收載

黄坤堯、鄧仕梁《新校索引 經典釋文》，（台北）學海出版社，一九八八年

黑板勝美編《續日本紀》，新訂增補國史大系本，吉川弘文館，一九七七年

（北齊）顏之推《顏氏家訓》，《諸子集成》第八册收載，中華書局，一九九〇年

本田濟《易》，朝日新聞社，一九九七年

今井宇三郎《易經》，明治書院，一九八七年

孫振聲《易經今譯》，海南出版社，一九八八年

（漢）鄭玄注，（宋）王應麟編，（清）惠棟考補《增補鄭氏周易》（四庫本）
《子夏易傳》（四庫本）
任繼愈主編《中國道教史》上下，中國社會科學出版社，二〇〇一年
郭朋《中國佛教思想史》上中下，福建人民出版社，一九九四年
張聲振《中日關係史》卷一，吉林文史出版社，一九八六年
（東晉）僧肇撰，張春波校釋《肇論校釋》，中華書局，二〇一〇年
張善文注譯《周易》，花城出版社，二〇〇一年
（唐）李鼎祚《周易集解》（四庫本）
宋祚胤《周易新論》，湖南教育出版社，一九八二年
（宋）魏了翁《周易要義》（四部叢刊續編本）
（漢）鄭玄注，（宋）王應麟編《周易鄭康成注》（四庫本）
（魏）王弼、（晉）韓康伯撰《周易注》（四庫本）
（魏）王弼、（晉）韓康伯注，（唐）陸德明音義，（唐）孔穎達疏《周易注疏》附：《略例》（四庫本）
（清）郭慶藩《莊子集釋》，《諸子集成》第三册收載，中華書局，一九九〇年
黄華珍《莊子音義研究》，日文版，汲古書院／中文版，中華書局，一九九九年

（論文）

砂山稔撰，黄華珍譯《成玄英思想研究——以重玄和無爲爲中心》（《日本學者論中國哲學史》收載，華東師範大學出版社，二〇一〇年）

黄華珍《從奈良興福寺藏古鈔本看古代中日文獻交流》，廣州中山大學「文化自覺與人文東亞學術討論會」發表論文，二〇〇七年三月

藤原高男《江南義疏家の二派に關する一考察》，《日本中國學會報》第十二集收載，一九六〇年十月

黄華珍《〈講周易疏論家義記〉殘卷研究》，沈陽東北大學「融合、共生、互助——第二次中日文化比較國際研討會」發表論文，二〇一〇年九月

藤原高男《講周易疏論家義記における易學の性格》，《漢魏文化》創刊號收載，一九六〇年六月

藤原高男《老子解重玄派考》，《漢魏文化》第二號收載，一九六一年八月

黄華珍《奈良興福寺藏舊鈔〈經典釋文〉殘卷再考》，《岐阜聖德學園大學紀要》第四十五號收載，二〇〇六年二月

河野貴美子《興福寺藏〈經典釋文〉及び〈講周易疏論家義記〉について》，《汲古》第五十二號收載，二〇〇七年十二月

後記

俗話説：好事多磨。本書的出版，大概也可以如是説吧。本來，二〇〇六年夏天筆者已基本做好了出版的準備工作，甚至寫好了序言，因爲在那之前，筆者已收到奈良興福寺以及奈良文化財研究所同意使用兩種殘卷書影的通知，然而由於種種原因，一拖就是幾年。

值得一提的是，在這期間，早稻田大學河野貴美子發表了題爲《興福寺藏〈經典釋文〉及び〈講周易疏論家義記〉について》的論文。從中得知，河野准教授也在關注和研究這個多年來少有人問津的課題，並曾於二〇〇七年八月在南京大學的一個學術討論會上作了相關的報告。從整體來看，我們的研究對象一樣，側重點却不完全相同，這對於釐清與兩種殘卷有關的諸多學術問題肯定是非常有意義的。

二〇〇三年，筆者重啓了對兩種殘卷的調查研究。自那以後，曾反復前往奈良興福寺或東洋文庫等單位查閲有關資料。二〇〇六年二月，發表了《奈良興福寺藏舊鈔〈經典釋文〉殘卷再考》。二〇〇七年三月，參加中山大學舉辦的「文化自覺與人文東亞」學術討論會，作了題爲《從奈良興福寺藏古鈔本看古代中日文獻交流》的學術研究報告，具體論述、介紹了兩種殘卷的基本情況。會後，還向該討論會論文集《文化自覺與人文東亞——中日文化新論》編輯委員會提交了《奈良興福寺及其所藏兩種古鈔本殘卷——歷史上的中日文化交流回眸》。按計划，該論文集將由人民出版社出版，雖已過三載，至今尚未問世。

至於對兩種殘卷的整理，坦率地説有一定的難度，特别是《講周易疏論家義記》，有些文字似是而非，再加上斷卷，文意難於把握。這當然有殘卷本身的錯字、衍字和脱字等造成的困難，也有筆者對易學理解的水平問題。筆者曾設想，如果只公佈書影而不加以整理，固然可不費大力氣，也不至於冒太大的風險，然而那將意味着本課題的研究仍然停留在狩野先生的那個年代。因此，爲了推動本課題的研究，筆者還是知難而進，進行了必要的整理。儘管還有諸多難於令人滿意之處，畢竟是前進了一大步。筆者衷心希望，本書能起到拋磚引玉的作用，切望大家批評指正。

在筆者撰稿和收集資料過程中，還得到了中國戲曲學院趙建偉教授，岐阜聖德學園大學横久保義洋准教授，名古屋大學博士生劉海燕同學以及内子徐前等提供的各種幫助，在此向他們表示衷心的謝意。

由於受學術著作出版助成金有關條例的制約，本書必須在規定的時間内出版。因時間緊迫，在編輯、校對等方面都可能存在一些欠缺，這只好有待將來再進行補訂了。

最後，向爲本書的出版付出了辛勤勞動的中華書局有關編輯人員致以誠摯的感謝。

黄華珍　於東京寓所青松齋

二〇一一年二月